新能源汽车关键技术研发系列

商用车
混合动力系统关键技术

曾小华 杨南南 王庆年 宋大凤 著

机械工业出版社

本书以市场应用最广泛的行星混合动力车为突破口，围绕国内自主开发行星混动商用车的几个主要关键问题：商用车的工况及合成技术、行星式混合动力商用车参数设计方法、混合动力系统能耗分析方法、能量管理优化策略技术、高品质动态协调控制策略，针对物流车行星混合动力系统的设计、节能潜力与整车台架测试技术开展实际工程应用研究。新能源汽车整车开发主要技术难点是混合动力系统，特别是多动力源行星耦合的复杂混动系统，这是整个新能源汽车的重要关键一环。本书从商用车的特定性能需要出发，以整车关键性能以及设计、控制相互关联的技术角度逐步切入，由简而深对该领域进行系统论述。对新能源汽车其他类型车辆开发同样具有指导意义。

图书在版编目（CIP）数据

商用车混合动力系统关键技术／曾小华等著. —北京：机械工业出版社，2019.6

（新能源汽车关键技术研发系列）

ISBN 978-7-111-62838-5

Ⅰ.①商… Ⅱ.①曾… Ⅲ.①混合动力汽车—动力系统 Ⅳ.①U469.7

中国版本图书馆 CIP 数据核字（2019）第 101196 号

机械工业出版社（北京市百万庄大街 22 号 邮政编码 100037）

策划编辑：何士娟 责任编辑：何士娟

责任校对：张 薇 封面设计：张 静

责任印制：张 博

北京铭成印刷有限公司印刷

2019 年 8 月第 1 版第 1 次印刷

169mm×239mm・15.75 印张・2 插页・305 千字

0 001—1 900 册

标准书号：ISBN 978-7-111-62838-5

定价：79.90 元

电话服务 网络服务

客服电话：010-88361066 机 工 官 网：www.cmpbook.com

010-88379833 机 工 官 博：weibo.com/cmp1952

010-68326294 金 书 网：www.golden-book.com

封底无防伪标均为盗版 机工教育服务网：www.cmpedu.com

丛书序

在新能源汽车成为战略新兴产业之一等国家战略的背景下，以纯电动汽车和燃料电池汽车、插电式混合动力汽车为代表的新能源汽车，作为能源网络中用能、储能和回馈能源的终端，成为我国乃至经济新体系中的重要组成部分。我国经过4个五年计划的科技攻关，基本掌握了新能源汽车的整车技术和关键零部件技术，实现了跨越式发展，并逐步实现了产业化。

但是，在世界这个完全开放的市场中，中国新能源汽车核心关键技术尚未彻底突破，技术竞争压力越来越大，加快新能源汽车持续创新，推进中国汽车产业技术转型升级，是中国科技发展的重大战略需求。尽管我们头顶着全球最大新能源汽车市场的光环，但中国的新能源汽车产业正遭遇成长的烦恼：

1. 与国际先进水平和市场需求相比，中国的新能源汽车技术水平及产品性能需要进一步提高。

2. 推广应用区域的市场发展尚不平衡，高寒地区推广应用新能源汽车存在环境适应性等技术问题。

3. 充电基础设施发展相对滞后，已建成充电桩的总体使用率较低。

4. 推广政策尚需完善。

本套丛书将聚焦于新能源汽车整车、零部件关键技术，以及与新能源汽车配套的科技体系和产业链，邀请行业内各领域一直从事研究和试验工作的产品第一线技术人员编写，内容系统、科学，极具实用性，希望能够为我国新能源汽车的持续发展提供技术支撑和智力支持。

在能源和环境危机的双重压力下，汽车行业逐渐从传统燃油车向节能与新能源汽车转型，"电动化"已经成为汽车行业公认的未来趋势。然而，电池在成本、性能及安全性等方面的短板，极大限制了纯电动汽车的发展，混合动力汽车仍将在中长期内占据节能及新能源汽车市场的主要份额。在各类混合动力技术方案中，行星式混合动力系统可实现电动无级变速，具备自动变速器功能，且能实现较优的动力性和突出的燃油经济性。国际上，行星式混合动力系统已经在乘用车领域取得巨大成功，截至 2017 年 1 月底，丰田行星式混合动力汽车的全球累计销量已突破 1000 万辆。

相比于乘用车，商用车载重大，行驶里程长，其节能减排的意义更加重大。以城市客车为例，我国 2018 年 "新能源汽车重点专项" 明确提出，到 2020 年实现 "整车混合动力模式下油耗 ≤16L/100km" 的目标。我国已经成为全球第一大商用车制造国，且自主品牌在中国商用车市场占据了统治地位，比例达到 90% 以上，具备很高的国际竞争力。商用车不仅是我国汽车行业自主创新的 "主战场"，也是 "中国制造" 的重要发展领域，迫切需要高效节能混合动力系统的产业化应用。因此，借鉴行星混联混合动力系统在乘用车领域的成功应用，在汽车 "电动化" 的大趋势下，将行星混联混合动力系统成功应用到商用车，不仅可以突破我国商用车自动变速器的软肋，还可显著提高整车的燃油经济性，是我国新能源汽车关键技术的重要突破口和节能减排的重要途径，也已经成为我国商用车行业发展的共性需求。同时，我国商用车领域良好的自主研发氛围也为行星式混合动力系统的应用提供了重要技术基础。

在此背景下，作者通过长期研究以及与企业的深度合作，实现了行星式混合动力系统在城市公交客车上的成功应用，同时也在积极探索该系统应用于公路客车、重型卡车以及物流车等车型的可行性。不同于国外在乘用车上的应用和相关研究，发展行星混合动力商用车应该充分探讨商用车的运行工况和能量消耗特性，寻找与之相适应的系统参数设计和控制策略开发方法。基于此，本书以成功产业化应用的行星式混合动力客车为主体，首先开展商用车的工况特性和能耗特性研究，在此基础上，结合系统的动力性、燃油经济性以及平顺性要求，介绍行星式混合动力商用车系统的参数设计方法、整车节能控制策略开发方法和动态高品质控制方法。此外，本书也将详细介绍作者在行星式混合动力物流车方面取得的最新研究进展，以加深读者对行星式混合动力商用车关键技术的理解。

本书是作者结合国家自然科学基金项目、大量企业横向课题以及国内外技术积累撰写而成，力求做到文字准确严谨，配图清晰正确，内容丰富翔实，以方便读者阅读和学习。每一章节都包含作者的科研成果和企业横向课题的实例，且对所有实例都进行了深入阐述和详细说明。本书可供汽车相关专业的研究生以及从事节能与新能源汽车工作的研究人员使用，旨在为读者提供一本专门介绍行星混合动力商用车完备开发流程的专业书籍，为我国行星式混合动力商用车的自主开发提供重要理论借鉴与实际参考。

我们相信，具有一定混合动力系统设计方面基础的读者，通过学习本书的研究内容与方法，基本可以掌握行星式混合动力商用车的开发过程及关键技术，从而为自身的科研进程和实际工作提供帮助，这是我们最希望看到的。

本书由吉林大学汽车仿真与控制国家重点实验室课题组组织，由曾小华、杨南南、王庆年、宋大凤著写。另外，本书由李广含、王振伟、崔臣、王越、刘通、肖尊元、崔皓勇、李宏程、孙楚琪、王星琦校核，长春大隆电动汽车技术研究所高级工程师宫维钧审阅，在此对他们表示衷心的感谢。

由于本书涉及的研究内容广泛，作者水平有限，书中错误和不妥之处在所难免。欢迎使用本书的广大读者批评指正。Email：zeng. xiaohua@ 126. com。

作者

目 录

丛书序

前言

第1章 绪论 ………………………………………………………………… 1

  1.1 行业发展背景 …………………………………………………… 1

  1.2 典型商用车混合动力系统 ………………………………………… 2

    1.2.1 构型分类 …………………………………………………… 2

    1.2.2 行星式混合动力系统国内外产品现状 ……………………… 4

    1.2.3 行星混联系统关键技术 …………………………………… 10

  1.3 本章小结 ………………………………………………………… 14

第2章 商用车行驶工况分析 ……………………………………………… 16

  2.1 法规工况分析 …………………………………………………… 16

    2.1.1 中国城市客车工况 ………………………………………… 16

    2.1.2 C-WTVC ……………………………………………… 17

  2.2 实车典型工况构造 ……………………………………………… 19

    2.2.1 工况数据处理方法 ………………………………………… 19

    2.2.2 统计学评价指标选取 ……………………………………… 23

    2.2.3 原始工况数据特征分析 …………………………………… 27

    2.2.4 基于马尔可夫的工况合成 ………………………………… 30

    2.2.5 工况构造结果 ……………………………………………… 35

  2.3 本章小结 ………………………………………………………… 37

第3章 商用车行星式混合动力系统参数设计方法 ……………………… 38

  3.1 行星混联系统动力学分析 ……………………………………… 38

  3.2 参数匹配方法 …………………………………………………… 39

    3.2.1 基本控制策略选择 ………………………………………… 40

    3.2.2 基于稳态工况的发动机选型 ……………………………… 41

    3.2.3 基于效率特性的特征参数确定 …………………………… 41

    3.2.4 基于功率分流特性匹配其他部件 ………………………… 43

3.3 基于城市客车的参数设计 ……………………………………… 45
 3.3.1 城市客车基本参数 ……………………………………… 45
 3.3.2 核心控制思想的确定 …………………………………… 46
 3.3.3 发动机选型 ……………………………………………… 46
 3.3.4 基于工况的各部件参数匹配 …………………………… 47
 3.3.5 参数匹配总结 …………………………………………… 53
 3.3.6 仿真验证 ………………………………………………… 54
3.4 基于公路客车的行星混动构型与其他构型参数设计 ………… 58
 3.4.1 公路客车基本参数 ……………………………………… 58
 3.4.2 公路客车 XCVT 构型参数匹配 ……………………… 58
 3.4.3 公路客车 C-XCVT 构型参数匹配 …………………… 68
 3.4.4 公路客车 P2 并联构型参数匹配 ……………………… 73
 3.4.5 仿真验证 ………………………………………………… 78
3.5 基于重型卡车的参数设计 ……………………………………… 85
 3.5.1 需求及特征分析 ………………………………………… 86
 3.5.2 构型优选 ………………………………………………… 86
 3.5.3 匹配计算 ………………………………………………… 87
 3.5.4 仿真验证 ………………………………………………… 96
3.6 本章小结 ………………………………………………………… 102
第4章 商用车混合动力系统能耗分析方法 …………………………… 104
4.1 基于能量计算的理论油耗模型 ………………………………… 104
 4.1.1 混合动力系统内部能量流分析 ………………………… 105
 4.1.2 平均综合传动效率定义 ………………………………… 106
 4.1.3 混合动力系统理论油耗计算模型 ……………………… 108
4.2 基于理论油耗模型的节油贡献分析 …………………………… 108
 4.2.1 理论综合油耗增量计算模型 …………………………… 109
 4.2.2 节油量与节油贡献率定义 ……………………………… 109
4.3 不同构型理论油耗模型验证 …………………………………… 110
 4.3.1 目标构型与整车基本参数 ……………………………… 110
 4.3.2 基本控制策略——带约束 DP 优化算法 ……………… 112
 4.3.3 理论油耗模型验证 ……………………………………… 114
4.4 各因素节油贡献率讨论 ………………………………………… 115
 4.4.1 再生制动能量回收节油贡献率 ………………………… 115
 4.4.2 发动机平均燃油消耗率节油贡献率 …………………… 118
 4.4.3 平均综合传动效率节油贡献率 ………………………… 120

4.5　本章小结 ……………………………………………………… 124

第5章　商用车行星式混合动力系统能量管理优化策略 ………… 125

5.1　发动机最优控制策略 ………………………………………… 125

5.1.1　控制策略顶层模块 ……………………………………… 126

5.1.2　主控制模块 ………………………………………… 127

5.2　瞬时最优控制策略 …………………………………………… 134

5.2.1　系统效率特性分析 ……………………………………… 134

5.2.2　瞬时最优工作点求解 …………………………………… 139

5.2.3　瞬时最优策略验证及分析 ……………………………… 141

5.3　全局优化控制 ………………………………………………… 146

5.3.1　优化边界求解 …………………………………………… 149

5.3.2　全局优化结果 …………………………………………… 150

5.4　基于规则提取的在线控制方法 ……………………………… 153

5.4.1　优化控制规则研究 ……………………………………… 154

5.4.2　基于二次型调节器的电量修正策略 …………………… 162

5.4.3　LP-IOC 策略验证 ……………………………………… 165

5.5　智能优化能量管理策略 ……………………………………… 173

5.5.1　车联网技术的发展与应用 ……………………………… 173

5.5.2　融合智能网联信息的行驶环境预测 …………………… 175

5.5.3　基于智能优化算法的能量管理策略 …………………… 177

5.6　本章小结 ……………………………………………………… 178

第6章　动态协调控制策略 ……………………………………… 179

6.1　整车动力学分析 ……………………………………………… 179

6.2　传统 PID 控制器介绍 ………………………………………… 182

6.3　基于 MPC 的发动机起动阶段控制 ………………………… 185

6.3.1　电机 MG1 转矩协调控制 ……………………………… 185

6.3.2　电机 MG2 主动补偿控制 ……………………………… 189

6.3.3　仿真验证 ………………………………………………… 190

6.4　基于 EKF 和 MPC 的稳态阶段控制 ………………………… 193

6.4.1　基于 EKF 的发动机响应特性辨识 …………………… 193

6.4.2　基于 MPC 的稳态阶段控制 …………………………… 195

6.4.3　仿真验证 ………………………………………………… 197

6.5　本章小结 ……………………………………………………… 199

第7章　行星式混合动力物流车 ………………………………… 201

7.1　物流车行星混动系统方案设计 ……………………………… 201

7.1.1　整车参数与动力性指标 ·············· 202

7.1.2　行星排特征参数选取 ·············· 203

7.1.3　主减速比选取 ·············· 205

7.1.4　超级电容匹配 ·············· 211

7.1.5　参数匹配总结 ·············· 213

7.2　物流车整车控制策略 ·············· 214

7.2.1　附件控制策略 ·············· 214

7.2.2　动态协调控制策略 ·············· 219

7.3　行星式物流车台架试验 ·············· 230

7.3.1　行星混联系统台架试验基本介绍 ·············· 230

7.3.2　行星混联系统台架试验方案 ·············· 232

7.3.3　台架试验及结果分析 ·············· 232

7.4　本章小结 ·············· 237

参考文献 ·············· 239

第 1 章

绪论

1.1 行业发展背景

为应对日益突出的燃油供求矛盾和环境污染问题，世界主要汽车生产国纷纷加快部署，将发展新能源汽车作为国家战略。图 1-1 为《中国制造 2025》节能与新能源汽车技术路线图，可以看到，无论是乘用车还是商用车，其油耗与排放标准日益严苛。因此，加快推进技术研发和产业化，大力发展和推广应用汽车节能技术既是有效缓解能源和环境压力、推动汽车产业可持续发展的紧迫任务，也是加快汽车产业转型升级、培育新的增长点和国际竞争优势的战略举措。

	2020年	2025年	2030年
乘用车目标	乘用车新车整体油耗降低至5L/100km	乘用车新车整体油耗降低至4L/100km	乘用车新车整体油耗降低至3.2L/100km
	乘用车国Ⅴ排放标准	乘用车国Ⅵ排放标准	测试循环调整，乘用车国Ⅶ排放标准
商用车目标	商用车新车油耗接近国际领先水平	商用车新车油耗达到国际领先水平	商用车新车油耗国际领先水平
	在城市公交上实现批量应用	在城市公交、长途客车、物流车上实现大规模应用	

图 1-1　《中国制造 2025》节能与新能源汽车技术路线图

按照我国汽车行业的定义，新能源汽车可以分为三类：纯电动汽车、插电式混合动力汽车以及燃料电池电动汽车，纯混合动力汽车属于节能汽车。受现有电池技术的限制，纯电动汽车目前难以满足大功率、远距离运输的需求，其市场化推广进程还需要一定的时间；燃料电池电动汽车存在反应起动速度慢、催化剂效能较低和燃料储存安全性等技术难点，目前还处于开发阶段（未能大批推广）；介于纯电动汽车与传统燃油汽车之间的混合动力汽车(包含纯混合动力汽车和插电式混合动力汽车)结合了传统燃油汽车高比能量、高比功率和纯电动汽车节能、低排放的双重优点，在当前环境与能源问题背景下具有很大优势。此外，随着补贴政策的退坡以及新补贴政策对续驶里程、电池密度的更高要求，以纯电动为主的新能源汽车市场在一定程度上受到很大冲击。相比之下，混合动力汽车作为政府推广普及的重要方向，由于对电池等技术的依赖相对较小，受补贴政策的影响甚微，更容易实现产业化和为消费者所接受。

相比于乘用车，商用车由于自重大、油耗高、行驶时间和距离长，具有更迫切的节能减排需求，其混合动力化是汽车行业发展的重要机遇和必然要求。近年来，随着商用车节能指标的日益严格，节能潜力的挖掘难度也逐渐增加。根据科技部最新发布的《"新能源汽车"重点专项2018年度项目申报指南》，针对12m公交客车，以混合动力模式在中国典型城市工况下的整车油耗要达到16L/100km以下，该指标对商用车的开发增加了难度与挑战。因此，进行混合动力商用车开发过程的关键技术研究，对混合动力商用车的产业化应用具有重要意义。

1.2 典型商用车混合动力系统

混合动力汽车具有不同的分类方法，按照电机功率占运行总功率的比例，可以分为弱混、中混和重混；按照动力系统结构与布置分类，则可以分为串联式、并联式和混联式混合动力汽车。本节首先对混合动力系统构型进行分类，确定最具综合性能优势的混合动力系统。

1.2.1 构型分类

按照整车动力系统结构的不同，混合动力系统可以分为串联、并联和混联三类构型，其中，混联构型又可分为开关混联构型和行星混联构型。

1. 串联构型

串联式混合动力电动汽车是由发动机、发电机、蓄电池组、电机、机械传动装置等组成，基本构型如图1-2所示。发动机-发电机组与蓄电池组为供能装置，电机作为唯一的动力输出装置，提供车辆动能。

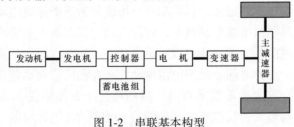

图1-2 串联基本构型

串联式构型的发动机与汽车驱动轮之间无机械连接，具有独立于汽车行驶工况对发动机进行控制的优点，可以使发动机稳定于高效区或低排放区附近工作。但由于系统中存在二次能量转换，系统综合效率较低，另外，三大动力总成（发动机、发电机、电机）设备规模比较庞大，布置难度和成本增加。在多停车-起步的市区行驶工况以及车辆低速行驶时，串联式混合动力系统的优点得以体现，但由于能量的二次转化伴随大量损耗，系统综合效率不高，节油能力有限。

2. 并联构型

并联式混合动力系统中，发动机与电动机同时与驱动轮机械连接，行驶时发动机和电动机可以单独或共同向整车提供动力，其基本构型如图 1-3 所示。

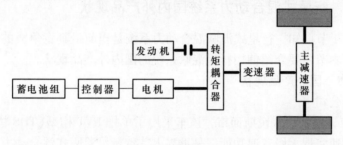

图 1-3　并联基本构型

并联构型中发动机通过机械传动机构直接驱动汽车，其能量利用率相对较高；电动机同时作为发电机使用，因此系统仅有发动机和电动机两个动力总成，相比于串联构型，整车质量和成本大大减少。但由于发动机与车辆驱动轮间有直接的机械连接，发动机工作区不可避免地要受到汽车具体行驶工况的影响，因此，要维持发动机在最佳区域内工作，则需要复杂的控制系统和控制策略。

3. 混联构型

混联式混合动力系统基本构型如图 1-4 所示，具体可以分为开关混联和行星混联两种类型。

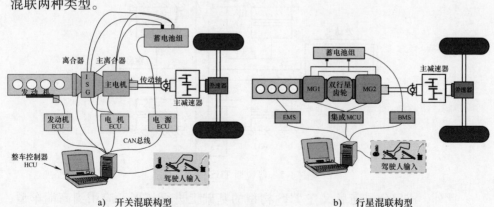

a) 开关混联构型　　　　　　　　b) 行星混联构型

图 1-4　混联基本构型

开关混联构型无变速器，结构简单。主离合器结合时，发动机与系统输出轴直连，具有更好的传动效率。但其缺点也十分明显，发动机输出转矩没有变速器的调节，系统动力性较差，从而缩小了该构型的适用范围。

行星混联构型通过对两台电机的调节作用实现发动机到车轮的电动无级变速（EVT），相比于同样没有传统变速器的开关混联构型，该构型能够显著提升系统动力性。此外，行星混联构型能够在约束范围内实现发动机转速、转矩与路载的解耦，从而易于实现发动机的最优控制，能够获得良好的燃油经济性，具有突出的竞争力。当前销量最好的混合动力汽车——丰田普锐斯（Prius）便是行星式混联系统。

1.2.2　行星式混合动力系统国内外产品现状

由 1.2.1 节可知，行星式混联混合动力系统是当前最具竞争力的混合动力系统，因此，本节主要介绍使用行星混联系统的国内外产品现状。

1.2.2.1　国外产品现状

● 丰田公司

1997 年，第一代普锐斯面市，该车采用了单排 EVT 构型（THS 构型），可通过发电机调速实现无级变速功能，是世界上首款行星混联式混合动力汽车，其基本构型如图 1-5 所示。2003 年，第二代普锐斯问世。2009 年，第三代普锐斯上市。这两代相对于第一代普锐斯在 EVT 构型方面并未发生改变。2016 年，基于丰田最新开发的 TNGA 平台打造的第四代普锐斯上市，该车的混合动力系统由一个 1.8L 发动机和主电机及发电机构成，其中发动机的热效率高达 40%，机械结构的简化也使得系统效率进一步提高。相较于之前的版本，2016 款普锐斯最高可节省燃油 20% 左右，百公里综合油耗达到 2.5L。

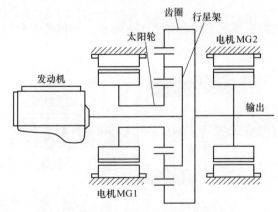

图 1-5　普锐斯 THS 构型

此外，丰田公司随后又在 THS 构型的基础上进行拓展，应用到高端车型，主要包括两种构型：

1）THS+拉维纳式构型，主要应用到 Lexus GS450h、Lexus LS600h 等车型。

2）THS+4AT 构型，应用到 Lexus LC500h 车型。

- 通用公司

通用公司推出的 AHS(Allison Hybrid System) 系列行星混联构型相比于丰田公司的 THS 构型更为复杂，多数集中于对双排和多排的研究。

2003 年，AHS 的一款三排双模构型(AHS3PG) 被广泛应用到多家客车厂商，如英国 Optare 公司的 Tempo 车型、波兰 Solaris 公司的 Urbino 18 Hybrid 车型以及荷兰 APTS 公司的 Phileas 车型等，其基本结构如图 1-6 所示。在此基础上，为满足全尺寸 SUV 的要求，通用公司在 AHS3PG 的基础上增加了四个固定速比，该构型应用到 Yukon SUV、Tahoe SUV 等车型。随后，通用公司将上述构型进行改进，推出了能够应用于前驱 SUV 的"2MT70"构型，先应用到 Saturn Vue Green Line 构型。

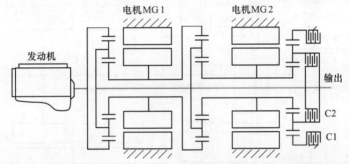

图 1-6　AHS3PG 系统构型

近年来，随着通用行星混动技术的进一步发展，开发出一种新的行星混联混合动力系统，其结构原理如图 1-7 所示，主要应用在 2016 款沃蓝达、君越 30H 以及 Velite 5 车型上。

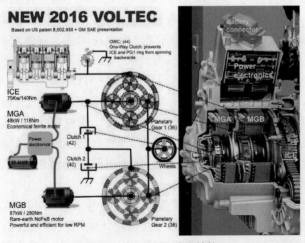

图 1-7　VOLTEC 系统结构

　　这套混合动力系统在两组行星机构的基础上增加了两个电控离合器和一个机械单向离合器，通过离合器不同的结合状态，实现发动机和两个电机之间的动力分配，系统可以根据工况需求，工作在单电机驱动模式、双电机驱动模式、低转矩模式、固定速比模式以及高速模式。

1.2.2.2　国内产品现状

● 科力远

科力远与吉利联合研发的 CHS 混合动力系统由发动机、主驱动电机、辅助电机、一套拉维娜式双排行星齿轮机构、三元锂电池组以及两个锁止离合器组成。其系统构型如图 1-8 所示。

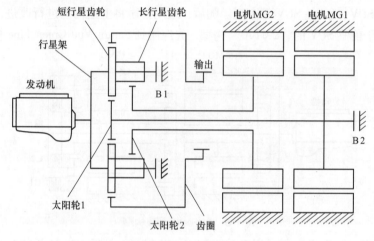

图 1-8　科力远 CHS 构型

　　其中锁止离合器 B1 用于锁止发动机，防止曲轴的倒转，降低纯电驱动模式下的控制复杂度；锁止离合器 B2 用于锁止电机 MG1，避免其工作在零转速附近的低效率状态。该 CHS 系统可以实现纯电动模式、功率分流模式、固定速比并联模式以及制动回收模式。该系统将两个电机放在同侧，避免电机靠近发动机而在高温下工作。此外，通过控制锁止离合器，可以进一步提高系统传动效率。

　　科力远开发的另一款行星混联混合动力系统 HT2800，如图 1-9 所示。该系统主要适用于 SUV 车型。其前排行星架 3 与后排齿圈耦合，前排齿圈 6 与后排行星架耦合，主电机 E2 与后排太阳轮 5 刚性连接，辅电机 E1 与前排太阳轮 4 相连。发动机通过离合器 C0 与行星架 3 相连，同时，发动机可通过离合器 C1 与后排太阳轮 5 刚性连接。行星排齿圈 6 作为整个电驱变速器的输出，与减速机构 7 齿轮啮合，传递动力至车轮。

　　该系统保留了两个离合器与两个制动器用于整车工作模式切换和调速。其中，C0 离合器用来保证发动机输出轴与行星架 3 的刚性连接；C1 离合器用来保证发动机输出轴与后排太阳轮 5 刚性连接；B1 制动器用于锁止行星排行星架 3，

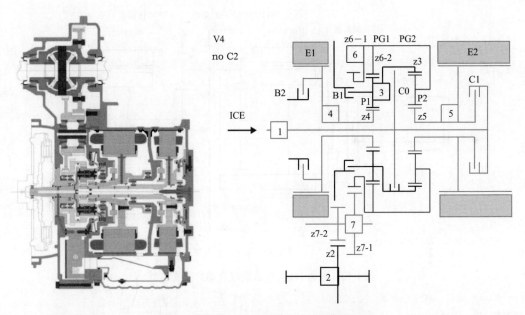

图 1-9　CHS 行星混联混合动力系统 HT2800

将其连接于变速器壳体；B2 制动器用于锁止前行星排太阳轮 4，将其连接于变速器壳体。

通过控制离合器和各动力源的状态，该系统可以实现两种纯电动模式和三种混合动力模式，每个工作模式适用于车辆的不同运行状态，其核心是保证车辆运行过程中动力性能与经济性能处于较优的水平。

- 宇通

宇通推出的搭载睿控 3.0 行星混联系统的 H8 城市公交平台，通过轻量化、高效电驱动与制动、智能控制、高效电附件技术等设计优化，配合客车专属控制策略，经济性更加突出，节能效果达到 42% 以上。同时，在全生命周期内，H8 的综合成本要远远低于同类产品。H8 系统构型如图 1-10 所示。

除此之外，宇通已经在行星混联混合动力系统构型方面形成国内自主专利布局，其中最基本的构型如图 1-11 所示。

该构型包括两排行星齿轮机构，前行星排为输入式功率分流装置，后行星排的齿圈固定连接在机壳上，其功能等效为固定速比减速器。发动机输出轴连接前行星排的行星架，辅助电机连接前行星排的太阳轮，驱动电机连接后行星排的太阳轮，前行星排的齿圈与后行星排的行星架相连作为系统输出端。该构型在辅助电机与前行星排太阳轮之间设置有锁止离合器，用于实现发动机直驱功能，提高系统传递效率。在纯电动模式下，如果需要动力系统输出高转矩，利用锁止离合器 1 将前行星排的行星架锁止，实现辅助电机和驱动电机的联合输出，满足较大

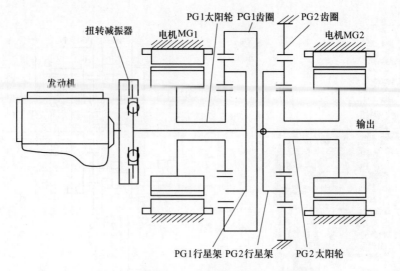

图 1-10　宇通 H8 行星混联混合动力系统构型

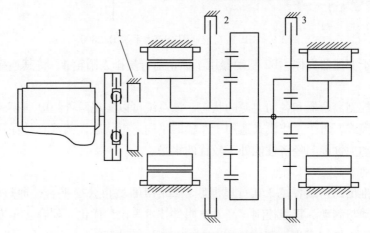

图 1-11　宇通行星混联混合动力系统基本构型
1—锁止离合器　2—前排太阳轮制动器　3—后排齿轮制动器

的坡度或车重等大转矩需求场合。

以该基本构型为基础，衍生了其他构型，如图 1-12 所示。其主要特点是在基本构型的基础上设有变速器，主要实现以下几个功能：

1）通过变速器减速增矩，可以选用更小的电机，降低系统成本。

2）通过多个档位的切换，能够使电机输出的功率与车辆所处的工况相适应，使电机处于高效工作的状态。

3）当不需要电机工作时，使变速器处于空档的位置，减少电机空载转动所带来的损耗，延长电机使用寿命。

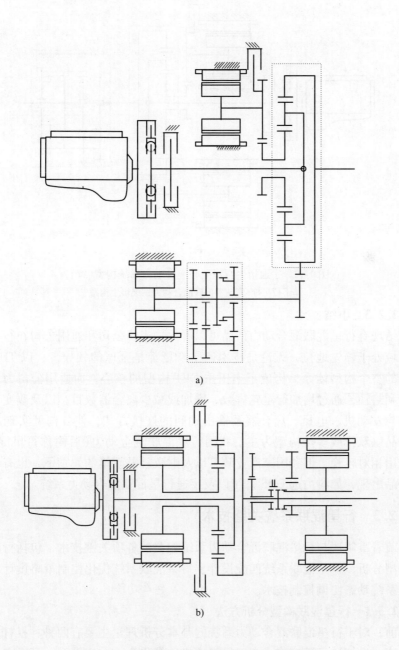

图 1-12 宇通衍生行星混联混合动力系统构型

a）基于行星排+变速器混联混合动力系统衍生构型一　b）基于行星排+
变速器混联混合动力系统衍生构型二

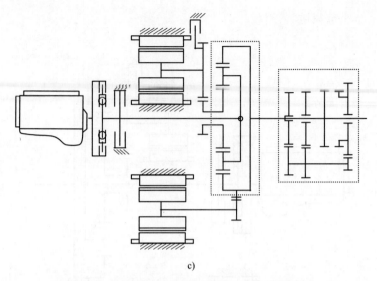

c)

图 1-12 宇通衍生行星混联混合动力系统构型（续）
c）基于行星排+变速器混联混合动力系统衍生构型三

1.2.2.3 小结

总结现有行星混联混合动力产品可以看出，丰田公司和通用公司在行星混合动力领域处于领先地位，无论是技术还是产量都是全球的领导者；以 THS 构型为基础的整个构型体系，构成了丰田系 EVT 构型的核心；而通用公司为了避开丰田专利封锁，通过增加行星轮排数，增加或减少离合器数目，以及改变行星轮各接点与发动机、电机、离合器及输出轴间的连接方式，使各构型实现不同功能，产品以双排或多排构型为主。我国行星混联混合动力（后简称行星混联）系统的应用相对较晚，但在国家产业政策以及财政补贴政策的鼓励下，也有相应的成熟产品出现，如科力远 CHS 系统以及宇通行星混联混合动力系统。

1.2.3 行星混联系统关键技术

本节着重阐述与行星混联混合动力系统相关的各项关键技术，包括行星混联系统构型分析、行星混联系统匹配设计、行星混联系统优化控制策略设计以及行星混联系统动态协调控制技术。

1.2.3.1 行星混联构型分析方法

目前，对于行星混联混合动力系统的基本分析理论主要有两种：杠杆法和 D 矩阵方法。杠杆法是通过将一个行星齿轮机构简化为一个杆模型，可以在很大程度上降低分析复杂行星混联混合动力系统的难度。D 矩阵方法是在已知动力系统具体构型的基础上，列出其动力方程来分析该构型的可行性，这种方法在复杂行星混联混合动力系统的构型分析中比较困难。因此，杠杆法是最为方便而普遍的分析方法，本小节只讲解杠杆法的基本概念和应用。

杠杆法可理解为用简单易懂的杠杆模型来抽象地代替复杂多变的行星轮系。如图 1-13 所示，每一个行星轮系被抽象为一条线段（称作杠杆）；行星轮系三个自由端处的三个运动构件（太阳轮、行星架、齿圈）分别被抽象为该线段上三个点，其中太阳轮和齿圈分别对应线段的两个端点（图 1-13 中为 T_1、T_3 两点），而行星架则对应该线段上除了端点之外的某一点（图 1-13 中为 T_H 点）；H 点将该线段分成两段——T_1T_H 与 T_HT_3，T_1T_H 与 T_HT_3 的长度分别代表齿圈 R 与太阳轮 S 的齿数并均一化，其中 $\rho = \dfrac{Z_S}{Z_R}$。模拟杠杆与行星轮系的对应关系见表 1-1。

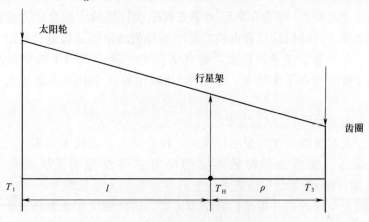

图 1-13　行星机构简化杠杆图

表 1-1　杠杆与行星轮系对应关系

行星轮系	模拟杠杆
运动构件	杠杆节点
齿数	力臂
转矩	力
角速度	位移

对于转矩而言，若 1、H、3 三点的转矩分别为 T_1、T_H、T_3，则 T_1、T_H、T_3 可以分别表示过 1、H、3 三点，方向为竖直方向的有向线段。T_H 与 T_1、T_3 方向相反，并且满足下面关系：

$$T_1 + T_H + T_3 = 0 \qquad\qquad (1.1)$$
$$T_1 : T_H : T_3 = \rho : -(1+\rho) : 1 \qquad\qquad (1.2)$$

对于转速而言，若 1、H、3 三点的转速分别为 w_1、w_H、w_3，则存在如下关系：

$$w_H = \frac{\rho}{1+\rho} w_1 + \frac{1}{1+\rho} w_3 \qquad\qquad (1.3)$$

假设各个运动构件在每个瞬时处于平衡状态，利用杠杆模型可以直接获取与行星轮系相连的各个动力总成的运动情况和受力情况。关于行星混联系统的构型分析，本书的第3章有更详细的阐述。

1.2.3.2 行星混联系统匹配设计方法

混合动力系统参数匹配的目的是在满足整车动力性要求的前提下，使系统在不同工况运行条件下，各个动力总成效率特性相互配合统一，实现尽可能高的系统效率。目前，围绕行星混联系统的匹配设计方法，主要包括以下四种。

1. 功率匹配法

该方法依据车辆所要求的动力性设计要求（如最高车速、最大爬坡度、0-50km/h加速时间），结合车辆动力学方程依次计算确定混合动力系统需求的动力源总功率、发动机功率和电机、蓄电池峰值功率等，根据计算结果对发动机、电机、电池等总成进行选取。通常情况下，发动机用于提供最高车速巡航、恒速爬坡的稳态需求功率，蓄电池/超级电容用于补充需求较大时的剩余功率。

2. 仿真试验法

该方法通常根据功率匹配法计算确定各个动力总成最大功率，在满足功率需求的前提下，准备特性参数不同的动力总成作为子系统候选，通过在CRUISE、ADVISOR等专用仿真平台上搭建混合动力系统模型的方式实现不同子系统的组合与对比，并根据仿真结果优劣，选择相应的动力总成作为最终的技术方案。

3. 功率与效率匹配结合法

该方法以功率匹配法为基础，在计算确定动力总成功率的基础上，结合混合动力汽车运行的循环工况和构型方案特点，分析各个动力总成在不同细化工况下的工作情况，以系统高效运行为目标确定动力总成的效率特性参数，最后以所确定参数选取传动系统总成，实现效率匹配。该方法可以解决一般功率匹配方法在混合动力系统参数匹配中考虑效率的不足，匹配结果更具实用性。

4. 智能算法优化法

该方法目前有两种应用，一种是在采用其他方法完成了主要部件和总成的匹配和选型后，针对个别总成参数应用智能算法（如遗传算法）进行优化。另一种是通过车辆动力学方程推导总成功率和特征参数与整车动力性能、系统成本和空间尺寸等设计要求之间的关系，并采用仿真优化软件（如 Isight）进行多目标优化，获得 Pareto 解集，确定较优的总成特征参数。

关于行星混联混合动力系统的匹配设计，在本书第3章有详细介绍。

1.2.3.3 行星混联系统能量管理控制策略

行星式混合动力系统包括多个动力源，具有复杂的非线性效率特性，其节能效果依赖于能量管理策略。当前,最常见的控制策略主要有基于规则的控制策略和基于优化的控制策略。其中,基于规则的控制策略包括逻辑门限控制策略和模糊规则控制策略。

1. 逻辑门限控制策略

逻辑门限控制策略主要依据工程经验,通过设置车速、动力电池 *SOC* 上下限、发动机工作转矩等一组门限参数,限定动力系统各部件的工作区域,并根据车辆实时参数及预先设定的规则调整动力系统各部件的工作状态,以提高车辆整体性能。

该控制策略主要分为恒温器型与功率跟随型控制策略,其中,恒温器控制策略以蓄电池 SOC 值作为发动机工作状态的开关依据,当动力蓄电池 SOC 降到设定低门限时发动机起动;而当 SOC 上升到高门限时,进入到纯电动行驶模式。功率跟随型控制策略下,发动机按照行驶功率需求,工作于最低燃油消耗率曲线上,并维持电池的 SOC 处于正常的水平,以满足系统起步、加速等工况对蓄电池的需求,发动机作为主要动力输出源,其输出功率紧跟整车需求功率的变化,与传统汽车类似。

2. 模糊规则控制策略

基于模糊逻辑的控制策略本质上也是一种基于规则的控制策略,与基于逻辑门限控制策略不同的是,模糊逻辑策略是基于模糊值,而非精确值来描述控制规则。模糊逻辑控制策略结合数理逻辑和模糊数学,根据人的经验、知识和推理技术模拟人的思维推理和决策方式。因此这种控制策略鲁棒性强、适应性强,可不依赖系统精确的数学模型。干扰和参数变化对控制效果的影响小,适合应用于非线性、时变及纯滞后系统的控制中。

基于规则的控制策略中,规则的制定完全依赖设计者经验,因此无法最大化地挖掘混合动力汽车的节油潜力。此外,混合动力系统的控制策略不仅要实现最佳的燃油经济性、排放性和动力性,同时还要适应不同的运行工况及驾驶风格,因此,兼顾上述各方面要求的优化控制策略是未来的发展趋势。

3. 基于优化的控制策略

优化控制策略可分为全局优化和实时优化两类。全局优化策略是指针对某一既定的驾驶工况,通过使油耗或排放最小化来制定发动机或电机所要达到的工作状态的一种控制策略。从理论上讲,全局优化策略是最佳的,但是实现起来有一定的困难,因为这种策略是建立在行驶工况条件已知的情况下的,而在实际应用时,行驶工况难以预料,针对特定路况得到的最优并不适用于其他路况。另外,这种策略需要巨大的计算量。但是,全局优化策略可以用于分析、评价、调节其他控制策略,也可以用来为实时优化策略提供依据。

实时优化控制策略主要包括预测控制、ECMS 等效油耗最小策略和基于全局最优解提取控制的启发式控制策略。预测控制技术近年发展快速，典型代表是模型预测控制策略，该策略克服了全局优化需预知工况信息的缺点，能获得近似最优解；等效油耗最小策略常基于庞德里亚金最小原理，在线性简化的基础上利用增益、反馈等方法对汉密尔顿函数的算子进行实时估计，以实现在线优化；基于全局优化解提取控制规则的方法，最终形成启发式控制策略，实时性优异，但多是基于对最优控制轨迹的观察，通过分析控制行为来实现规则提取，未能形成具体方法，另外，全局最优解本身受到工况限制，所提取的控制规则也难以具有普遍的工况适用性。

关于行星混联系统控制策略的具体应用，在本书第 5 章将会有具体阐述。

1.2.3.4 行星混联系统动态协调控制技术

行星式混合动力系统三动力源高度耦合，当整车工作模式发生切换时，发动机与电机的需求转矩发生突变，在向目标转矩过渡时会发生输出转矩的大幅波动，另外发动机的响应速度不及电动机，动力源之间的转矩关系难以维持稳定，造成传动系统的冲击，影响整车平顺性，导致乘坐舒适性变差，同时对传动系统造成伤害，严重的可能引起断轴等机械失效问题。

当前混合动力汽车的转矩协调控制研究尚不完善，模式切换协调控制的研究尚有以下问题待解决：难以获取发动机较为准确的实时动态转矩；难以控制离合器的转矩传递。目前模式切换协调控制的思路主要是限制发动机的转矩变化率，对发动机的动态转矩进行估计，计算出待补偿的转矩差异，通过电机进行补偿。然而发动机实际转矩难以实时精确获得，对发动机转矩的在线估计和精确获取是动态协调算法成功实施的关键。

目前，国内少有针对行星混联系统的协调控制，因此，开展对适用于行星混联系统的动态协调控制策略的研究，将丰富该领域的研究成果，促进行星混联式商用车的推广应用。关于行星混联系统协调控制的具体介绍，在本书第六章进行重点说明。

1.3 本章小结

本章介绍了新能源汽车行业的发展背景，作为应对石油资源枯竭、环境污染的解决方案，节能与新能源汽车成为重要的发展战略。其中，混合动力汽车结合了传统燃油汽车和纯电动汽车的双重优点，是目前节能与新能源领域的一个研究重点。在所有混合动力构型中，行星混联构型由于其巨大的节能优势，能够适应日益严苛的法规要求，具有突出的竞争力。

相比于乘用车，商用车在自身特点和法规约束等方面均具有更迫切的节能减排需求，因此，将行星混联构型应用于商用车系统，成为行业发展的共性需求。本书将主要依据行星混联混合动力系统的技术特点，讲述行星混联混合动力商用车研究与开发的重要流程和关键技术。本书主要包括行星混联系统商用车匹配设计、能耗分析、能量管理控制策略、动态协调控制。此外，本书最后还将基于行星式混合动力物流车这一重要平台，介绍其产品工程化应用开发过程。

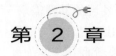

第 2 章

商用车行驶工况分析

行驶工况是汽车参数设计和优化控制的重要前提参考，同时对汽车的燃油经济性、排放性、舒适性和可靠性具有决定性影响，因此本书首先介绍商用车的行驶工况以及典型工况构造方法。

近年来，随着行星式混合动力商用车的不断推广应用，保证该系统在不同应用场景下的最大化节油能力，是综合实现其经济效益和生态效益的重要基础。我国不同地区的交通状况及道路条件有明显差异，为保证系统在特定应用场景的燃油经济性，需要开展大量标定工作，由于标定参数众多，标定效果取决于工程师的经验，一致性和最优性难以保证。因此，构造基于汽车历史行驶数据的标准循环工况，对于汽车参数匹配和控制策略优化标定具有实际指导意义。

本章首先从工况特征、适用车型、试验条件等方面对混合动力商用车法规工况进行详细介绍，说明其难以反映某地区实际交通状况的特点，突出工况构造的必要性。之后，本章提出了一套快速、准确的典型行驶工况构造方法，以某型号城市公交客车在中部平原地区的运行实测数据为基础，运用相关数学理论方法建立典型道路车辆行驶状况的定量描述，并通过聚类与马尔科夫链结合的方法完成工况构造。

2.1 法规工况分析

商用车的法规工况是测试其燃油消耗量和排放的基础，针对不同类型的商用车，主要包括中国城市客车工况（Chinese City Bus Cycle，CCBC）和修正的世界重型商用车辆瞬态工况（World Transient Vehicle Cycle，C-WTVC）两类。

2.1.1 中国城市客车工况

中国城市客车工况具有最高车速低、起停和加减速频繁、匀速行驶时间短等城市工况的典型特点，工况总时间为 1304s，最高车速为 60km/h，平均车速为

16. 11km/h，总里程为 5.840km，车速与时间关系如图 2-1 所示。

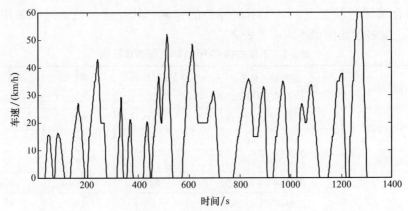

图 2-1　中国城市客车工况

　　根据 GB/T 19754—2015 规定，对于总质量超过 3500kg 的混合动力城市客车，推荐采用 65%载荷，在 CCBC 工况下进行经济性测试。

2.1.2　C-WTVC

　　C-WTVC 工况总时间为 1800s，最高车速为 87.8km/h，平均车速为 41km/h，总里程为 20.511km，车速与时间的关系如图 2-2 所示。

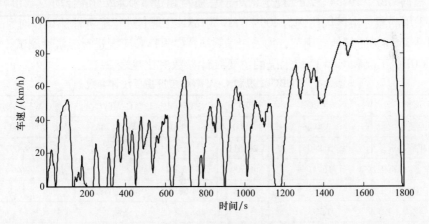

图 2-2　C-WTVC 工况

　　该工况适用于所有商用车，分为市区、公路、高速三部分，其中 0~900s 为市区段，900~1368s 为公路段，1368~1800s 为高速段。

　　市区段与 CCBC 工况类似，有频繁的加速减速过程，但没有城市客车特有的频繁停车并等待的现象；公路段以中速行驶，且速度曲线较城市段平缓，包含中等车速下车速小幅变化区间；高速段包括中高车速下车速小幅波动、超车加速和高速准稳态行驶区间。涵盖了大多数商用车使用中常见的行驶工况。另外，为了更加符合实际行驶工况，对于不同种类的车辆，其经济性测试时所采用的 C-WTVC 工况各段比例也不同，见表 2-1。

表 2-1　不同车辆 C-WTVC 工况各段比例

车辆类型	最大设计总质量 GCW/GVW/kg	市区比例 $D_{市区}$	公路比例 $D_{公路}$	高速比例 $D_{高速}$
半挂牵引车	9000<GCW≤27000	0	40%	60%
	GCW>27000	0	10%	90%
自卸汽车	GVW>3500	0	100%	0
货车（不含自卸汽车）	3500<GVW≤5500	40%	40%	20%
	5500<GVW≤12500	10%	60%	30%
	12500<GVW≤25000	10%	40%	50%
	GVW>25000	10%	30%	60%
城市客车	GVW>3500	100%	0	0
客车（不含城市客车）	3500<GVW≤5500	50%	25%	25%
	5500<GVW≤12500	20%	30%	50%
	GVW>12500	10%	20%	70%

根据 GB/T 19754—2015 规定，对于总质量超过 3500kg 的混合动力城市客车，可以采用满载、市区段比例为 100% 的 C-WTVC 工况下进行经济性测试；对于总质量超过 3500kg 的其他商用车，均采用满载荷，C-WTVC 工况进行经济性测试。

CCBC 工况和 C-WTVC 工况的主要统计参数对比见表 2-2。

表 2-2　CCBC 工况和 C-WTVC 工况主要统计参数

项目	CCBC	C-WTVC	C-WTVC 市区段	C-WTVC 公路段	C-WTVC 高速段
时长/s	1304	1800	900	468	432
总里程/km	5.840	20.511	5.730	5.687	9.093
平均车速/(km/h)	16.11	41.09	22.92	43.75	75.77
最高车速/(km/h)	60	87.8	66.2	73.5	87.8
载荷	65%	满载			
适用车型	3.5t 以上城市客车	3.5t 以上商用车			
标准	GB/T 19754—2015	GB/T 27840—2011			

其中，CCBC 工况对比的主要为 C-WTVC 工况市区段。可以看到 CCBC 工况平均车速更低，最高车速也更低，更加接近城市拥堵的路况，与城市客车运行工况更为接近，因此法规更推荐城市客车采用 CCBC 工况，而 C-WTVC 适用其他商用车。

以上两种工况为法规规定的商用车试验工况，在全国范围内具有很强的代表性。但是，标准工况无法体现每个城市或地区特有的行驶工况特征，包括坡度、不同季节及一天中不同时段的拥堵程度、道路设计、民众驾驶风格等。因此，在针对某一城市或地区的车辆进行设计时，需要参考该地区特有的行驶工况特征，并依此对车辆性能指标提出具有针对性的需求。

2.2　实车典型工况构造

工况构造需要基于实车历史行驶数据开展典型行驶工况合成，有效模拟对应车辆历史行驶工况的统计学特性和概率分布特性，进而保证在线优化控制策略能够适用于特定应用场景。John Brady 等构造了纯电动汽车行驶工况，并分析了其与传统能源车行驶工况的区别；Tae-Kyung Lee 等统计了 PHEV 车型的行驶工况并依此改进了 PHEV 车型的控制策略；Zoran S. Filipi 等以类似方法提取了密歇根东南部车辆典型行驶特征并构造了相应的工况，该方法已被世界范围内多个科研机构应用，以研究区域性、特定车型的行驶工况特征分析和工况构造。首先将根据所采集实车数据的特点，开展数据分析与处理，此后确定混合动力商用车工况合成所需的统计学指标，并最终基于马尔可夫链实现工况合成及验证。

2.2.1　工况数据处理方法

当前常用的滤波技术包括数字滤波、卡尔曼滤波和小波滤波等。其中，数字滤波技术包含多种滤波方法，例如中值滤波、滑动平均值滤波等。这些滤波方法各具优缺点，中值滤波对于消除偶然因素造成的脉冲干扰有较好效果，但对高频噪声的滤波效果有限；滑动平均值滤波能够有效处理高频噪声，获得良好的平滑滤波效果，但同时也会对原始信号中的真实信息进行平滑处理，导致有效信息的丢失。卡尔曼滤波理论上能够获得最佳的滤波效果，但是该方法依赖系统的状态方程，不适用于本文针对的单一信号的滤波。小波滤波方法通过在不同尺度下进行小波变换，获得信号在各尺度下的低频分量和高频分量，其中，低频分量主要包含原始有效信号，高频分量主要包含白噪声、随机误差等，利用阈值法即可有效抑制噪声，并充分保留原始有效信息。基于此，将采用小波滤波方法实现参考车速的计算和远程传输信号的滤波，其基本流程如图 2-3 所示。首先，对原始含噪信号进行预处理，然后进行小波分解、除噪和重构，最终获得滤波后的信号。

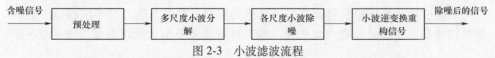

图 2-3　小波滤波流程

针对一段实车工况数据（图 2-4），以 2 尺度的小波分解为例，说明上述小波分解的效果。如图 2-5 所示，A1、A2 为两层分解的低频分量，D1、D2 为两层分解的高频分量。可见，低频分量保留了原始工况的有效信息，而高频分量近似于白噪声。

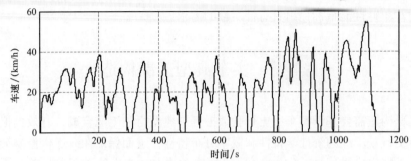

图 2-4　原始工况数据

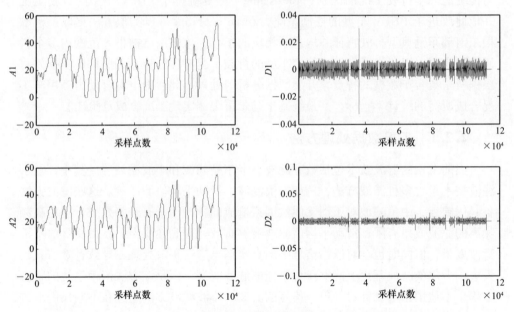

图 2-5　小波分解结果

在小波分解的基础上，对各尺度下的小波高频系数进行阈值处理，即可实现滤波效果。采用自适应的 Stein 无偏似然估计获取阈值，该方法对小波系数的平方进行排序，并计算各项的风险值，选取风险值最小的小波系数计算出阈值。最后，对经过阈值处理后的各尺度小波系数进行重构，即可获得滤波后的信号。

如前所述，采用电机转速信号计算得到车速，并对车速开展小波滤波，旨在剔除转速信号所携带的噪声和干扰，得到具有参考价值的参考车速。如图 2-5 所示，小波分解尺度越多，分解出的高频信息也更多，那么在阈值处理之后，必将剔除更多信息。为最终确定小波分解尺度，在此结合滤波数据的加速度信息开展进一步分析。

下面分别对转速信号进行 3、5、7 尺度的小波分解，滤波结果如图 2-6、图 2-7 和图 2-8 所示。从各图中可知，各尺度下的小波滤波结果中，滤波车速都能与原车速保持良好的跟随关系，而滤波车速计算得到的加速度有明显变化。如图 2-6 所示，在 3 尺度下的滤波，一些高频的加速度波动信号已经被消除（如图中 911~915s），但加速度的变化频率仍然非常高，如 909~910s 的区间内，加速度往复波动 4 次，波动幅度和频率都非常大。考虑公交客车在市区运行，路面条件较好，而无论是考虑驾驶人的操作频率还是考虑车辆本身较大的惯量，加速度都不可能出现如此快速和频繁的变化。相比之下，5 尺度的小波分解，已经剔除了多数高频波动的情况，7 尺度的小波分解，加速度计算结果仅与原始数据保持趋势跟随。

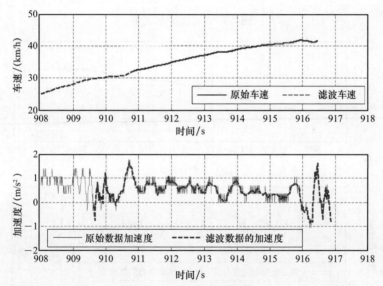

图 2-6　3 尺度分解结果

在更宏观的时间尺度下观察 7 尺度分解结果可知，在保持趋势跟随的同时，也能有效覆盖原始加速度中的峰值，如图 2-9 所示。综上，本文最终选择 7 尺度小波滤波结果作为参考车速。

下面基于参考车速对比分析两种 1Hz 信号滤波后的结果，如图 2-10 所示，可以看出，由 1Hz 转速信号计算得到的车速和原车的 1Hz 车速信号都能良好跟随参考车速，由三者计算得到的加速度也能保持总体趋势的一致。但是，由 1Hz 转速信号计算得到的加速度能更好地跟随参考车速的加速度，相比之下，由 1Hz 车

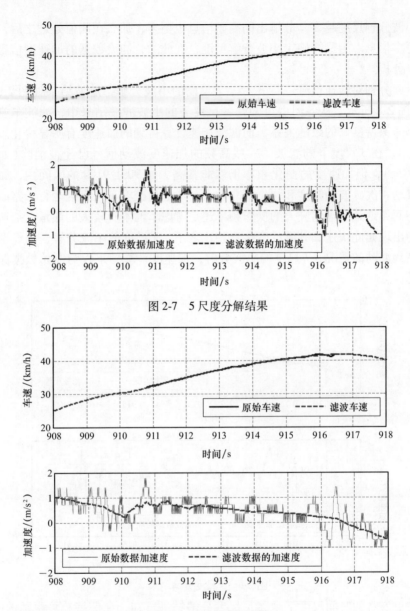

图 2-7　5 尺度分解结果

图 2-8　7 尺度分解结果

速信号计算得到的加速度，因为信号精度的问题，多数情况下为 0 至某一数值的脉冲信号，即加速度的分辨率也受到车速分辨率的影响，也是由于这个原因，很多小加速度持续工作的情况，会被识别为零加速度和较大加速度。客车由于自身惯量大，小加速度的工作情况占比较大，而基于车速信号开展分析，这部分信息将严重损失，对工况特征的提取以及工况合成都十分不利。综上，采用转速信号处理计算车速和加速度，有利于后续的工况合成。

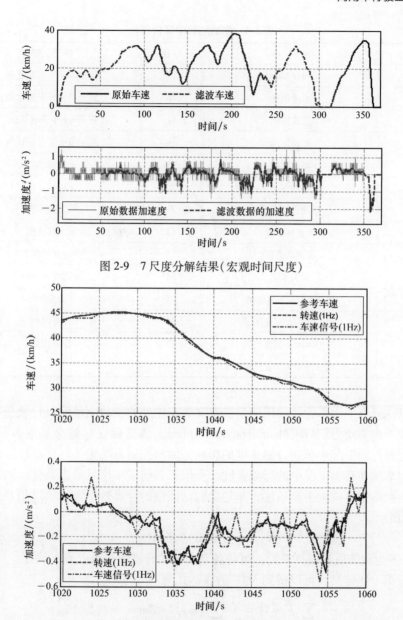

图 2-9　7 尺度分解结果(宏观时间尺度)

图 2-10　1Hz 信号分析

2.2.2　统计学评价指标选取

确定合理的统计学评价指标是工况合成的重要前提,具体指标的确定采用回归分析方法,探讨各评价指标与车轮处比能量之间的关系。工况评价的具体指标包括车速、加速度、里程、时间相关的统计学指标,见表 2-3。

表 2-3 初始统计学评价指标

序号	说　明	序号	说　明
1	总时间	15	40-50km/h 车速比例
2	怠速比例	16	50-60km/h 车速比例
3	巡航比例	17	0-20km/h 车速比例
4	加速比例	18	30-50km/h 车速比例
5	减速比例	19	平均加速度
6	平均车速	20	平均减速度
7	平均行驶车速	21	最大加速度
8	车速标准差	22	最大减速度
9	车速均方根	23	加速度标准差
10	最大车速	24	减速度标准差
11	0-10km/h 车速比例	25	总里程
12	10-20km/h 车速比例	26	停车次数
13	20-30km/h 车速比例	27	停车次数
14	30-40km/h 车速比例		

以往研究中，车轮处的比能量被定义为车轮处的驱动能量除以行驶里程，也被称作平均驱动力（MTF，Mean Traction Force），该指标仅与整车基本参数相关，主要受到行驶工况中车速、加速度的影响，而与控制策略无关，可以较好地表征某一类车辆在真实工况中的行驶强度。受限于当前实车信号采集条件，同时考虑所采集数据来自我国平原地区，车轮处驱动能量的计算暂不考虑坡度信息，如式（2.1）所示。

$$F_t = mgf_r + \delta ma + 0.5\rho A C_D v^2 \tag{2.1}$$

式中，δ 为旋转质量换算系数，可将各动力源的转动惯量等效到车轮处。

根据上述定义，可以得到 MTF 的表达式为

$$\overline{F}_t = \frac{1}{x_{tot}} \sum \overline{F}_i \overline{v}_i T_s = \frac{1}{x_{tot}} \sum (mgf_r + \delta m \overline{a}_i + 0.5\rho A C_D \overline{v}_i^2) \tag{2.2}$$

式中，x_{tot} 为总行驶里程；$\overline{F}_i$ 表示各离散点的行驶阻力；$\overline{v}_i = \frac{v_i + v_{i-1}}{2}$，表示各离散点的平均车速；$\overline{a}_i = \frac{v_i - v_{i-1}}{T_s}$，表示各离散点的平均加速度；$T_s$ 为各离散点之间的采样间隔，此处为 1s。

不同于以往针对传统车开展的工况研究，本文所研究的混合动力客车具有再

生制动功能，可以将传统车中完全由机械制动消耗掉的能量进行部分回收，从而改变了车轮处真实消耗的能量，因此，还将在平均驱动力的基础上考虑再生制动能量回收。制动消耗的能量是存储在车辆里的势能，该能量由动力源克服加速阻力所消耗的能量转化而来。假设车辆能够完全回收制动能量，那么车轮处仅消耗用于克服滚动阻力和空气阻力的能量，如式(2.3)所示。

$$\overline{F}_{t,b} = \frac{1}{x_{\text{tot}}} \cdot \sum \left(mgf_r + 0.5\rho AC_D \overline{v}_i^2 \right) \tag{2.3}$$

根据式(2.2)和式(2.3)可知，可回收的平均再生制动能量为 $\overline{F}_r = \overline{F}_t - \overline{F}_{t,b}$，然而实车不可能实现制动能量的完全回收，实际回收率还将受到车辆轴荷、能量回收路径的双向传递效率，以及电动机、蓄电池的最大充电功率等因素的影响。在此初步假设客车后轴荷为 60%~70%，主电机发电、驱动的效率为 90%，蓄电池充、放电效率为 90%，机械传动效率为 95%，同时考虑蓄电池最大充电功率为 80kW，即再生制动回收功率不能超过该限值，最终估算得到再生制动能量回收比例 η_r。综上，得到针对混合动力汽车的车轮处比能量定义，如式(2.4)所示。

$$\overline{F}_{t,\text{HEV}} = \overline{F}_t - \eta_r \left(\overline{F}_t - \overline{F}_{t,b} \right) \tag{2.4}$$

得到初始统计学评价指标和车轮处比能量的定义后，设计统计学评价指标的筛选流程如图 2-11 所示。

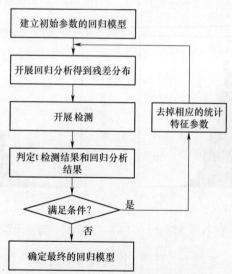

图 2-11　统计学评价指标确认流程

首先针对选定的原始统计学参数进行线性回归分析，得到初始回归模型；其次根据表 2-3 中的初始统计学指标和比能量计算方法，得到每个运动学片段(从一次怠速开始到下一次怠速开始之间的时间-车速历程)的统计学指标和比能量；

最后利用线性回归分析得到初始统计学指标与比能量之间的回归模型。

在不考虑再生制动和考虑再生制动两种情况下，得到观测值与回归模型估计值的关系分别如图 2-12 和图 2-13 所示，两回归模型的 R 方估计值都为 95%，从图中可见，考虑再生制动之后，车轮处比能量明显下降。得到两个初始回归模型的残差分布如图 2-14 和图 2-15 所示，两者的残差都呈现为正态分布，总体上，两方法的初始统计学指标都能较好模拟车辆的比能量分布，但残差分布的不一致说明，考虑再生制动后，车辆的能量消耗特性有所变化，该问题将在确定最终的统计学指标时进一步讨论。

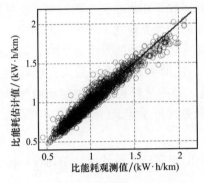

图 2-12　初始回归模型（仅考虑驱动）

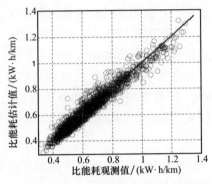

图 2-13　初始回归模型（考虑再生制动）

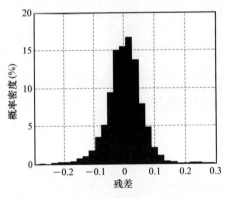

图 2-14　初始残差分布（仅考虑驱动）

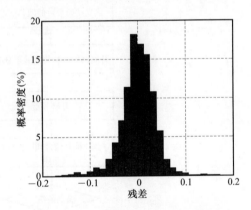

图 2-15　初始残差分布（考虑再生制动）

在初始回归模型的基础上，开展 t 检测及参数之间的相关性分析。利用初始回归模型的残差结果，与去掉某一指标后回归分析的残差结果进行 t 检测，若检测结果在 5% 置信区间内不被拒绝，则说明二者来自同一分布，那么，去掉该指标对回归模型影响较小。同时，分析各统计学指标之间的相关性，若两个统计学指标显著线性相关，则去掉其中一个。如图 2-16 所示，对平均行驶车速和车速均方根进行回归分析，两者显著线性相关。而根据 t 检测结果，去掉车速均方根对回归分析结果的影响较小，则保留更为常用的平均行驶车速。

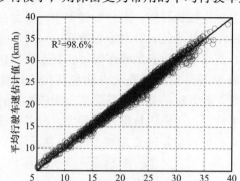

图 2-16 指标之间的回归分析

针对式(2.1)~式(2.4)的两种车轮处比能量定义，分别按照上述流程完成所有检测后，得到最终的统计学指标，不考虑再生制动时选取的 8 个统计指标，而考虑再生制动时，选取 9 个指标，增加制动比例一项，见表 2-4。可见，虽然再生制动能量的来源是车辆克服加速阻力存储在车辆内部的势能，但因为最终通过再生制动实现回收，因此，制动的比例将对回归模型产生相对明显的影响，结合再生制动得到的车轮处比能量定义式具有其应用意义。

表 2-4 确定的统计学评价指标

序号	说 明	序号	说 明
1	怠速比例	6	车速标准差
2	加速比例	7	最大车速
3	制动比例	8	平均加速度
4	平均车速	9	平均减速度
5	平均行驶车速		

2.2.3 原始工况数据特征分析

原始工况数据的特征分析结果，是循环工况合成的约束条件，也是检验候选工况的基准，主要包括各循环工况行驶里程的累积概率密度、车速-加速度联合分布密度以及原始工况数据的统计学特征。

2.2.3.1 循环工况行驶里程

公交客车的循环工况由同一行驶线路上的一次来回组成，因为行驶线路固定，每一个循环的行驶里程都应较为接近，而单个循环的行驶时间随着交通拥堵状况可能出现明显差异，所以以行驶里程作为客车循环工况合成的边界条件具有现实意义。

　　然而，基于历史数据开展工况合成前，单个循环的行驶里程为未知量。考虑到公交客车在终点站会等待较长时间，而行驶过程中，仅会在站点上下客、等红绿灯等情况下短时间停车。基于此，针对原始数据，以停车时间为分析样本，采用异常数据筛选方法，找出明显较长的停车时间，其本质是找到分析样本中出现概率较小的数据点。常用的异常数据筛选方法包括拉依达准则法、肖维勒准则法、格拉布斯准则法等。各方法的基本思路是当分析样本接近正态分布时，异常数据的出现为小概率事件。由于输入数据样本较大，参考肖维勒方法，将数据点频率视作其概率，即可得到近似筛选公式如式（2.5）所示。

$$|x_i - \mu| > \omega\sigma \tag{2.5}$$

式中，x_i 为样本数据点，μ 为样本均值，σ 为样本标准差，ω 在肖维勒方法中为肖维勒系数，针对本文的停车时间筛选，将 ω 设置为标定量。以某一天的行驶数据为例，当 $\omega = 1$ 时，得到各循环的起始、结束时刻如图 2-17 所示。

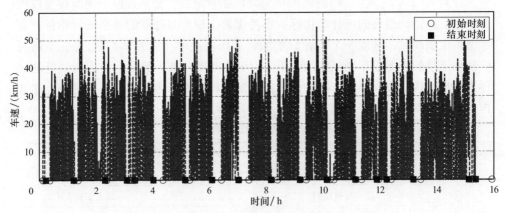

图 2-17　循环起止点筛选

　　从图 2-17 中可见，公交车的运行并非在每一个循环后都有明显的停车等待过程，因此筛选结果可能漏掉少量循环的终止时刻。另外，由于数据传输故障等因素导致的数据丢失，也可能导致筛选结果出现偏差。以上方法并不能准确找到每一个循环的起止点，但筛选结果中符合要求的循环工况仍具有较大的概率，因此计算出筛选得到的各个循环的行驶里程，统计得到行驶里程的分布概率和累积分布，如图 2-18 所示。

　　可见，基于停车时间的循环工况筛选虽然存在偏差，但行驶里程的分布仍然集中在 13~14km 之间，这也与实际情况相符。行驶里程分布呈现出近似正态

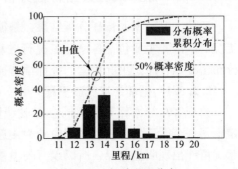

图 2-18　行驶里程分布

分布，其累计分布的中值对应行驶里程概率最大的情况，因此选用累积分布中值所对应的行驶里程作为工况合成的边界约束，具体值为 13.4km。

2.2.3.2 原始数据统计特征

原始数据的统计学特征是对客车行驶工况的总体描述，代表其宏观特征，也是后文所合成行驶工况是否具有代表性的基本检验标准。根据表 2-4 所确定的统计特征项，首先得到原始数据的宏观统计特征，见表 2-5。

表 2-5 原始数据统计特征

序号	统计特征	原始数据	序号	统计特征	原始数据
1	怠速比例	18.2%	6	车速标准差	11.1km/h
2	加速比例	44.5%	7	最大车速	56.0km/h
3	减速比例	37.3%	8	平均加速度	$0.35m/s^2$
4	平均车速	17.6km/h	9	平均减速度	$-0.43m/s^2$
5	平均行驶车速	21.6km/h			

2.2.3.3 车速-加速度联合概率密度

由于工况中的任意一点都可以通过联合车速和加速度进行表征，车速-加速度联合概率密度（Speed Acceleration Probability Distribution,SAPD）是更为精确的工况特征表达。计算得到原始工况数据的 SAPD 如图 2-19 所示。从图中可见，由于停车情况下的车速和加速度都为零，该情况下的概率密度最大。除去停车情况外，中等车速的分布概率较大，随着车速的增大或减小，分布概率都呈减小趋势。而较大的加速度都出现在低速情况下，随着车速的增大，加速度的分布范围逐渐向零靠拢，这与动力系统的输出能力、驾驶人操作习惯以及交通条件都是相关的。

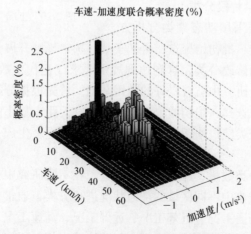

图 2-19 车速-加速度联合概率密度

2.2.4　基于马尔可夫的工况合成

2.2.4.1　工况合成概述

考虑本文以大量实车历史运行数据为输入，利用数据处理平台开展工况合成。为了保证所合成工况的代表性，又充分降低数据处理的压力，本文采用马尔可夫方法，基于运动片段重组实现工况合成，所设计的工况合成算法流程如图2-20所示。

首先开展运动片段分类，计算各个类别之间的状态转移概率矩阵，然后利用马尔可夫方法实现运动学片段的随机重组，当重组片段达到前文计算的行驶里程边界时，认为单一工况合成结束，当合成工况的统计学特征向量 Θ_i 与原始数据的统计学特征向量 Θ_i 之间的误差小于给定门限值时，认为两者具有近似的统计学特征，则将该工况记录为一个候选工况，并继续下一次循环。完成所有循环后，计算各候选工况 SAPD 与原始工况数据 SAPD 的方差和（Sum of Squared Difference，SSD），SSD越小，说明候选工况与原始工况数据的特征越接近，将 SSD 最小的候选工况作为最终的合成工况。

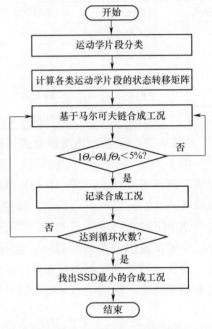

图 2-20　工况合成算法流程

2.2.4.2　运动学片段分类

运动学片段分类采用动态聚类分析方法，该方法首先选定一批初始聚点，再基于某一选定规则开展分类，若分类结果不满足规则要求，则修改分类，直到达到规则要求或迭代次数限制，完成聚类。聚类分析方法在工况研究中有着良好的应用基础。首先根据分类数量，在均匀划分的样本范围内随机选择一组初始聚点，再基于欧氏距离最小的原则进行聚类的修正，若某一初始聚类经过修正失去了所有成员，则重新生成一个聚类，以此循环迭代。

运动学片段的分类数量，即聚类的类别数，在不同研究中有不同的标准。一种分类准则是依照城市中不同区域的交通状况进行分类，通常分为5类，包含市区拥堵工况、市区畅通工况、近郊工况、远郊工况、高速工况。由于研究对象为城市公交客车，其运行范围为城市内部，行驶线路也相对固定，不可能完全包含上述5类行驶工况。参考文献[29]将工况片段分为9类，各类工况没有具体的名称加以描述，仅表明随着类别的变化，拥堵状态逐渐加剧、行驶车速逐渐减小这样的基本特征，而聚类分析方法也能较好保证这种基本特征随工况类别而变化的特点。可见，当前研究并不能为行驶工况的分类提供确切的参考依据，本章将在后文结合工况合成方法分析运动学片段分类数量对最终工况合成的影响，并确定分类数量。

2.2.4.3　马尔可夫方法

马尔可夫方法是本文工况合成算法的核心内容。当一个系统的未来状态仅依赖于当前状态，而与其他历史状态无关，该系统即具有马尔可夫性。而行驶工况的马尔可夫性已经得到了充分验证。假设该系统由随机状态序列 $[X_1, X_2, X_3, \cdots]$ 组成，那么该系统的马尔可夫性可以表示为

$$P(X_{n+1} = x_{n+1} \mid X_1 = x_1, X_2 = x_2, \cdots, X_n = x_n) = P(X_{n+1} = x_{n+1} \mid X_n = x_n) \qquad (2.6)$$

式中，X_n 为马尔可夫链的状态空间，定义条件概率 $p_{ij} = P(X_{n+1} = j \mid X_n = i)$，即可表征系统从 i 到 j 的状态转移概率。当一个马尔可夫链具有 k 个状态时，该系统将拥有 k^2 个状态转移概率，如式（2.7）所示，P 即为马尔可夫链的状态转移矩阵，状态转移矩阵 P 中所有项都非负。

$$P = \begin{bmatrix} p_{11} & p_{12} & \cdots & p_{1k} \\ p_{21} & p_{22} & \cdots & p_{2k} \\ \vdots & \vdots & \vdots & \vdots \\ p_{k1} & p_{k2} & \cdots & p_{kk} \end{bmatrix} \qquad (2.7)$$

本文基于运动片段实现行驶工况合成，马尔可夫链的状态空间 X_n 即对应各个行驶工况的分类集合。状态转移概率 p_{ij} 的物理意义可以表征为，系统当前阶段处于第 i 类运动学片段时，下一阶段转移到第 j 类运动学片段的概率。考虑行驶工况数据样本较大，本文采用最大似然估计实现状态转移概率矩阵的计算。对于大量可重复观测结果，若 N_{ij} 为观测得到的从第 i 类运动片段转移到第 j 类运动学片段，即事件 $\{X_{n+1} = j \text{ and } X_n = i\}$ 的总数，那么可以利用最大似然估计得到 p_{ij} 的计算式，如式（2.8）所示。

$$p_{ij} = \frac{N_{ij}}{\sum_j N_{ij}} \qquad (2.8)$$

在完成运动学片段分类后，得到各类运动学片段的集合，进一步即可根据上述性质计算得到原始输入数据的状态转移概率矩阵。具体的，首先确定各运动学片段集合出现在循环工况初始阶段的概率，以概率最大的集合作为马尔可夫链的初始状态，并从该运动学片段集合中随机抽取一个片段作为所合成工况的初始片段。然后生成一个 0~1 之间的随机数，找到与该随机数最为接近的状态转移概率，基于此确定马尔可夫链的下一个状态，即找到一个新的运动学片段集合，并

从该集合中随机抽取一个片段作为当前的工况片段。依此类推，直到合成工况的行驶里程达到 2.2.3 节中计算的边界条件时，一个循环工况合成结束。可见，基于马尔可夫链的工况合成仍然是随机过程，但相比于纯粹随机组合的方法，该方法考虑了各类运动学片段之间的转移概率，从而极大地降低了合成无效工况的概率。

2.2.4.4　分类及收敛条件分析

结合马尔可夫方法可知，运动学片段的分类数量决定了马尔可夫链状态转移概率矩阵的维度，划分类别的不同将导致状态转移概率矩阵的不同，进而影响马尔可夫链的构造过程。但是由于马尔可夫仍属于随机过程，随着循环迭代次数的增加，各类情况出现的频率接近其概率时，在有限范围内的类别划分并不会影响最终合成的工况。为了进一步说明该问题，分别将运动学片段分为 5 类、7 类和 9 类，在较小的迭代循环次数和较大的迭代次数下，分析各情况下满足统计学特征要求的合成工况。最终对合成工况的代表性进行 SSD 检验，保证生成工况的质量，本文主要统计了各类情况下合成工况的 SSD 分布。

首先，对三种分类情况进行 1000 次循环迭代，得到各类迭代结果的 SSD 分布，如图 2-21 ~ 图 2-23 所示。在个人计算机环境中，1000 次迭代消耗的时间小于 12s，时间成本较小，而从最终合成工况的 SSD 分布来看，各种分类下的结果较为随机，并不能说明分类对工况合成的影响。

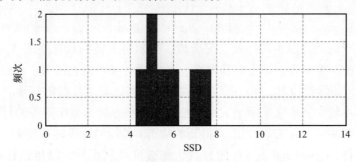

图 2-21　分 5 类进行 1000 次迭代

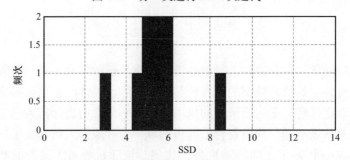

图 2-22　分 7 类进行 1000 次迭代

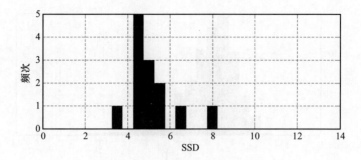

图 2-23　分 9 类进行 1000 次迭代

此后，对三种分类进行 10 万次循环迭代，得到各类迭代结果的 SSD 分布，分别如图 2-24~图 2-26 所示。对比各图可知，当迭代次数即观测样本足够大时，在各种分类数量下进行工况合成的结果几乎一致。各种分类结果中，SSD 最小值都小于 3，最大值都小于 12，而 SSD 的总体分布都呈现出近似的正态分布。可见，随着观测样本的增大，由于本文在马尔可夫链构造过程中生成的随机数为伪随机数，总体满足正态分布，最终生成工况的质量也呈现出正态分布特性。

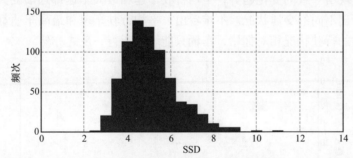

图 2-24　分 5 类进行 10 万次迭代

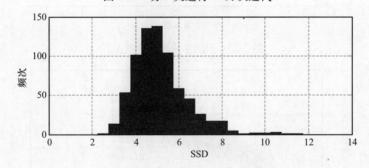

图 2-25　分 7 类进行 10 万次迭代

通过以上分析可知，针对有限的分类（仅分一类即为纯粹的随机组合，分类过多也将失去马尔可夫性）情况，在较小的观测次数下，最终合成工况的质量具有一定的随机性，而在足够多的观测次数下，分类对最终合成工况的质量不产生影

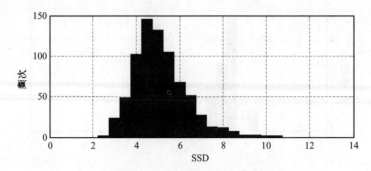

图 2-26　分 9 类进行 10 万次迭代

响。通过以上观测，也确定了合成工况所能达到的最优质量，即 SSD 应该小于 3，以此作为循环迭代的收敛条件，有助于实现最优的工况合成。

　　实际应用中，工况分类结果可供工程人员参考，更直观地理解真实工况的构成，因此主要考虑工况分类结果的直观性。下面在平均行驶车速-最大车速坐标系下绘制出不同分类数据量下的工况分类结果，如图 2-27~图 2-29 所示。各种分类结果都呈现出一致的变化趋势，平均行驶车速和最大车速都逐渐变大，不同类别可以表征出不同的交通状况。不难看出，平均行驶车速和最高车速都较小的情况，所描述的行驶状况相对拥堵，车辆只能缓慢通行，反之亦然。

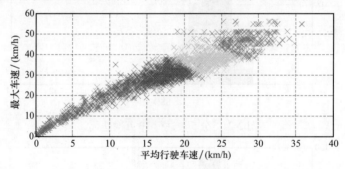

图 2-27　运动学片段分为 5 类

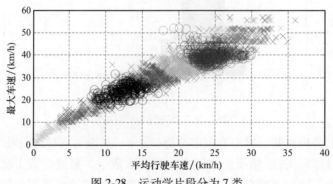

图 2-28　运动学片段分为 7 类

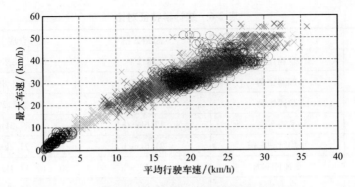

图 2-29　运动学片段分为 9 类

从图 2-29 可知，当分类达到 9 类时，某两个类别出现在近似区间，不利于直观理解。对比分 5 类和 7 类的情况，分 7 类时各类所占车速区间相对狭窄，过于细化的分类对于直观理解也没有帮助。针对城市公交客车这类总体行驶车速较低的对象，工况分为 5 类及以下即可，因此定为 5 类。

2.2.5　工况构造结果

以同一线路上某款混合动力公交客车 7 天(每天约 14～15h)的运行数据为输入，基于前述工况合成算法，得到典型行驶工况的合成结果如图 2-30 所示。工况合成耗时约 50s，合成工况的 SAPD 与原始数据的 SSD 为 2.63，满足收敛条件。

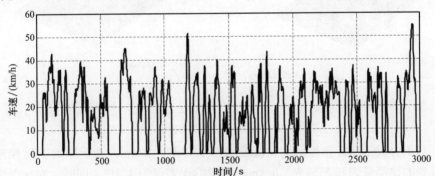

图 2-30　合成工况

对比合成工况与原始工况数据之间的统计学特征，见表 2-6，可见，合成工况的统计学特征与原始工况数据十分接近，在宏观特征上能良好代表混合动力客车的真实行驶工况。

合成工况与原始工况数据之间的 SAPD 对比如图 2-31 所示，可见，两者的 SAPD 分布十分接近，合成工况能够较为准确地反映原始工况数据的车速、加速度分布情况。

表 2-6 统计学特征对比

序号	统计特征	原始数据	合成工况
1	怠速比例	18.2%	18.5%
2	加速比例	44.5%	43.8%
3	减速比例	35.4%	35.2%
4	平均车速	17.6km/h	17.3km/h
5	平均行驶车速	21.6km/h	21.2km/h
6	车速标准差	11.1km/h	11.4km/h
7	最大车速	56.0km/h	55.0km/h
8	平均加速度	$0.35m/s^2$	$0.35m/s^2$
9	平均减速度	$-0.43m/s^2$	$-0.43m/s^2$

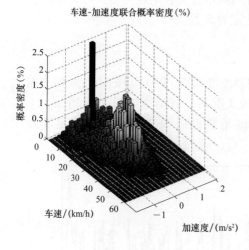

a) 原始工况数据　　　　　　　　　　b) 工况合成结果

图 2-31 SAPD 对比

　　基于合成工况计算得到的比能量为 0.582kW·h/km，基于原始工况数据计算得到的比能量为 0.575kW·h/km，两者的误差仅为 1.2%。同时，对比合成工况与原始工况数据之间的比能量分布情况，如图 2-32 所示。由于合成工况的运动学片段有限，其比能量分布不可能按照类似原始工况数据的形式平滑分布，但对比两图可知，其总体分布形态近似，峰值概率都出现在 0.6kW·h/km 附近，并且比能量分布主要集中于该区间。

　　综上，通过对比合成工况与原始工况数据的统计学指标、车速-加速度联合概率密度、总体比能量以及比能量的分布，充分证明合成工况能良好代表所研究城市客车的原始运行条件。

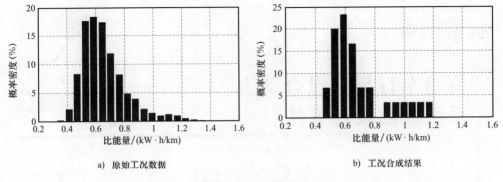

a) 原始工况数据   b) 工况合成结果

图 2-32　比能量对比

本章小结

　　本章首先通过对现有法规工况进行分析，明确了工况构造的必要性；其次，对工况原始数据进行预处理，引入车轮比能量的概念来精确描述工况特征，通过回归分析方法进行工况典型统计学指标选择；然后，基于大量观测样本构造工况质量，以分类结果直观性作为评价指标，确定了运动学片段的最佳聚类数；最后基于马尔可夫链的工况构造算法，完成典型行驶工况的构造。

　　对比结果表明，基于本章所提出的工况构造方法构造的工况能良好代表所研究城市公交客车的原始运行条件，对城市公交客车的优化控制和标定具有重要指导意义。

第 3 章

商用车行星式混合动力系统参数设计方法

合理匹配混合动力系统各个动力总成参数是提高混合动力汽车动力性、燃油经济性、排放性等整车性能的关键。对于混合动力系统动力总成方案的设计，一方面要保证系统的最低性能需求，另一方面还要结合目标工况与基本控制思想，实现动力源在特定行驶工况下高效率运行。

本章针对行星混联混合动力系统，介绍了一套基于系统效率特性，综合考虑控制思想和工况条件的参数匹配方法，确定了一般性的参数匹配原则，并针对不同的应用对象(城市客车、公路客车、重型卡车)，对该参数设计方法进行了充分验证。该方法为国内行星混联混合动力系统的参数匹配提供了理论依据和设计指导，是优化控制的重要基础。

首先，本章以现有的成熟产品——城市公交客车作为研究对象，详细说明了匹配方法的具体实现过程；其次，对公路客车的匹配设计过程做进一步扩展，分别针对常见的行星混联构型、带离合器的行星混联构型以及 P2 并联构型进行匹配，根据仿真结果进一步说明了行星混联系统的优势；最后，对混合动力重型卡车进行细致的需求和特征分析，强调行星混联系统应用到重型卡车的重要意义，并对其进行匹配计算与仿真，突出说明重型卡车匹配过程的差异性。

3.1 行星混联系统动力学分析

本节以图 1-10 所示构型为例，介绍其动力源间的动力学关系。该系统包括两排行星齿轮机构 PG1 和 PG2，前排 PG1 为输入式功率分流装置，后排 PG2 的齿圈固定连接在机壳上，其功能等效为固定速比减速器。其发动机输出轴连接前行星排的行星架，电机 MG1 连接 PG1 的太阳轮，电机 MG2 连接 PG2 的太阳轮，PG1 的齿圈与 PG2 的行星架相连，并将整个系统的动力输出到主减速器。此外，该系统采用超级电容作为电力储能装置。

该系统的功率分流情况如图 3-1 所示。在一般的运行工况中，发动机输出功率在前行星齿轮机构处分流，一部分流经电机 MG1 转化为电功率，再由电机 MG2 转化为机械功率，并经后行星排后传递到输出轴上，另一部分在前行星排处以机械功率的形式直接流经后行星排后传递到输出轴。可见，作为功率分流装置，该系统中的前行星排将决定系统的功率分流特性。而后行星排仅影响电机的转矩等级和转速范围。

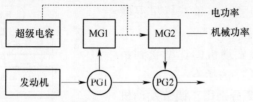

图 3-1　功率分流框图

忽略系统内部的转动惯量和摩擦损失，结合 1.2.1 节中的分析方法可得到前行星齿轮机构 PG1 的基本转速、转矩关系，如式(3.1)所示。

$$\begin{cases} T_{S1} = \dfrac{T_{C1}}{1+k_1} \\ (1+k_1)\omega_{C1} = k_1\omega_{R1} + \omega_{S1} \end{cases} \tag{3.1}$$

式中，T 和 ω 分别为转矩和转速，下标 C1、S1 和 R1 分别表示前行星排的行星架、太阳轮和齿圈，k_1 是前行星排的特征参数，为前行星排齿圈齿数与太阳轮齿数之比。该基本转矩、转速关系也适用于后行星排，由于后排齿圈锁止，故转速恒为零，可得如下关系：

$$\begin{cases} T_{S2} = \dfrac{T_{C2}}{1+k_2} \\ (1+k_2)\omega_{C2} = \omega_{S2} \end{cases} \tag{3.2}$$

式中，下标 C2 和 S2 分别代表后行星排的行星架和太阳轮，k_2 为后行星排的特征参数。进一步根据各动力源与行星齿轮的连接关系，可以得到系统输出转速、转矩的关系，如式(3.3)所示。

$$\begin{cases} T_{out} = T_e\dfrac{k_1}{1+k_1} + T_m i_2,\ i_2 = 1+k_2 \\ \omega_{out} = \dfrac{\omega_e(1+k_1) - \omega_g}{k_1} = \dfrac{\omega_m}{i_2} \end{cases} \tag{3.3}$$

式中，下标 out、e、g 和 m 分别表示系统输出轴、发动机、电机 MG1 和电机 MG2。

3.2　参数匹配方法

根据 3.1 节中的基本动力学分析可见，k_1 的大小决定了系统的功率分流特性；而在确定的工况需求条件下，根据机械连接关系，系统的输出［式(3.3)中的 T_{out} 和 ω_{out} ］可以根据需求转矩和车轮转速分别计算得到；另外，在行星式混合动力系统中，由于发动机与路载解耦，发动机的输出主要根据控制策略获得，电机辅助调节发动机到理想的工作点上；以上分析可描述如下：

1）功率分流装置决定该双行星混联式客车系统的传动特性。

2）核心动力源发动机的选型受到系统需求和基本控制策略的影响。

3）MG1 和 MG2 分别用于调节发动机的转速和转矩。

据此，可确定该系统的参数匹配流程如图3-2所示：首先，选择合适的基本控制策略；其次，确定发动机和功率分流装置两个核心部件的基本参数；第三，基于工况需求确定电部件和后行星齿轮机构的特征参数。

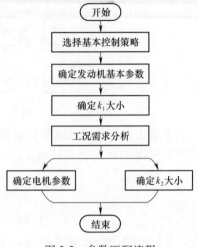

图 3-2　参数匹配流程

3.2.1　基本控制策略选择

不同的控制策略会将电机、发动机的工作点控制在不同工作区间，因此，控制策略也会对参数匹配产生影响。发动机最优控制策略是行星混联系统的典型控制策略之一，该控制策略将发动机控制在当前功率下燃油消耗率最小的工作点上，充分发挥行星混联系统转速、转矩双解耦的优势，可显著提升发动机的平均工作效率，从而有效提高整车的燃油经济性。该策略始终将发动机控制在最优工作曲线上，而多数情况下，发动机最优工作曲线与外特性曲线并不重合，因此，采用该策略时，发动机的输出能力受到限制，这将直接影响发动机功率等级的选择和系统其他部件的匹配设计。基于最优传动效率的控制策略考虑系统的综合传动效率，相比于发动机最优控制策略，发动机工作点的分布区间整体向中低速方向移动，更有利于系统燃油经济性的提升，相应地，发动机选型也需根据该策略进行调整。综上所述，在参数匹配之初，确定核心控制思想，是确定发动机功率等级的基础，进而影响整个系统的匹配设计和发动机效率分布。

绝大多数发动机最优工作曲线上的功率随转速的升高而单调增大，确定需求功率后便可唯一确定发动机工作点，最优工作曲线上的这种映射关系，有利于在不同工况条件下快速计算得到发动机工作点，进而完成其参数设计。同时，在参数设计之初，难以考虑综合传动效率，实现更优化的控制算法。因此，首先选取发动机最优控制策略作为参数匹配的基础。

3.2.2　基于稳态工况的发动机选型

该系统中的电力储能装置采用超级电容,具有功率密度大、能量密度小的特点,因此,要求发动机能够提供稳态工况下的全部能量需求,以保证系统的电量维持能力。基于动力性的考虑,稳态工况主要包括最高车速巡航、最大持续爬坡。因此,发动机应该能提供最高车速巡航时所需功率和最大爬坡性能所要求的功率,如式(3.4)所示。

$$P_e = \frac{V_a}{1000\eta_t}\left(mgf_r\cos\theta+\frac{1}{2}\rho C_D A V_a^2+mg\sin\theta\right) \tag{3.4}$$

式中,P_e 为发动机输出功率,单位为 kW;V_a 为车速,单位为 m/s;η_t 为传动效率;m 为整车总质量,单位为 kg;g 为重力加速度,单位为 m/s^2;f_r 为滚动阻力系数;ρ 为空气密度,单位为 kg/m^3;C_D 为空气阻力系数;A 为车辆迎风面积,单位为 m^2;θ 为坡度角,单位为(°)。

此外,还应验证发动机的功率等级能否满足车辆常用行驶工况中多数情况下的需求功率,这样才能保证超级电容不会过度放电。

根据上一节中选定的发动机最优控制策略,还需结合发动机万有特性图(MAP)确定发动机的运行转速范围。结合以上分析,确定了如下选取原则:

1) 发动机最大工作转速应能保证发动机可输出最大功率,否则将造成发动机功率等级浪费,因此,选取的发动机最大工作转速不应过小。

2) 考虑到在发动机最优工作曲线上,其输出功率随着转速的提高而增大,而在发动机起动前,混合动力客车将进行纯电动行驶,因此,发动机最低工作转速不应过高,否则将增大对电机功率等级的要求,也容易造成超级电容过度放电。

3.2.3　基于效率特性的特征参数确定

行星机构作为本系统中的一个核心部件,其特征参数决定了系统的功率分流特性,也就决定了系统的传动效率特性。特征参数的匹配思路是:首先确定特征参数的上、下边界值,再根据特征参数对效率特性的影响,在边界范围内对特征参数进行优化选择。其中,后行星齿轮机构仅作为一级减速器,对行星混联系统的动力耦合特性并无影响。因此,在选取前行星齿轮机构特征参数时先忽略后排影响,假定 MG2 直接与前排齿圈相连。

根据行星齿轮机构的装配条件和邻接条件可确定特征参数应满足条件:$k_1 \geqslant 1.5$;其次,根据行星机构的运动学方程[式(3.1)],可以得到式(3.5)所示关系。

$$\frac{\omega_{g}}{\omega_{e}}=\frac{\omega_{S1}}{\omega_{C1}}=1+k_{1}-k_{1}\frac{\omega_{R1}}{\omega_{C1}}=1+k_{1}-\frac{k_{1}}{SR} \tag{3.5}$$

式中，SR 为系统传动比，定义为 $SR=\dfrac{\omega_{C1}}{\omega_{R1}}$。根据上述关系，可作出不同 k 值下电机 MG1 转速与发动机转速的比值随速比的变化曲线，如图 3-3 所示。

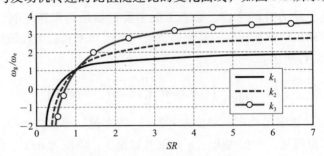

图 3-3　ω_{g}/ω_{e} 随 SR 变化关系

从图 3-3 中可见，随着 k_{1} 的增大，在高速比区域，对 MG1 转速的要求也会增大，因此，为了避免 MG1 转速过高，通常限制 $k_{1}\leqslant 3$。

确定了 k_{1} 的边界为 $(1.5,3)$ 之后，需进一步优化 k_{1}。定义传动效率为系统输出功率与输入功率的比值，$\eta_{tr}=\dfrac{P_{o}}{P_{i}}$。

由行星机构的运动学方程和动力学方程可得到如下关系：

$$\frac{\omega_{S1}}{\omega_{R1}}=(1+k_{1})SR-k_{1} \tag{3.6}$$

$$\frac{T_{g}}{T_{e}}=\frac{1}{1+k_{1}} \tag{3.7}$$

行星机构的输入功率为行星架上的发动机输出功率，即 $P_{i}=T_{e}\omega_{C1}$；输出功率由机械功率和电功率两部分组成，即 $P_{o}=P_{mac}+P_{ele}$。由于机械效率相对于电机效率较高，在该分析中先假设机械传动效率为 100%，则机械功率可表示为 $P_{mac}=\dfrac{T_{e}k_{1}}{1+k_{1}}\omega_{R1}$。而在机械点前后，随着两电机的转速或转矩方向的变化，电功率表达形式也会发生变化。

在机械点前，电功率可表达为

$$P_{ele}=T_{g}\omega_{S1}\eta_{g}\eta_{m} \tag{3.8}$$

式中，η_{g} 和 η_{m} 分别是电机 MG1 和 MG2 的效率。进而，在机械点前传动系统的效率可表达为

$$\eta_{tr} = \frac{P_o}{P_i} = \frac{\dfrac{T_e \omega_R k_1}{1+k_1} + T_g \omega_S \eta_g \eta_m}{T_e \omega_C} = \frac{\dfrac{k_1}{1+k_1} + \left(\dfrac{T_g}{T_e}\right)\left(\dfrac{\omega_S}{\omega_R}\right)\eta_g \eta_m}{\dfrac{\omega_C}{\omega_R}} \tag{3.9}$$

根据式(3.6)~式(3.9)，机械点前的传动系统效率可进一步改写为

$$\eta_{tr} = \frac{k_1 + \left[(1+k_1)SR - k_1\right]\eta_g \eta_m}{SR(1+k_1)} \tag{3.10}$$

在机械点之后，电功率将改变为 $P_{ele} = T_g \omega_{S1} / \eta_g \eta_m$。用相同的方法，可获得系统传动效率表达式为

$$\eta_{tr} = \frac{k_1 + \dfrac{(1+k_1)SR - k_1}{\dfrac{\eta_g}{\eta_m}}}{SR(1+k_1)} \tag{3.11}$$

为了得到全工况下最优的综合效率对应的 k_1 值，计算过程采用如图 3-4 所示的方法。

当需求功率小于发动机最优工作曲线上的最小功率 $P_{opt\_eng\_min}$ 时，采用纯电动模式，系统综合效率为电系统效率；当需求功率大于发动机最优工作曲线上的最大功率 $P_{opt\_eng\_max}$ 时，发动机工作在最优工作曲线的最大功率点上，需求功率的不足部分由电机补充；其他情况下，发动机工作在最优工作曲线上。确定了全工况中的各个工作点，进而可根据系统传动特性[式(3.5)和式(3.6)]计算出传动系统效率和发动机效率，得到系统的综合工作效率。

3.2.4 基于功率分流特性匹配其他部件

在核心部件的参数确定之后，根据客车的动力性要求和工况特征，可以确定整车其他部件的参数。这里的动力性能主要是最高车速、加速性能和爬坡性能。

对于任何工况都可以计算出对应的需求功率，在发动机和前行星排特征参数已经确定的前提下，根据基本控制思想，按照行星机构的功率分流特性，将需求功率分配给发动机和电机。基于发动机最优工作曲线上的转速、转矩、功率关系，根据需求功率便可以确定发动机当前的工作点，即行星架上的转矩、转速可以唯一确定。另外，根据车速需求可以确定当前的输出轴转速，即行星机构中齿圈上的转速。将以上确定的参数代入行星机构的运动学方程和动力学方程便可以得到太阳轮上(MG1)的转速、转矩，具体流程如图 3-5 所示。

太阳轮上的转速、转矩确定后，便可以确定当前的电路径功率，同理，也可以获得当前的机械路径功率，需求功率减去机械路径功率便是当前电机 MG2 需要输出的功率。此部分 MG2 需求功率包括两部分，一是通过电路径来自发动机

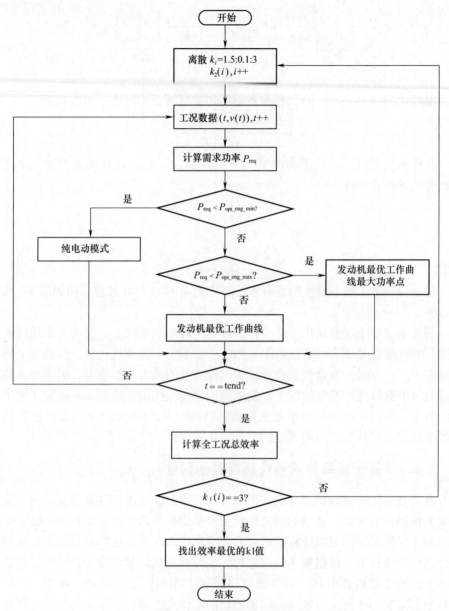

图 3-4 行星排特征参数计算

的功率，另一部分是由超级电容提供的功率。综合以上可以看出，确定了需求功率和车速后，便可以获得电机 MG1、电机 MG2、超级电容等关键部件的基本运行状态。为限制超级电容的馈电程度，还需在极限加速工况下对超级电容的需求功率积分，得到超级电容在该工况下的需求能量。匹配流程如图 3-6 所示。

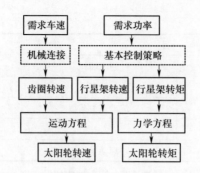

图 3-5　基于分流特性确定匹配电机 MG1

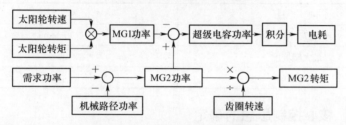

图 3-6　MG2 和超级电容匹配流程

上述分析中忽略了后行星齿轮机构，因此上述 MG2 实则是"假设的 MG2"，其转速、转矩还将受到后行星齿轮机构的调节。在确定了"假设的 MG2"后，根据式(3-2)便可确定后行星齿轮机构的特征参数。至此，动力系统所有部件参数匹配完成。

3.3　基于城市客车的参数设计

本节基于某款城市公交客车的基本参数，详细介绍应用上述参数匹配方法设计行星混动城市公交客车的具体参数的过程。

3.3.1　城市客车基本参数

整车基本参数见表 3-1，所要求的动力性指标见表 3-2。

表 3-1　整车基本参数

项　　目		参数
整车参数	整车总质量	16500kg
	整备质量	14220kg
	风阻系数	0.55

（续）

项　目		参数
整车参数	迎风面积	6.6m²
	轴距	5875mm
	滚动阻力系数	0.0065
驱动桥速比		6.17
轮胎	滚动半径	510mm

表 3-2　动力性指标

项　目	参　数
最高车速	70km/h
最大爬坡度	20%
加速时间	0~50km/h 的加速时间≤21s

3.3.2　核心控制思想的确定

如上所述，本文拟采用基于发动机最优工作曲线的功率跟随控制策略。系统的基本工作模式可分为驱动模式和制动模式，驱动模式又包含纯电动行驶模式和电动无级变速模式（混合动力模式），制动模式又分为机械制动、再生制动和混合制动。

驱动时，若整车需求功率较低，并且超级电容 SOC 较高，则采用纯电动行驶模式；当需求功率较大，或者 SOC 低于某一门限值时，则进入电动无级变速模式，起动发动机工作。

制动时，当超级电容的 SOC 低于某一门限值时，则根据需求制动转矩的大小，由电机提供全部或部分的制动力矩；当超级电容的 SOC 过高，无法回收制动能量时，则由机械制动器提供全部制动力矩。

3.3.3　发动机选型

根据稳态工况计算得到发动机需求功率曲线如图 3-7 所示。根据动力性指标可分别得到 $P_{max1}=42kW$，$P_{max2}=108kW$，同时需考虑一定的裕量功率以满足附件需求，如空调、风扇、助力转向等约 10~20kW，发动机功率至少为 118~128kW。

结合现有产品，选择了最大功率为 146kW 的发动机，其万有特性如图 3-8 所示，其中，虚线为发动机最优工作曲线。图 3-9 为最优工作曲线上的功率。

据上述分析可知，需求的最大功率不超过 130kW，对应转速约 1800r/min。从图 3-8 可以看出，当发动机转速小于 1100r/min 后，最优曲线上的燃油消耗率快速增大，热效率有所下降，但是结合图 3-9，转速为 1100r/min 时，最优曲线上的功率已经接近 60kW，如果发动机最低转速设定过高，会导致纯电动行驶要求的最大功率很大，整个行驶过程中消耗大量的电能，难以做到电量平衡，因此发动机的最低工作转速初定为 900r/min。

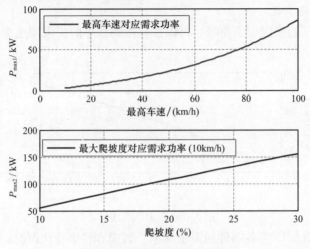

图 3-7　发动机需求功率曲线

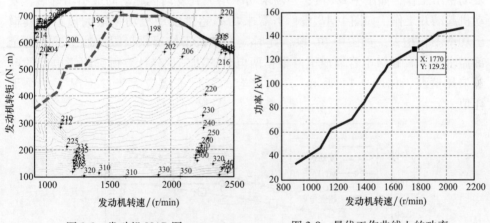

图 3-8　发动机 MAP 图　　　　　图 3-9　最优工作曲线上的功率

3.3.4　基于工况的各部件参数匹配

匹配得到的动力系统各部件参数应能满足汽车的动力性能要求，因此，基于工况的参数匹配思路为首先在极限加速、极限爬坡、最高车速等极限工况下计算对各动力源的最大需求，然后在汽车经常行驶的典型工况下进行验证，以此保证所匹配的动力源既能满足典型工况要求，又能符合极限工况下的动力性要求。

由于后行星排的功能主要是对 MG2 进行减速增矩，以降低 MG2 的最大转矩及空间尺寸，并不影响系统的功率分流特性，在设计之初，可先忽略后行星排的减速增矩功能，获得"假设的 MG2"的功率、转速、转矩等相关参数，再选择合适的后行星排参数，保证 MG2 的最大转速和最大转矩数值适中。

1. 极限加速工况

利用传统车的极限加速曲线，可以拟合得到该车的极限加速曲线，如图 3-10 所示。

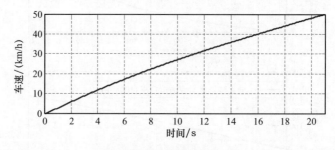

图 3-10　极限加速曲线

图 3-11～图 3-13 为各部件的需求功率、转速和转矩变化情况。在极限加速工况中，车辆刚起步时，由于车速较小，需求功率小，此时由电机 MG2 单独驱动，发动机不工作，如图中 OA 段；当需求功率增大到发动机起动的最小功率后，发动机起动并工作，如图中 AB 段；当需求功率超过发动机功率最大值后，其输出功率不再增大，如图中 BC 段，此时，发动机不能提供极限加速工况下的全部需求功率，超级电容需放电。根据两电机的功，积分计算得到超级电容的电量消耗情况，如图 3-14 所示，超级电容的容量等级应大于该工况下的总消耗值。

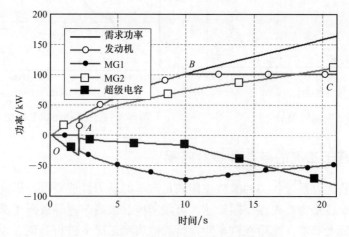

图 3-11　极限加速中各部件的功率

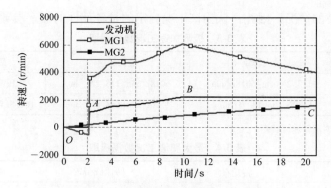

图 3-12　极限加速中各部件的转速

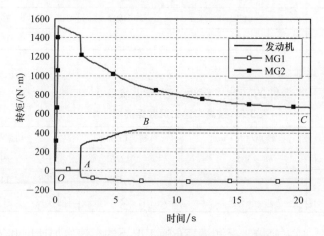

图 3-13　极限加速中各部件的转矩

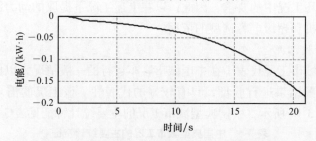

图 3-14　极限加速工况超级电容的电能消耗情况

　　根据极限加速工况中各部件的转速、转矩、功率变化情况，可以提取出各峰值点，见表 3-3。由于极限加速工况为瞬态工况，因此，认为该工况下确定的是各部件的峰值参数。

　　2. 最大爬坡工况

　　最大爬坡工况下，各部件的需求转矩、转速、功率见表 3-4。由于车辆可能遇到连续上坡的情况，因此，认为该工况确定的是各部件的额定参数。

表3-3　极限加速工况数据提取

部件	最大转矩	最大转速	最大功率
电机 MG1	$-113.2N \cdot m[6018r/min]$	$6018r/min[113.2N \cdot m]$	$71.3kW[6018r/min]$
电机 MG2	$1489N \cdot m[13.7r/min]$	$1606r/min[664.8N \cdot m]$	$108.5kW[1606r/min]$

注：[ ]中为对应转速或转矩。

表3-4　最大爬坡工况数据提取

部件	转矩/(N·m)	转速(r/min)	功率/kW
发动机	430	2005	90
电机 MG1	-113.2	6270	-74
电机 MG2	1489	482	75
超级电容	\	\	16

3. 最高行驶车速工况

最高车速工况下各部件的转速、转矩、功率见表3-5。

表3-5　最高车速工况数据提取

部件	转矩/(N·m)	转速(r/min)	功率/kW
发动机	305	1226	39
电机 MG1	-72	-1630	14
电机 MG2	-81	2246	-17

极限加速工况、最大爬坡工况和最高车速工况下的车速、加速度和需求功率都足以覆盖循环工况中的要求，因此，以在上述工况下提取的动力源峰值、额定参数作为两电机和超级电容选型的依据。

4. 典型行驶工况

中国典型城市工况代表了在中国城市客车运行的一般情况，以此为基准对极限工况下的匹配结果进行验证，具有较好的代表性。该工况的需求车速、加速度、功率如图3-15所示，中国典型城市工况的主要统计特征见表3-6。

表3-6　中国典型城市工况的主要统计特征

项目	数值	项目	数值
最高车速	60.3km/h	平均减速度	$0.44m/s^2$
平均车速	21.8km/h	最大驱动功率	217.2kW
最大加速度	$1.26m/s^2$	平均驱动功率	42.7kW
平均加速度	$0.31m/s^2$	最大制动功率	404.1kW
最大减速度	$2.49m/s^2$	平均制动功率	50.2kW

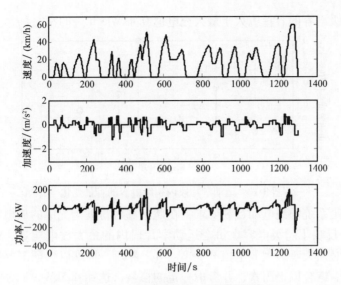

图 3-15　中国典型城市工况基本需求

　　根据对工况的分析可以看出，极限工况下的匹配结果完全可以满足循环工况的要求。然而，在典型循环工况下，需额外要求超级电容能保持电量平衡，并且能够充分回收"免费"的再生制动能量。

　　即使按照最理想的制动力分配策略，也不可能回收全部制动能量，在本文的设计中，主要是考虑当制动力大于电机的最大制动力时，电机工作在峰值功率处。假设超级电容放电功率为负，充电功率为正，计算得到循环工况中的超级电容能量变化曲线如图 3-16 所示。

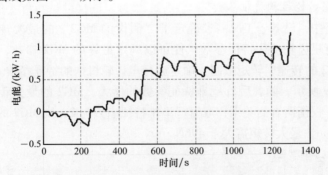

图 3-16　超级电容的能量变化情况

　　为进一步细化分析，将循环工况分为 14 个运动学片段(一次起步到下一次停车的过程)，可以计算得到每个运动学片段内超级电容放出回收的能量。图 3-17 反映了每个运动学片段结束时超级电容的电量相对于开始时的变化情况。可以看出，在较理想的制动力分配策略下，超级电容多数时候都处于充电状态，少数放电状态放电量也不足 $0.1\mathrm{kW\cdot h}$。据图可知，为了能尽可能多地回收再生制动能量，要求超级电容的容量应大于最大充电值 $0.4\mathrm{kW} \cdot \mathrm{h}$。

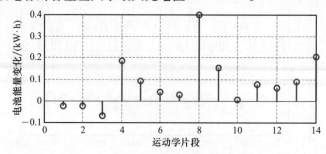

图 3-17 运动学片段内超级电容的容量变化

为了满足系统的纯电动行驶要求，在此单独对行驶工况中的放电情况进行分析。图 3-18 反映了超级电容在每个运动学片段内的最大放电能量。所选择的超级电容容量必须大于最大放电值 $0.3\mathrm{kW} \cdot \mathrm{h}$，否则，将难以保证工况要求的持续的动力性能。综合以上因素，并考虑一定的裕量，选择 $0.5\mathrm{kW} \cdot \mathrm{h}$ 的超级电容。

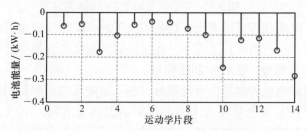

图 3-18 运动学片段内超级电容最大放电量

5. 后行星齿轮机构特征参数

上述分析中，已基于工况需求确定了"假设的 MG2"的最大转速和峰值转矩，结合后行星齿轮机构特征参数，便可以确定最终的 MG2 参数，而反之，也可以根据 MG2 的转速、转矩限制，确定后行星齿轮机构的特征参数。

如图 3-19 所示，随着后行星排特征参数的增大，MG2 的最大转矩减小，最高转速增大，权衡两者的关系，取后行星排特征参数为 2，则 MG2 的最大转速需大于 6738r/min，最大转矩需大于 $496\mathrm{N} \cdot \mathrm{m}$。

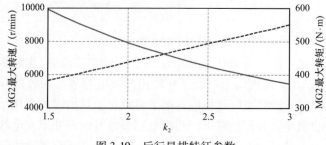

图 3-19 后行星排特征参数

3.3.5　参数匹配总结

在满足以上要求的前提下，考虑一定的裕量，各部件的具体选型见表 3-7 各部件参数。图 3-20 和图 3-21 为所选电机 MG2 和 MG1 的效率特性图。同时，从表 3-7 可知，MG1 最高转速处于可接受范围内，因此，$k_1 = 3$ 也可被最终确定。

表 3-7　各部件参数

项　　目		参数
电机 MG2	额定功率	110kW
	额定转矩/基速	500N·m[2100r/min]
	最大转速	>6750[7000r/min]
电机 MG1	额定功率	75kW
	最大转速时的转矩	117N·m
	最大转速	6400r/min
超级电容	总容量	0.5kW·h

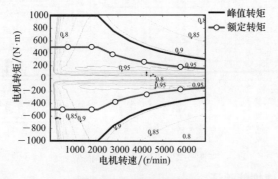

图 3-20　电机 MG2 MAP

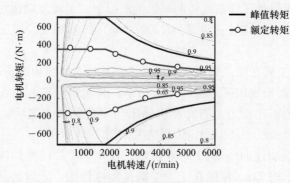

图 3-21　电机 MG1 MAP

3.3.6 仿真验证

为验证参数匹配结果的合理性，在 CRUISE 软件中建立了该系统的整车仿真模型，如图 3-22 所示。其中，后行星齿轮机构被简化为单级减速器，功能保持不变。在 Matlab/Simulink 中基于发动机最优控制策略建立了整车控制策略，并采用联合仿真的方式验证该系统的动力性和经济性。

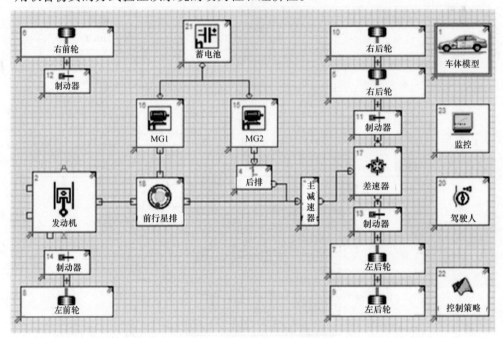

图 3-22　CRUISE 整车模型

3.3.6.1 加速性能验证

在满足发动机最优工作曲线控制思想的前提下，为使发动机尽可能大地输出动力，将发动机最大工作转速设置为 2200r/min，仿真中发动机工作点如图 3-23 所示。

电机 MG1 的主要功能是调节发动机转速，其仿真情况如图 3-24 所示。

电机 MG2 根据极限加速工况的需求功率，起始阶段被控制在峰值转矩曲线上，以尽可能大地输出动力，当发动机输出功率达到最大之后，MG2 被控制在恒定功率下，以免过度消耗电能，仿真结果如图 3-25 所示。

仿真得到极限加速曲线如图 3-26 所示，在 15.2s 处已经加速到了 50km/h，远远好于指标要求的 21s。原因在于为了满足爬坡性能，选取的部件转矩、功率都大于了极限加速的要求。

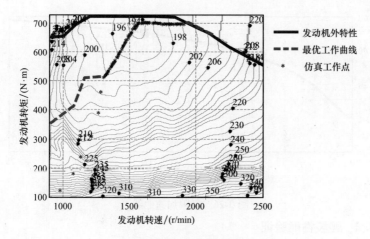

图 3-23　发动机工作点

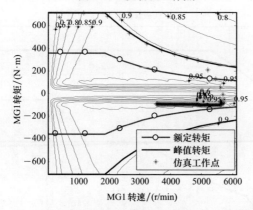

图 3-24　MG1 工作点

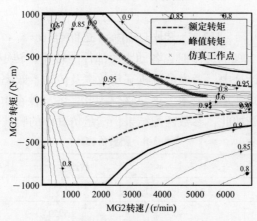

图 3-25　MG2 工作点

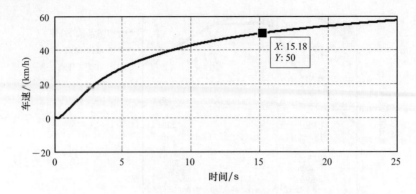

图 3-26 极限加速曲线

3.3.6.2 爬坡性能验证

为验证爬坡性能，设置了如图 3-27 所示的爬坡工况。

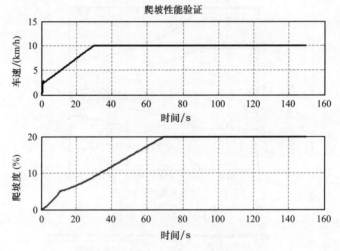

图 3-27 爬坡工况中的车速和爬坡度

当车辆爬坡上 20% 的坡度时，各动力源部件的转速、转矩和功率见表 3-8 爬坡仿真。由于理论计算中，考虑的电机平均效率及传动系效率较小，而根据所选电机的效率特性可知，平均效率大于 90%，因此，各部件在仿真中的输出功率小于理论计算值。尽管如此，参数匹配结果仍满足仿真中的爬坡性要求。

表 3-8 爬坡仿真

部　　件	转矩/N·m	转速/(r/min)	功率/kW
发动机	420	1720	76
电机 MG1	-90	5950	56
电机 MG2	497	940	49

3.3.6.3　经济性验证

最后，在中国典型城市工况中，对所匹配车型的燃油经济性进行了仿真验证。结果显示，车速跟随良好，SOC 能保持平衡，如图 3-28 所示。仿真过程中，除了动态调节过程中的少数工作点，发动机基本被控制在最优曲线附近，如图 3-29 所示。最终的油耗为 16.62L/100km，相比于传统客车高于 30L/100km 的油耗，燃油经济性提升超过 44%。

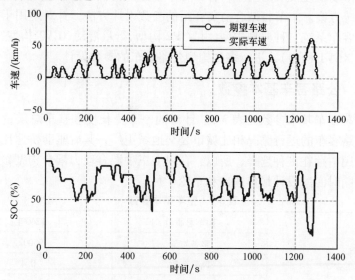

图 3-28　车速和 SOC

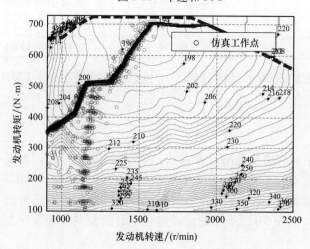

图 3-29　发动机工作点（中国典型城市工况）

3.4 基于公路客车的行星混动构型与其他构型参数设计

除 3.3 节介绍的城市客车外，公路客车将是混合动力系统应用的重要领域，在城市客车市场快速发展的同时，各大客车企业都在积极探索应用于公路客车的混合动力系统方案。本节将结合前文介绍的参数设计方法，针对适用于公路工况的混合动力客车系统三种典型构型(并联 P2 构型，行星混动 XCVT 构型、含离合器的行星混联 XCVT 构型)，进行多种构型公路客车的参数设计。

3.4.1 公路客车基本参数

公路客车整车基本参数见表 3-9。针对同一车身长度和整车总质量的公路客车，因为公路客车的运行路况相比城市公交地域更广，其后驱动桥速比和轮胎半径在实际应用中存在多种选择，所以，在以上三种混合动力耦合构型参数设计基础上还需要同时匹配设计最佳速比和车轮半径。

表 3-9 整车基本参数

整车参数	整车总质量	12400kg
	整备质量	9500kg
	风阻系数	0.4
	迎风面积	7.82m^2
	滚动阻力系数	0.0050+0.000030214v_a
驱动桥速比	3.55/3.91/4.10/4.33	
轮胎	车轮半径	8R22.5/9R22.5/10R22.5

其中，轮胎车轮滚动半径的计算参考欧洲轮胎轮辋标准 ETRTO，计算公式为

$$r = \frac{Fd}{2\pi} \tag{3.12}$$

式中，F 为针对不同规格轮胎的计算系数，该车轮胎规格使用 15°轮辋，系数值为 3.03；d 为参考 GB/T 2977—2016 中轮胎的外直径，8R22.5/9R22.5/10R22.5 对应的外直径分别为 935mm/974mm/1018mm。通过计算得到三种规格轮胎的滚动半径见表 3-10，其中 9R22.5 车轮滚动半径的计算值与车轮实际滚动半径值能够很好吻合。

3.4.2 公路客车 XCVT 构型参数匹配

XCVT 构型如图 3-30 所示。

表 3-10   轮胎滚动半径计算结果

轮胎型号	滚动半径理论值/mm
8R22.5	451mm
9R22.5	470mm
10R22.5	491mm

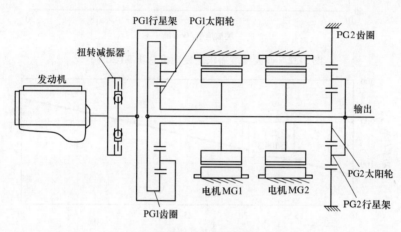

图 3-30   XCVT 构型

3.4.2.1   发动机功率验证

公路客车在长途行驶中为保证足够的行驶里程，电池电量应能维持平衡，发动机仍是系统的主要动力来源，因此，首先基于动力性考虑，结合该车最高车速巡航、最大持续爬坡、起步加速与超车加速性能的功率需求，对现有 YC6J245-50 型号发动机功率分别进行最高车速要求、爬坡要求、加速性能要求的验证。

如图 3-31 所示，该车最高车速为 110km/h ，要求的发动机功率为 95kW。

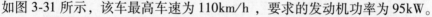
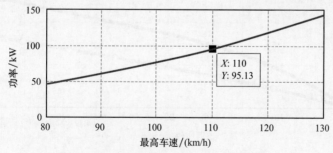

图 3-31   最高车速需求的发动机总功率

如图 3-32 所示，为满足最大爬坡要求，发动机应能提供 114kW 的功率。

如图 3-33 所示，为满足连续爬坡要求，发动机应能提供 104kW 的功率。

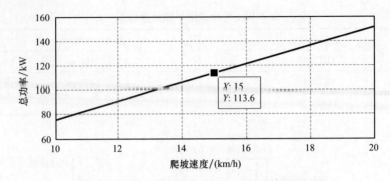

图 3-32 最大爬坡需求的发动机总功率（20%）

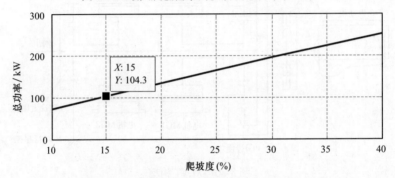

图 3-33 持续爬坡需求的发动机总功率（20km/h）

根据 0～80km/h 加速时间确定发动机总功率，如图 3-34 所示，期望的发动机功率为 127kW。

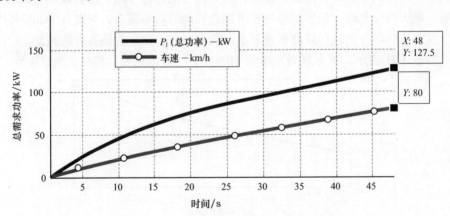

图 3-34 0～80km/h 加速需求的发动机总功率

根据实测超车加速曲线，60-100km/h 超车加速曲线近似直线，因此计算超车加速功率需求时，利用程序将车辆的超车加速工况拟合为直线进行计算，计算得到 60-100km/h 超车加速时间所期望的系统总功率为 145kW，如图 3-35 所示。

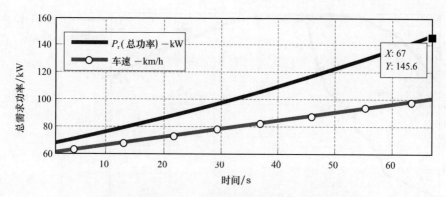

图 3-35　60-100km/h 超车加速需求的发动机总功率

综上，该车最高车速巡航、最大持续爬坡、起步加速与超车加速性能对于发动机的功率需求，见表 3-11。

表 3-11　发动机功率需求

动力性指标	发动机功率需求/kW
最高车速 110km/h	95
最大爬坡（15km/h，20%）	114
持续爬坡（20km/h，15%）	104
0-80km/h 起步加速<48s	127
60-100km/h 超车加速<67s	145

根据表 3-10，为满足动力性要求，发动机需求功率应大于 145kW。考虑附件功率 10kW，发动机功率应大于 155kW。YC6J245-50 型号发动机 MAP，如图 3-36 所示。

利用该发动机 MAP 计算发动机最优工作曲线，如图 3-37 所示，当发动机转速为 1700r/min 时，最优工作曲线上发动机功率超过 155kW，所以该发动机能够满足需求。

3.4.2.2　行星排特征参数、主减速比、轮胎滚动半径选择

由于轮胎滚动半径与主减速器速比对电机 MG2 的参数选择影响较大，该公路车设计的最高车速需求较高（110km/h），且最大爬坡要求实现 15km/h、20% 的最大爬坡能力，对电机 MG2 的最高转速、最大转矩需求较高。同时当前电机产品转速能达到的极限指标在 6000r/min 左右。因此，匹配时首先根据电机 MG2 的转速限制，确定轮胎滚动半径和主减速比合适的组合。

根据最高车速 110km/h 的设计要求，根据给定的不同轮胎半径与不同主减速器速比，整车在传动系输出轴的转速（即主减速器前的转速）见表 3-12。

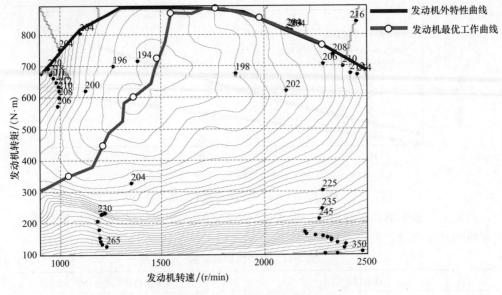

图 3-36　YC6J245-50 发动机 MAP

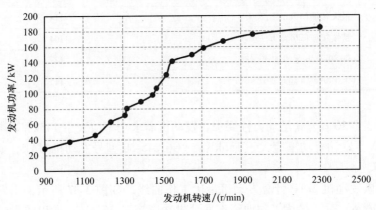

图 3-37　发动机最优工作曲线(转速—功率)

表 3-12　不同轮胎与主减组合，整车在传动系输出轴的转速

（单位：r/min）

车轮半径/mm	主减速比			
	3.55	3.91	4.10	4.33
451	2296.748	2529.658	2652.582	2801.386
470	2203.901	2427.395	2545.35	2688.138
491	2109.64	2323.576	2436.486	2573.167

系统后行星排对电机 MG2 起到减速增扭的作用，所形成传动比为 $(1+k_2)$。根据实际电机产品最高转速的限制(小于 6000r/min)，可计算得到 k_2 上限值($k_2 <$ mg2spdlim/outspd-1)，这里计算留出一定裕量，按照电机 MG2 最大转速限制为 5800r/min 计算得到 k_2 上限值，计算结果见表 3-13。

表 3-13 不同轮胎与主减组合，对应的后行星排特征参数 k_2 上限值

车轮半径/mm	主减速比			
	3.55	3.91	4.10	4.33
451	**1.53**	1.29	1.19	1.07
470	**1.63**	1.39	1.28	1.16
491	**1.75**	**1.50**	1.38	1.25

为满足整车装配要求，k_2 不能小于 1.5。根据表 3-13，能够满足此要求的轮胎半径与主减速器速比组合只有表中加黑字体部分，有 4 种不同的组合。

再结合企业目前针对后行星排的现有资源(现有后排特征参数为 1.65)，则在 5800r/min 限制下能够满足最高车速需求的只有主减速比为 3.55、轮胎半径为 491mm 的一种组合，同时，主减速比为 3.55、轮胎半径为 470mm 对应的 k_2 上限值也非常接近 1.65。因此，此处选择(3.55,491)和(3.55,470)两种组合进行下面的前行星排特征参数匹配计算。

由于当前系统中的行星齿轮特征参数、主减速比、车轮半径都未确定，而 XCVT 系统在工作时发动机转速、转矩双解耦，难以根据单一性能要求首先确定主减速比和车轮半径。因此匹配时根据不同的前行星排特征参数值、轮胎滚动半径以及主减速器速比，基于整车传动系统综合平均效率最优，采用穷举法进行各参数的选择，整体计算流程如图 3-38 所示。整体思想叙述如下：

1) 由于发动机已确定，整车运行工况确定(C-WTVC 工况)，那么根据发动机控制最优的思想，则可以计算出驱动工况下每个车速点对应的发动机需求功率，进而根据发动机最优曲线插值得到发动机转速、转矩。

2) 工况一定，发动机工作点一定，优选方案即使整车综合传动效率最优：计算时将前排特征参数 k_1 离散为 16 个点(1.5~3)。针对每个 k_1 开始循环。循环内部，针对六种不同的轮胎主减组合再分别做循环。对每一种参数组合，可以计算出工况里所有驱动点的前排齿圈转速，进而根据计算整车传动系统效率的方法，得到当前 k_1 值和当前车轮主减组合下的传动效率。

3) 确定上述三个值后，根据不同轮胎半径和主减速器速比对应的后排特征参数 k_2 的极限值，考虑最高车速和最大爬坡时 MG2 的转速转矩关系，可以估计一个合适的 k_2 值。

行星机构的传动效率计算方法同 3.2.3 节，通过式(3.5)~式(3.11)，可针

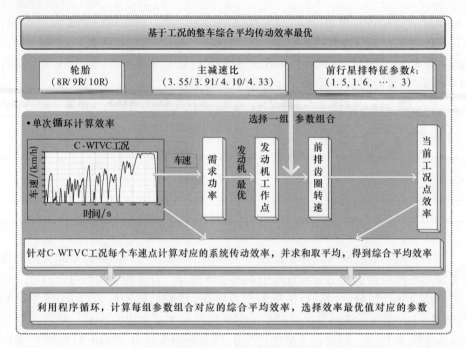

图 3-38　匹配计算流程

对整个工况计算每点的系统传动效率，进而得到不同参数下整车运行工况综合平均效率。其中，综合传动效率最大值对应的 k_1、车轮半径和主减速比就是最优方案。

根据上述方法，利用程序计算不同组合下的整车综合平均传动效率，计算时将电机 MG1 与 MG2 的效率均按照 0.9 进行计算。计算结果见表 3-14。根据表中结果，当轮胎为 9R22.5(470mm)，主减速器速比为 3.55，前行星排特征参数 k_1 为 3 时，整车综合平均传动效率最优为 0.822。根据对前行星排的现有资源(当前前行星排速比为 2.63)，当前前行星排特征参数为 2.63 时，其整车综合平均传动效率也在 0.821 左右，与最优 k_1 值对应的效率相差不大。再考虑对整车改动成本等因素，仍然选择前行星排特征参数为 2.63。

表 3-14　不同参数组合下的整车综合平均传动效率

前行星排特征参数 k_1	3.55,491(10R)	3.55,470(9R)
1.5	0.812613	0.814493
1.6	0.813713	0.81558
1.7	0.814686	0.816533
1.8	0.815578	0.817411
1.9	0.816368	0.818205

（续）

前行星排特征参数 k_1	3.55,491(10R)	3.55,470(9R)
2.0	0.817099	0.818897
2.1	0.817782	0.819515
2.2	0.818381	0.820037
2.3	0.818927	0.820458
2.4	0.819421	0.8208
2.5	0.819853	0.821087
2.6	0.820215	0.821347
2.7	0.820521	0.821577
2.8	0.82078	0.821783
2.9	0.821005	0.821974
3.0	0.821206	0.822135

综上，该 XCVT 系统选择轮胎型号为 9R 22.5（470mm），主减速器速比为 3.55，前行星排特征参数 k_1 为 2.63，后行星排特征参数 k_2 为 1.65，见表 3-15。

表 3-15　轮胎、主减速器速比、前后行星排特征参数匹配结果

匹配内容	理论最优值	实际匹配值
轮胎型号	9R 22.5（470mm）	9R 22.5（470mm）
主减速器速比	3.55	3.55
前行星排特征参数 k_1	3	2.63
后行星排特征参数 k_2	1.63	1.65

3.4.2.3　电机 MG1/MG2 参数匹配

针对 XCVT 系统的电机 MG1/MG2 参数匹配，主要考虑最高车速对 MG2 最高转速的需求，按照发动机工作最优的控制思想，并结合起步加速工况、超车加速工况、最大爬坡工况以及持续爬坡工况计算 MG1、MG2 的峰值工作点，进而完成相应的电机参数匹配。

由于具体匹配过程在城市客车中已有详细介绍，本节仅将电机 MG1/MG2 的参数匹配结果列出如下：

MG1：

1）0—80km/h 极限加速工况要求 MG1 达到 239N·m 的转矩，此时对应转速点为 2691r/min。

2）最大爬坡工况要求 MG1 最高转速达到 4621r/min，对应的转矩为 200N·m，且峰值功率能够满足 97kW。

3）持续爬坡工况要求 MG1 能够满足 94kW 的持续放电功率。

MG2：

1）110km/h 最高车速要求 MG2 最高转速不能低于 5840r/min。

2）最大爬坡工况要求其最大转矩不能低于 1167N·m，峰值功率不能低于 98kW。

3）持续爬坡工况要求其额定转矩不能低于 845N·m，基速点不能低于 1062r/min，此时持续功率要求为 94kW。

综上，电机 MG1 与电机 MG2 参数匹配结果，见表 3-16。

表 3-16 电机 MG1、MG2 匹配结果

项　　目		双行星混联式客车
电机 MG2	额定功率	>94kW
	额定转矩/基速	845N·m/1062r/min
	最大转速	5840r/min（6000r/min）
	最大转矩	>1167N·m
电机 MG1	额定功率	>94kW
	最大转速时的转矩	200N·m
	最大转速	4621r/min

3.4.2.4　电池参数匹配

电池一般具有能量型与功率型两种，针对该插电式混合动力公路客车，应采用能量型电池，匹配时主要考查其能量要求。

电池的功率等级与电机相关，即电池的输出功率要满足所选择电机的功率，并且电池对其充放电电流有一定的限制，否则，过大充放电电流会造成电池温度升高，降低电池的使用寿命。电池的充放电电流与容量有关，最大电流一般限制在 $3C \sim 5C$（C 为电池的容量）。

电池功率应和驱动电机 MG2 功率相匹配，应满足式（3.13）

$$P_b = \frac{P_m}{\eta_b \eta_m} \tag{3.13}$$

式中，P_b 表示电池功率，单位为 kW；η_m，η_b 分别为电机和电池效率，单位为（%）；电池效率按照经验值取为 0.9。

按照最大爬坡工况需求的电机 MG2 峰值功率为 98kW 进行计算，则电池功率需求为 121kW。电池组能量主要满足车辆的续驶里程指标。针对该插电式混合动力公路客车，应当满足 40km/h 等速行驶 50km 的能量需求。一般采用等速法计算，计算公式为

$$E_b = \frac{\dfrac{sP_b}{v} + E_{eacc}}{\xi_{soc}} \tag{3.14}$$

式中，E_b 表示续驶里程为 s 时需求的电池能量，单位为 $kW \cdot h$；v 为汽车行驶速度，单位为 km/h；P_b 表示车辆以 $40km/h$ 车速等速行驶的需求功率；ξ_{soc} 表示电池放电深度，按照 0.8 计算。E_{eacc} 表示电动附件耗电量，单位为 $kW \cdot h$（车辆纯电动行驶时，电动附件耗电量还需要提供一些实车数据，此处计算暂时按照电动附件功率 $1kW$ 计算）。

如图 3-39 所示，当车辆以 $40km/h$ 车速等速行驶 $50km$，电池需求能量为 $21kW \cdot h$。

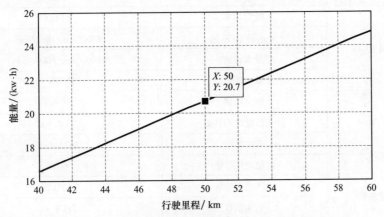

图 3-39　电池需求能量计算

电池的容量与能量之间的关系为

$$C = \frac{1000E_b}{U_b} \tag{3.15}$$

式中，C 表示电池容量，单位为 $A \cdot h$；U_b 表示电池平均工作电压，单位为 V。

电池容量选择的大小与电系统的额定电压密切相关，当动力强电系统额定电压选择较低时，其容量过大，使其充放电电流太高，这对系统本身不安全，也给电机控制器带来很大挑战；同时，电池电压等级应与电机电压等级匹配。此处根据国家标准对电池电压等级的要求，初步选定电池电压为 $600V$，则电池容量需求为 $35A \cdot h$。（此处容量计算还应考虑实际电机的电压等级进行计算）

根据上述计算，针对该车电池的匹配结果见表 3-17。

表 3-17　电池匹配结果

电池电压等级	600V
电池功率等级	121kW
电池能量	21kW · h
电池容量	35A · h

3.4.2.5　公路客车参数匹配结果

综上，参数匹配结果，见表 3-18。

表 3-18 公路客车参数匹配结果

项　目		匹配结果
发动机型号		YC6J245-50
轮胎型号		9R 22.5(470mm)
主减速器速比		3.55
前行星排特征参数 k_1		2.63
后行星排特征参数 k_2		1.65
电机 MG2	额定功率	>94kW
	额定转矩/基速	845N·m/1062r/min
	最大转速	5840r/min(6000r/min)
	最大转矩	>1167N·m
电机 MG1	额定功率	>94kW
	最大转速时的转矩	200N·m
	最大转速	4621r/min
电池参数	电池电压等级	600V
	电池功率等级	121kW
	电池能量	21kW·h
	电池容量	35A·h

3.4.3　公路客车 C-XCVT 构型参数匹配

C-XCVT 与 XCVT 的区别在于，为减少高速过程存在的功率循环，其前排太阳轮增加离合器，在高速时通过离合器锁止太阳轮，可将前行星排变为固定速比，从而实现并联驱动模式，其构型如图 3-40 所示。

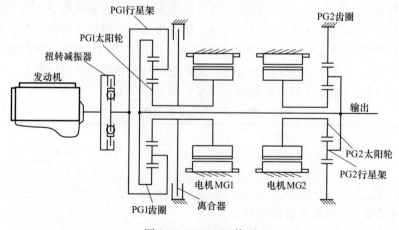

图 3-40　C-XCVT 构型

3.4.3.1 发动机最高转速验证

针对 C-XCVT 构型的发动机匹配，其需要满足的功率需求与 XCVT 构型相同，在 3.4.2.1 中已经验证企业所提供的发动机 YC6J245-50 型号在转速为 1700r/min 时可以满足整车功率需求。但由于在高速时存在发动机直驱模式，因此该构型发动机最高转速应能够满足最高车速 110km/h 的需求。

当离合器锁止时，前排形成固定速比 $\dfrac{k_1}{1+k_1}$，结合表 3-19 不同轮胎半径与主减速器速比组合，整车在传动系输出轴的转速，将前行星排特征参数按照 2.63 计算得到不同轮胎半径与主减速比对应的发动机最高转速（单位 r/min）需求见表 3-19。

表 3-19　不同轮胎半径与主减速比对应的发动机最高转速需求

（单位：r/min）

主减速比 车轮半径	3.55	3.91	4.10	4.33
451mm	1663.994	1832.737	1921.796	2029.604
470mm	1596.726	1758.648	1844.106	1947.556
491mm	1528.434	1683.431	1765.234	1864.259

根据 YC6J245-50 发动机数据，该型号发动机最高转速为 2500r/min，能够满足表 3-19 中所有轮胎半径与主减速比组合的要求。

3.4.3.2 行星排特征参数、主减速比、轮胎滚动半径选择

针对 C-XCVT 系统的行星排特征参数、主减速比以及轮胎滚动半径的选择，同样按照 3.2 节中介绍的整车综合平均效率最优的方法进行匹配。两种系统寻优计算的区别在于 C-XCVT 系统可以在高速模式锁止离合器实现并联驱动模式，因此在原有寻优计算程序上作如下改动：判定当前工况点下，发动机最优工作点效率与系统传动效率之积是否小于直驱时的发动机效率，进而选择效率最优的工作模式。发动机效率根据 YC6J245-50 发动机燃油消耗量与功率数据进行推导，如式（3.16）所示。

$$\eta_e = \frac{bth}{3600000P_e t} \tag{3.16}$$

式中，η_e 表示发动机效率；b 表示燃油消耗量，单位为 kg/h；h 表示柴油热值，单位为 J/kg；P_e 表示发动机输出功率，单位为 kW；t 表示时间，单位为 h。

结合前文 XCVT 系统的匹配结果，同样选择主减速比和轮胎滚动半径为 (3.55，491) 和 (3.55，470) 两种组合进行计算。计算时将电机 MG1 与 MG2 的效率均取为 0.9，计算结果见表 3-20。根据表中结果，当轮胎为 9R 22.5（470mm）、主减速器速比为 3.55、前行星排特征参数 k_1 为 3 时，整车综合平均效率最优为 0.5663。同样，根据企业对于前行星排的现有资源，当前行星排特征参数为 2.63

时，其整车综合平均传动效率也在 0.5658 左右，与最优 k_1 值对应的效率相差不大。再考虑对整车改动成本等因素，仍然选择前行星排特征参数为 2.63。

表 3-20 不同参数组合下的整车综合平均效率

前行星排特征参数 k_1	3.55,491(10R)	3.55,470(9R)
1.5	0.561907	0.562692
1.6	0.562369	0.563178
1.7	0.562773	0.563598
1.8	0.563177	0.563981
1.9	0.563527	0.564301
2.0	0.563842	0.564583
2.1	0.564128	0.564839
2.2	0.564374	0.565096
2.3	0.564595	0.565311
2.4	0.564799	0.565499
2.5	0.565005	0.565666
2.6	0.565190	0.565816
2.7	0.565347	0.565951
2.8	0.565488	0.566074
2.9	0.565614	0.566191
3.0	0.565733	0.566305

综上，该 C-XCVT 系统仍选择与 XCVT 系统相同的轮胎型号、主减速器速比以及行星排特征参数，见表 3-21。

表 3-21 轮胎型号、主减速器速比、前后行星排特征参数匹配结果

匹配内容	理论最优值	实际匹配值
轮胎型号	9R 22.5(470mm)	9R 22.5(470mm)
主减速器速比	3.55	3.55
前行星排特征参数 k_1	3	2.63
后行星排特征参数 k_2	1.63	1.65

3.4.3.3 电机 MG1/MG2 参数匹配

首先确定该 C-XCVT 构型离合器的锁止工作点，本节分别基于经济性与动力性确定两种不同需求下对应的离合器锁止车速。

经济性需求：此时按照"发动机最优效率×C-XCVT 系统传动效率<发动机直驱效率"时，进入发动机直驱模式选择锁止车速。根据程序计算结果，当车速高

于 62km/h 时，发动机直驱效率高于发动机最优效率与系统传动效率之积。因此，选择 62km/h 作为经济模式对应的离合器锁止车速。

动力性需求：此时以系统的输出转矩最大为判据，即比较发动机直驱时的传动比 $[k_1/(1+k_1)]$ 和系统处于功率分流模式下的传动比（EngSpd/OutSpd）的大小，传动比较大者转矩输出更大，动力更为强劲。根据程序计算结果，当车速高于 70km/h 时，发动机直驱对应的传动比更大。因此，选择 70km/h 作为动力模式对应的离合器锁止车速。

综合上述计算结果，总结 MG1、MG2 设计要求如下：

MG1：

1）0—80km/h 极限加速工况要求 MG1 达到 239N·m 的转矩，此时对应转速点为 2269r/min。

2）最大爬坡工况要求 MG1 最高转速达到 4621r/min，对应的转矩为 200N·m，且峰值功率能够满足 97kW。

3）持续爬坡工况要求 MG1 能够满足 94kW 的持续放电功率。

MG2：

1）110km/h 最高车速要求 MG2 最高转速不能低于 5840r/min。

2）0—80km/h 极限加速工况要求 MG2 的峰值功率不低于 128kW。

3）最大爬坡工况要求其最大转矩不能低于 1167N·m，峰值功率不能低于 98kW。

4）持续爬坡工况要求其额定转矩不能低于 845N·m，基速点不能低于 1062r/min，此时持续功率要求为 94kW。

综上，MG1 与 MG2 参数匹配结果，与 XCVT 系统相同，见表 3-22。

表 3-22　MG1、MG2 匹配结果

项　目		双行星混联式客车
电机 MG2	额定功率	>94kW
	额定转矩/基速	845N·m/1062r/min
	最大转速	5840r/min（6000r/min）
	最大转矩	>1167N·m
电机 MG1	额定功率	>94kW
	最大转速时的转矩	200N·m
	最大转速	4621r/min

3.4.3.4　电池参数匹配

对于电池的参数匹配，仍然主要考虑 40km/h 等速行驶 50km 需求的能量。由于该 C-XCVT 系统在离合器锁止后处于并联模式，需要满足 MG2 的峰值助力功率。按照极限加速需求的 MG2 峰值功率为 128kW 进行计算，则电池功率需求为 158kW。电池组能量主要满足 40km/h 等速行驶 50km 的能量需求。两系统的能量需求相同：当车辆以 40km/h 车速等速行驶 50km，电池需求能量为 21kW·h。针对该 C-XCVT 系统电池电压仍然选择为 600V，则电池容量需求为 35A·h。（此处容量计算还应考虑实际电动机的电压等级进行计算）

根据上述计算，针对该车电池的匹配结果见表 3-23。

表 3-23　电池匹配结果

电池电压等级	600V
电池功率等级	158kW
电池能量	21kW·h
电池容量	35A·h

3.4.3.5　公路客车 C-XCVT 构型参数匹配结果

综上，针对该公路客车 C-XCVT 构型的参数匹配结果，见表 3-24。匹配结果与 XCVT 构型基本相同，区别仅在于极限加速工况下离合器锁止时，MG2 的助力功率需求较高，所匹配的电池功率略有增加。

表 3-24　公路客车 C-XCVT 构型参数匹配结果

项　目		匹配结果
发动机型号		YC6J245-50
轮胎型号		9R 22.5(470mm)
主减速器速比		3.55
前行星排特征参数 k_1		2.63
后行星排特征参数 k_2		1.65
电机 MG2	额定功率	>94kW
	额定转矩/基速	845N·m/1062r/min
	最大转速	5840r/min(6000r/min)
	最大转矩	>1167N·m
电机 MG1	额定功率	>94kW
	最大转速时的转矩	200N·m
	最大转速	4621r/min
电池参数	电池电压等级	600V
	电池功率等级	158kW
	电池能量	21kW·h
	电池容量	35A·h

3.4.4　公路客车 P2 并联构型参数匹配

P2 构型采用简单的单轴并联式，结构简单，如图 3-41 所示。为了实现与XCVT 以及 C-XCVT 构型的动力性与经济性对比，轮胎的滚动半径以及驱动桥速比的选择与 XCVT 构型相同，即滚动半径选 470mm，驱动桥速比选 3.55。

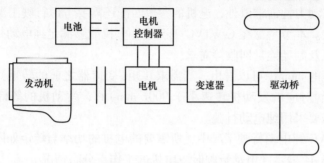

图 3-41　P2 系统构型

3.4.4.1　发动机动力性验证

在 P2 并联构型中，发动机是系统的主要动力来源，需要满足系统的动力性要求，电机是辅助系统，起到"削峰填谷"的作用。因此，在进行电机参数匹配之前，首先基于整车动力性，对现有 YC6J245-50 型号发动机动力性进行验证，验证结果见表 3-25。

表 3-25　P2 并联构型发动机参数验证

最高车速(110km)	需求功率/kW	95.13
	需求转速/(r/min)	1631
	发动机单独驱动能够满足需求	
最大爬坡(15km/h,20%)	需求功率/kW	113.6
	需求转速/(r/min)	1914
	发动机单独驱动能够满足需求	
持续爬坡(20km/h,15%)	需求功率/kW	115.9
	需求转速/(r/min)	1487
	发动机单独驱动能够满足需求	
0—80km/h 的极限加速	需求功率/kW	127
	稳态功率/kW	80
	稳态功率为极限加速过程中的平均功率	
60—100km/h 的超车加速	需求功率/kW	145.6
	稳态功率/kW	104.1
	稳态功率为极限加速过程中的平均功率	

3.4.4.2 电机参数匹配

根据发动机动力性验证可知，发动机能够满足整车动力性需求。但是，由于P2构型电机的"削峰填谷"的作用，在极限加速工况中，由发动机提供稳态功率，电机来提供瞬态功率，根据上面的计算分析可知，在极限加速工况中所需电机的功率为47kW。

除了整车动力性需求以外，电机的参数匹配还需要考虑行驶工况的动力性与经济性的需求。本节考虑在C-WTVC工况中，电机能够满足纯电动行驶、发动机工作点调节以及制动能量回收等需求。

从发动机的map中可以看出，当需求转矩(变速器之前的转矩)小于200N·m或车速较低(对应的发动机转速小于900r/min)时，发动机的等效燃油消耗率较高，此时需要采用纯电动行驶。

在C-WTVC纯电动行驶工况中，所需要的电机的功率与转矩如图3-42、图3-43所示。图3-44表示纯电动行驶时，电机的工作点分布情况。

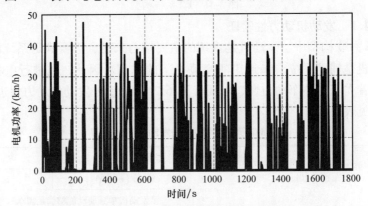

图3-42　C-WTVC工况纯电动行驶需求的电机功率

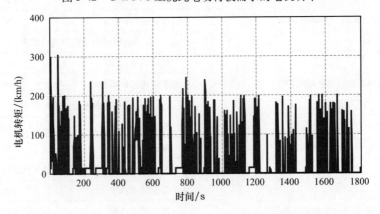

图3-43　C-WTVC工况纯电动行驶需求的电机转矩

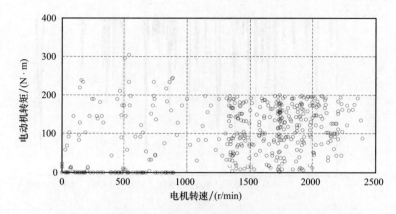

图 3-44　C-WTVC 工况纯电动行驶需求的电机工作点分布

从图 3-42～图 3-44 中可知，满足纯电动行驶工况所需要的电机功率为 50kW，电机转矩为 320N·m。根据电机的工作点分布，并结合电机在基速点附近效率较优的特性，可知，电机的基速点应在 1500～2200r/min，电机的额定转矩在 100～250N·m 之间。

除去纯电动工况，C-WTVC 驱动工况下，如果动力源全部来自发动机，则其工作点在发动机 map 图中的分布，如图 3-45 所示，由图可知，发动机单独驱动能够满足 C-WTVC 工况的需求，电机不需要提供助力，但是发动机的工作点集中分布在低负荷区，需要通过电机的调节来实现发动机高效率工作。

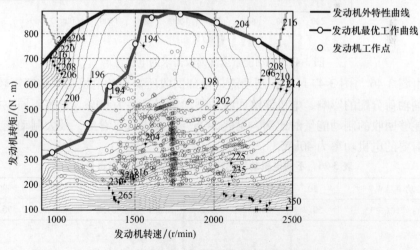

图 3-45　C-WTVC 工况发动机工作点分布

在 C-WTVC 工况中，如果制动能量全部由电机来回收，则所需要的电机的功率与转矩如图 3-46、图 3-47 所示：

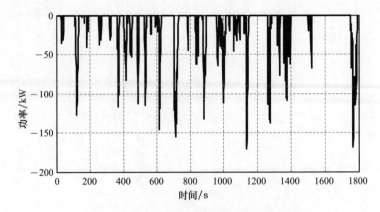

图 3-46　制动能量全部回收需求的电机功率

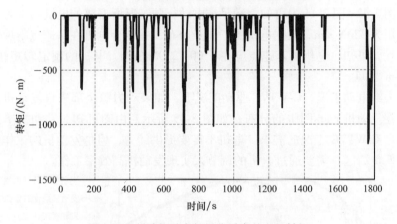

图 3-47　制动能量全部回收需求的电机转矩

　　由图 3-46 与图 3-47 可知，制动能量全部回收所需要的电机功率和转矩较大。受车辆轴荷分配的影响，电机能够回收的制动能量最多为 60%。计算不同电机功率，能够回收的制动能量的比例，见表 3-26。从表中可以看出，最大制动能量回收所需要的电机功率为 40kW。

表 3-26　不同电机功率对应的能回收的制动能量百分比

功率/kW	30	40	50	60	70	80	90
百分比(%)	50.3	60.7	69.2	76.1	81.8	86.5	90.5

　　当电机功率为 40kW 时，制动能量回收所需电机转矩如图 3-48 所示，从图中曲线峰值可知电机转矩应满足 400N·m 的需求。

　　满足整车动力性、循环工况动力性以及经济性要求所匹配的电机参数见表 3-27。

　　根据调研，A 电机制造商有一款电机满足要求，其参数要求见表 3-28。

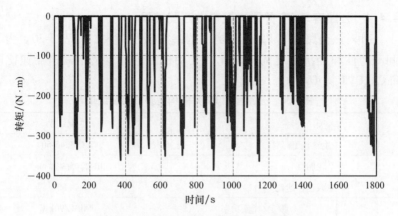

图 3-48　制动能量部分回收时电机转矩需求

表 3-27　P2 并联构型电机匹配结果

极限工况	电机功率/kW	47
纯电动行驶	电机转矩/(N·m)	100~250
	电机转速/(r/min)	1500~2200
制动能量回收	电机功率/kW	40
	电机转矩/(N·m)	400

表 3-28　A 电机制造商电机产品参数

额定功率/峰值功率	45/90(kW)
额定转速/最高转速	2150/6000(r/min)
额定转矩/峰值转矩	200/400(N·m)

3.4.4.3　电池参数匹配

对于电池的参数匹配，主要考虑 40km/h 等速行驶 50km 需求的能量。电池功率应和电机功率相匹配，由电机的峰值功率为 90kW，则计算可知电池的功率为 112kW。电池组能量主要满足 40km/h 等速行驶 50km 的能量需求。P2 构型同前面两个构型的能量需求相同：当车辆以 40km/h 车速等速行驶 50km 时，电池需求能量为 21kW·h。针对该 P2 电池电压仍然选择为 600V，则电池容量需求为 35A·h。

根据上述计算，针对该车电池的匹配结果见表 3-29。

表 3-29　P2 并联构型电池匹配结果

电池电压等级	600V
电池功率等级	112kW
电池能量	21kW·h
电池容量	35A·h

3.4.4.4 公路客车 P2 并联构型参数匹配结果

综上，针对该公路客车 P2 并联构型的参数匹配结果，见表 3-30。为了便于构型之间动力性和经济性之间的对比，发动机、轮胎以及主减速器速比同前文 XCVT 和 C-XCVT 构型相同。

表 3-30 公路客车 P2 并联构型参数匹配结果

项　　目		匹配结果
发动机型号		YC6J245-50
轮胎型号		9R 22.5(470mm)
主减速器速比		3.55
电机	额定/峰值功率	45kW/90kW
	额定/峰值转矩	200N·m/400N·m
	基速	2150r/min
	最高转速	6000r/min
电池参数	电池电压等级	600V
	电池功率等级	112kW
	电池能量	21kW·h
	电池容量	35A·h

3.4.5 仿真验证

3.4.5.1 基本动力性能验证

对以上三种构型分别进行基本动力性能的验证，主要包括最高车速、0-80km/h 极限加速、60-100km/h 超车加速、最大爬坡性能以及持续爬坡性能的验证。

1. 公路客车 XCVT 动力性验证

如图 3-49 所示，该车能够运行至 110km/h 最高车速，同时该车在 0-80km/h 极限加速时间为 21s，动力性较好。

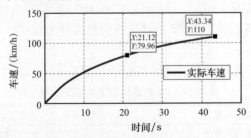

图 3-49　极限加速工况验证(0-80km/h)

图 3-50 描述了该车在 60-100km/h 超车加速工况的仿真结果。为了验证该车

的超车加速能力，首先在 cruise 软件设置 0-195s 的 60km/h 等速运行工况，在 195s 时间点之后，通过设置一个较高的目标车速模仿车辆的实际超车工况，可以看出，该车在超车加速需求时间为 28.6s，符合动力性设计指标。

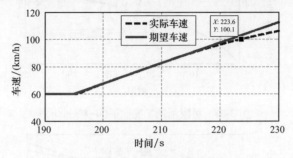

图 3-50　超车加速工况验证（60-100km/h）

　　该车的爬坡性能验证，如图 3-51 和图 3-52 所示，可以看出车辆的最大爬坡性能与持续爬坡性能均能够很好地满足设计需求。

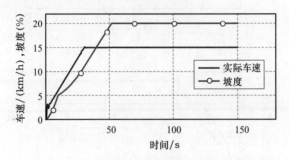

图 3-51　最大爬坡性能验证

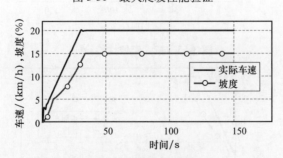

图 3-52　持续爬坡性能验证

2. 公路客车 C-XCVT 动力性验证

　　针对 12.4t 公路客车 C-XCVT 系统的基本动力性验证结果，如图 3-53~图 3-56 所示。首先，根据图 3-53，该车可以达到 110km/h 最高车速的设计指标，同时 0-80km/h 极限加速时间为 21s，动力性较好；根据图 3-54，该车超车加速时间的计算结果为 28.6s；由图 3-55 和图 3-56 可以看出，车辆的最大爬坡性能与持续爬坡性能均能够很好地满足设计需求。

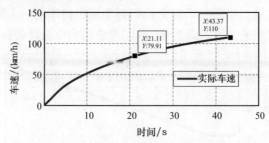

图 3-53　极限加速工况验证（0~80km/h）

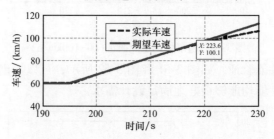

图 3-54　超车加速工况验证（60~100km/h）

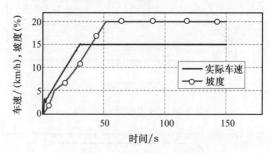

图 3-55　最大爬坡性能验证

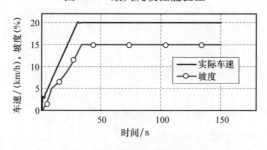

图 3-56　持续爬坡性能验证

3. 公路客车 P2 并联构型动力性验证

为了验证 P2 并联构型最高车速，在 CRUISE 中设置 0~110km/h 的全负荷加速工况，验证结果如图 3-57 所示，从图中可以看出整车满足最高车速的要求。

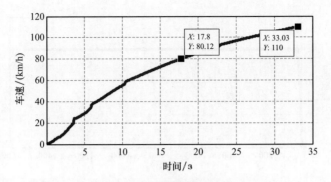

图 3-57　最高车速验证

爬坡工况主要包括最大爬坡以及持续爬坡两种工况，最大爬坡利用 CRUISE 中的爬坡性能来进行验证，其结果如图 3-58 所示，可知整车能够满足 15km/h 爬坡 20% 的性能要求。

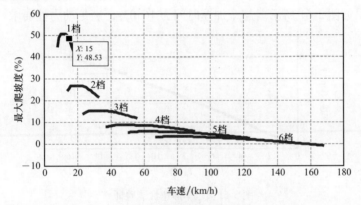

图 3-58　最大爬坡性能验证

持续爬坡是利用 CRUISE 中的循环工况进行设置，其验证结果如图 3-59 和图 3-60 所示。根据仿真结果，整车能够满足 20km/h、15% 持续爬坡能力。

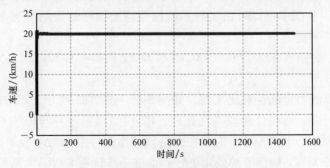

图 3-59　持续爬坡车速

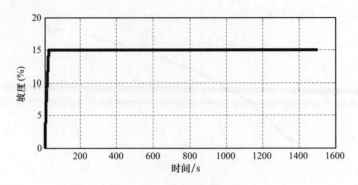

图 3-60　持续爬坡坡度

极限工况主要包括 0~80km/h 的极限加速工况以及 60~100km/h 的超车加速工况，从图 3-57 可以看出，P2 构型的极限加速时间为 17.8s，满足动力性要求。针对 60~100km/h 的超车加速工况，在 CRUISE 中利用全负荷加速工况来进行验证，其结果如图 3-61 所示。超车加速时间为 16.03s，满足动力性要求。

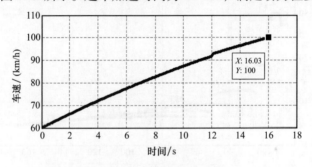

图 3-61　超车加速性能验证

3.4.5.2　各构型经济性对比分析

针对该公路客车的动力性能指标，完成基本动力性验证之后，在 C-WTVC 工况下进行仿真得到各构型在各区段的油耗，并按照表 2-1 要求的比例计算综合油耗。

图 3-62 所示为公路客车 XCVT 构型、C-XVCT 构型和 P2 构型工况跟随与电池 SOC 情况，从图中可以看出三种系统构型均能很好地跟随工况车速，且电池 SOC 可以保持平衡。

传统车、公路客车 XCVT、C-XCVT 以及 P2 构型在 C-WTVC 工况下各区段油耗统计见表 3-31。

根据计算的当量油耗对比来看，如图 3-63 ～图 3-65 所示，P2 并联构型仅在市区段油耗较低，而在公路段与高速段，P2 构型当量油耗与传统车接近，节油效果较差；XCVT 与 C-XCVT 构型在公路段与市区段节油效果较好且非常接近，但在高速段 C-XCVT 构型节油效果更好，也进一步证明 C-XCVT 系统在高速工况下系统效率更优。

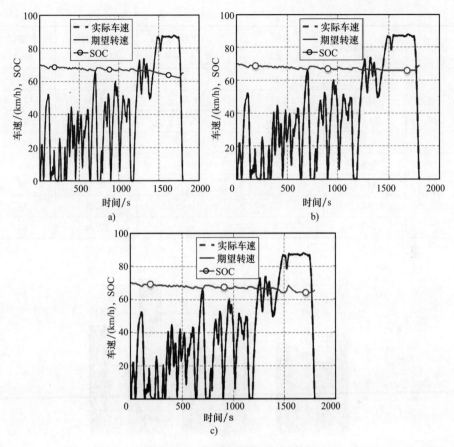

图 3-62 工况跟随和电池 SOC

a）XCVT 构型 b）C-XVCT 构型 c）P2 构型

表 3-31 公路客车各混合动力构型当量油耗与综合油耗仿真对比

工况	车型	油耗 /（L/100km）	电耗 /（kW·h/100km）	综合油耗 /（L/100km）	节油率 （%）
C-WTVC 市区	传统车	26.86	—	26.86	—
	XCVT	11.15	6.72	13.39	50.1
	C-XCVT	11.68	6.32	13.79	48.7
	P2 并联	19.64	5.88	21.60	19.6
C-WTVC 公路	传统车	20.96	—	20.96	—
	XCVT	13.24	6.24	15.32	26.9
	C-XCVT	13.21	6.05	15.23	27.3
	P2 并联	16.40	7.43	18.88	9.9

（续）

工况	车型	油耗 /(L/100km)	电耗 /(kW·h/100km)	综合油耗 /(L/100km)	节油率 (%)
C-WTVC 高速	传统车	16.95	—	16.95	—
	XCVT	12.15	5.64	14.03	17.2
	C-XCVT	13.80	-5.87	11.84	30.1
	P2 并联	15.39	0.57	15.20	10.3
C-WTVC	传统车	—	—	20.13	—
	XCVT	—	—	14.29	29
	C-XCVT	—	—	13.25	34
	P2 并联	—	—	17.58	13

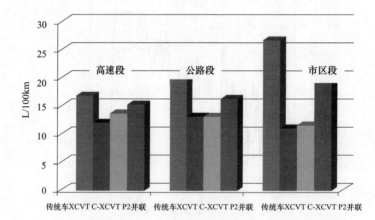

图 3-63　公路客车各构型在 C-WTVC 工况各区段油耗对比

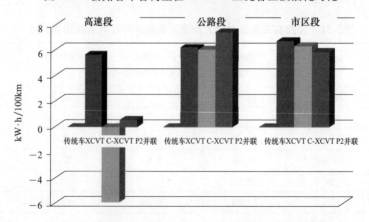

图 3-64　公路客车各构型在 C-WTVC 工况各区段电耗对比

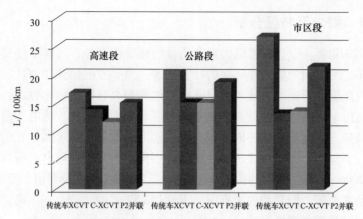

图 3-65　公路客车各构型在 C-WTVC 工况各区段当量油耗对比

进一步按照法规要求比例统计该车不同构型的综合百公里油耗，如图 3-66 与表 3-31 所示。根据图表信息，XCVT 系统构型、C-XCVT 系统构型以及 P2 并联构型在传统车基础上综合油耗节油率分别为 29%、34%、13%。综合来看，C-XCVT 系统构型节油效果最优。

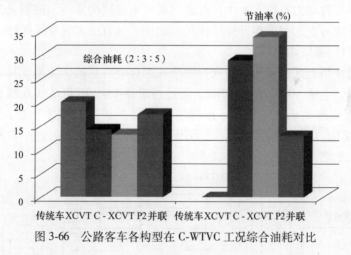

图 3-66　公路客车各构型在 C-WTVC 工况综合油耗对比

3.5　基于重型卡车的参数设计

3.3 节和 3.4 节分别针对城市客车和公路客车进行了参数匹配及仿真验证，描述了商用车行星混动及其他构型的基本匹配思路，本节将该思路应用到 49t 的重型卡车上，从构型设计、参数匹配与仿真验证方面阐述混合动力重卡的完整开发流程。

3.5.1 需求及特征分析

2017～2018 年，全世界范围内重卡销量持续维持高位，同时市场要求重卡同乘用车一样，一方面顺应节能环保的社会需求，另一方面提升动力性、可靠性与舒适性，因此重卡行业由传统动力总成向新能源动力总成的转化势在必行。

国外商用车企业很早就开展了纯电动和混动重卡的开发。纯电动重卡驱动方案在节能减排方面优势明显，但由于对车载动力电池容量要求高，充电设施不完备等原因，多应用于固定路线行驶的车辆。相比之下，混动重卡更符合需求，如沃尔沃于 2006 年开发的 26t 级混动重卡——沃尔沃 FE，以及丰田于 2015 年展出的日野混动重卡等，但节油效果有限，不超过 15%，因此普及率不高。国内则尚未有量产的混合动力重卡。

在中国发展混合动力重卡，要考虑到重卡运行以高速为主的特殊工况，结合新能源配套系统产业化带来的成本优势，推出更为合理的混合动力重卡系统。

3.5.2 构型优选

在众多混合动力系统方案中，行星混联式系统结构紧凑，控制灵活，相比于串、并联系统可更大程度提升经济性和排放性，具有巨大的发展优势。

3.5.2.1 系统构型

本文选择结合两档变速器的双行星排式混合动力系统，该系统具有三个动力源，发动机、电机 MG1、电机 MG2，通过行星排 PG1 和 PG2 实现耦合。前行星排 PG1 为系统的功率分流机构，后行星排 PG2 的齿圈被固定于变速器机壳上，为电机 MG2 的减速机构，两档变速器用于实现更大的速比，进一步发挥动力源最优性能，如图 3-67 所示。

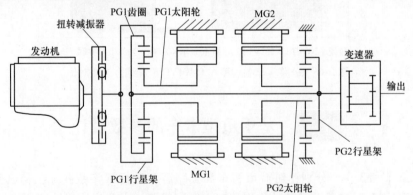

图 3-67　系统构型（双行星排+两档变速器）

3.5.2.2 整车基本参数与发动机参数

该重卡整车具体参数见表 3-32。

表 3-32 重卡整车基本参数

项　目	参　数
车辆类型	半挂牵引车
整车整备质量	25000kg
最大设计总质量	49000kg
空气密度	1. 2258kg/m^3
空气阻力系数	6. 84/8
迎风面积	8m^2
滚动阻力系数	0. 00626
变速器各档速比	$i_1 = 12. 10$, $i_2 = 9. 41$, $i_3 = 7. 31$, $i_4 = 5. 71$, $i_5 = 4. 46$, $i_6 = 3. 48$, $i_7 = 2. 71$, $i_8 = 2. 11$, $i_9 = 1. 64$, $i_{10} = 1. 28$, $i_{11} = 1. 00$, $i_{12} = 0. 78$
主减速比	3. 7
轮胎半径	0. 523m

　　目前计算采用的发动机为 WP13_500E501WF，最大输出功率 368kW，发动机 MAP 如图 3-68 所示。

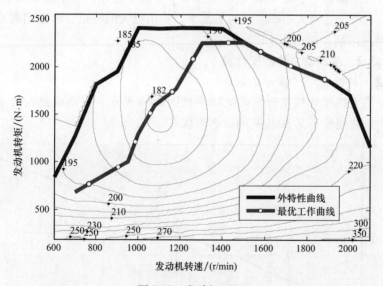

图 3-68 发动机 MAP

3.5.3 匹配计算

　　基于上节已确定的系统构型和整车参数，本节应用前文所提出的匹配方案，进行了混合动力重型卡车的匹配，合理选择各部件参数，使其满足所需的基本动力性能。

3.5.3.1 行星排特征参数确定

应用 3.2.3 节中的行星排特征参数优化方法，在 C-WTVC 工况下采用效率最优的指标，分别计算不同的前行星排特征参数下整车综合效率，进而选取最优前行星排 k_1 值，结果见表 3-33。

表 3-33 前行星排特征参数 k_1 计算结果

工 况	最优 k_1 值
C-WTVC 市区循环	3
C-WTVC 公路循环	3
C-WTVC 高速循环	1.89
C-WTVC 综合(0∶1∶9)	1.92

按照法规，该重卡应在 C-WTVC 综合(0∶1∶9)工况下进行经济性计算，故选择 1.92 的特征参数系统可实现最佳综合效率。但是考虑到 k_1 值越小，发动机输出至机械路径的转矩越小，将会给 MG2 选型增加困难，因此在前行星排特征参数的可行范围内(1.5~3)，考虑取 k_1 值为 3 进行计算与匹配。

而后行星排相当于对 MG2 电机增加了一个固定速比，用于调节 MG2 电机的工作点，有利于低速大功率需求的工况下，输出更大的转矩，考虑到高速工况下 MG2 的转速限制，初选 $k_2 = 1.5$。

3.5.3.2 基本动力性匹配计算

1. 最大持续爬坡(10km/h,20%)

满足最大持续爬坡指标所需的功率如图 3-69 所示，发动机最大功率 368kW 满足最大持续爬坡工况 300kW 的稳态需求。

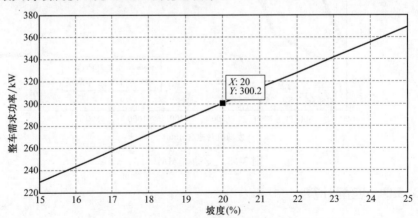

图 3-69 最大持续爬坡工况整车需求

车辆最大爬坡性能对整车转矩需求较高，此时需求车辆工作于低速爬坡档位，因此分别计算最大爬坡工况下不同低速档速比对应的转速、转矩和功率的需求，作为动力源匹配的参考数据，并以此确定变速器低档速比。

综合图 3-70、图 3-71 与图 3-72，易知最大爬坡工况对电机有较大功率需求，MG2 电机的需求转速与 MG1 电机的需求转速此消彼长，满足行星排的机械特性，速比增加能够有效限制 MG1 电机的转速，并且大大降低 MG2 电机的需求转矩。

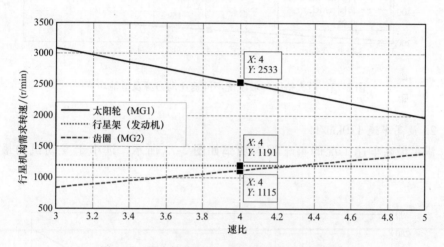

图 3-70　最大持续爬坡工况不同速比动力源转速

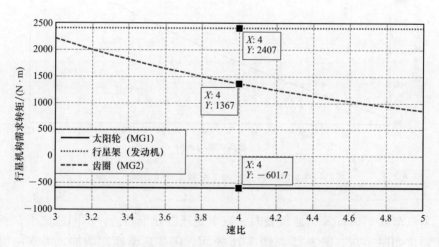

图 3-71　最大持续爬坡工况不同速比动力源转矩

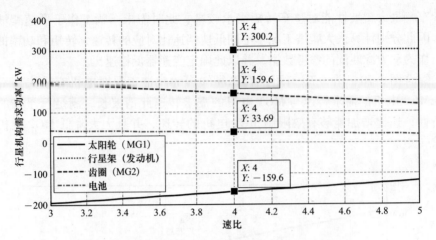

图 3-72 最大持续爬坡工况不同速比动力源及电池功率

2. 最高车速 110km/h

满足最高车速工况的整车需求功率如图 3-73 所示，远小于发动机的最大输出。

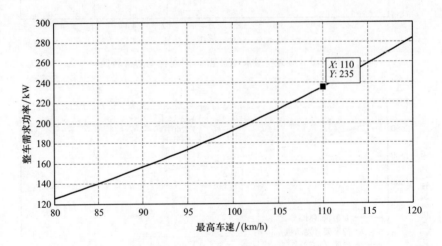

图 3-73 最高车速工况整车需求功率

当汽车以 110km/h 匀速行驶时，汽车变速器处于高档，不同速比下，各动力源需求如图 3-74、图 3-75 与图 3-76 所示，随变速器速比增加，需求电机所能达到的转速增加，但有效降低了 MG2 电机的需求转矩，此时电池处于充电状态。

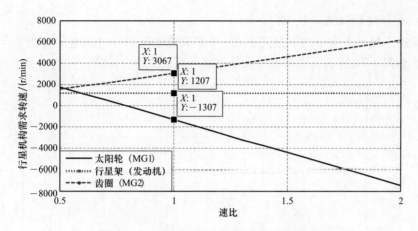

图 3-74　最高车速工况不同速比动力源转速

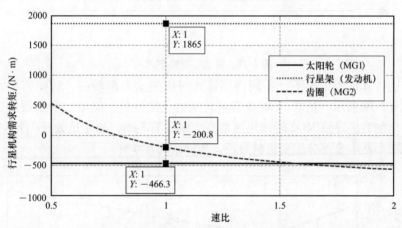

图 3-75　最高车速工况不同速比动力源转矩

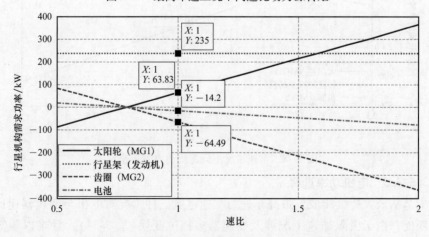

图 3-76　最高车速工况不同速比动力源及电池功率

3. 常速巡航(60km/h,3%)

常速工况对于重型汽车意义重大,车辆常速工况运行时变速器应处于合适的档位,如图 3-77 所示,发动机可满足常速工况下的动力需求。

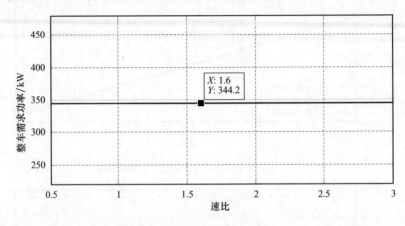

图 3-77　常速工况整车需求

分别计算常速工况下,不同高档速比对应的动力源转速、转矩需求,如图 3-78、图 3-79 所示,从降低 MG2 需求转矩的角度分析,应增加变速器速比,但速比的增加直接导致 MG2 转速快速增高。根据图 3-80,当速比处于 1.8 左右时,发动机功率基本全部分配至机械路径,传动系统效率好。

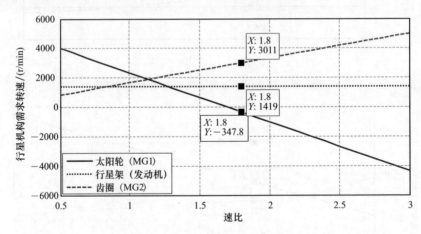

图 3-78　常速工况不同速比动力源转速

3.5.3.3 电机功率选择

上节从最大持续爬坡,最高车速与常速巡航三种工况对电机与变速器速比进行了匹配,由于极限加速工况涉及变速器多档位变换(表 3-34),且难以预知该重型车加速轨迹,因此匹配过程不考虑极限加速情况,仅用于仿真验证。

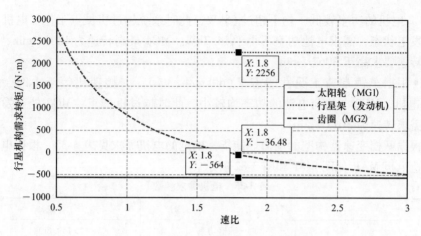

图 3-79 常速工况不同速比动力源转矩

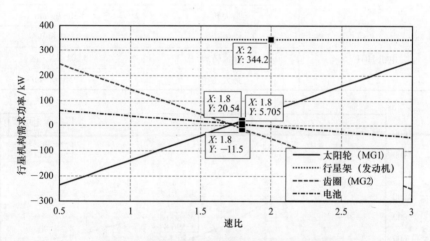

图 3-80 常速工况不同速比动力源及电池功率

表 3-34 变速器档位数

行星排特征参数		$k_1 = 3$，$k_2 = 1.5$
变速器速比	一档	4
	二档	1

• 根据车辆最大爬坡性能指标(20%，10km/h)，一档速比等于 4 时，MG2 电机处于驱动状态，MG1 电机处于发电状态，需求电池功率不小于 33.69kW，对应 MG2 转速为 1115r/min，最大转矩为 1367N·m，MG1 转速为 2533r/min，需求 MG2 电机与 MG1 电机的功率不低于 159.6kW。

• 根据车辆最高车速指标(110km/h)，二档速比等于 1 时，需求 MG1 电机与 MG2 电机的功率较低，均不超过 65kW，此时系统越过机械点工作，电机 MG2 处于发电状态，需求电池功率不小于 14.2kW，MG1 最高转速为 1307r/min，MG2 最高转速要求高于 3067r/min。

- 根据车辆常速工况性能需求（60km/h，3%），一档速比等于 1 时，需求 MG1 电机、MG2 电机与电池的功率均较小，此时越过机械点，MG2 处于发电状态，需求转速为 3011r/min。

根据两档变速器构型的动力性能指标确定的电机需求见表 3-35。根据电机参数构造电机 MAP 如图 3-81 和图 3-82 所示。

表 3-35 电机需求参数

项 目		需求
电机 MG2	峰值功率	>159.6kW
	峰值转矩	1367N·m
	最大转速	>3067r/min
电机 MG1	峰值功率	>159.6kW
	峰值转矩	>601.7N·m
	最大转速	>2533r/min

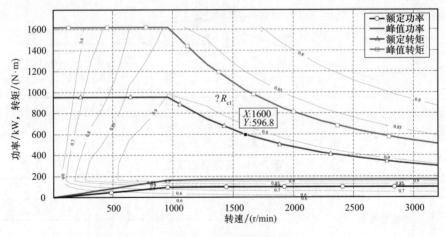

图 3-81 MG2 电机 MAP

3.5.3.4 电池选择

根据表 3-36 与表 3-37 所示数据，选用耐低温，能量密度高的三元锂电池为电机供电。根据最大爬坡性能，电池最大需求功率不小于 33.69kW，C-WTVC 工况下电池需求的放电功率如图 3-83 所示，驱动过程中对电池的需求功率除个别点超过 200kW（2 处）外均不超过 140kW，故初选电池功率 140kW，初选电池各项参数见表 3-38，要求充放电倍率不得超过峰值倍率。

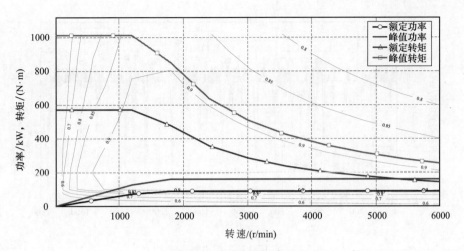

图 3-82　MG1 电机 MAP

表 3-36　不同电池的充电数据

三元材料电池充电数据				磷酸铁锂材料电池充电数据			
充电电流 /A·h	恒流容量 /A·h	总容量 /A·h	恒流容量 （%）	充电电流 /A·h	恒流容量 /A·h	总容量 /A·h	恒流容量 （%）
7.5	8.21	8.62	95.24	6.5	6.52	7.25	90.00
37.5	7.17	8.54	84.01	32.5	5.91	7.23	81.64
75.0	6.42	8.58	74.82	65.0	5.43	7.26	74.71
112.5	5.65	8.60	65.71	97.5	3.51	7.29	48.11
150.0	4.55	8.62	52.75	130.0	0.74	7.31	10.08

表 3-37　不同电池的放电数据

三元材料电池放电数据				磷酸铁锂材料电池放电数据			
温度 /℃	容量 /A·h	平台 /V	相对 25℃（%）	温度 /℃	容量 /A·h	平台 /V	相对 25℃（%）
55	8.581	3.668	99.36	55	7.870	3.271	100.2
25	8.636	3.703	100.0	25	7.860	3.240	100.0
−20	6.058	3.411	70.14	−20	4.320	2.870	54.94

表 3-38　初选电池参数

电池功率/kW	额定电压/V	容量/A·h	额定/峰值倍率
140	600	46.67	3C/5C

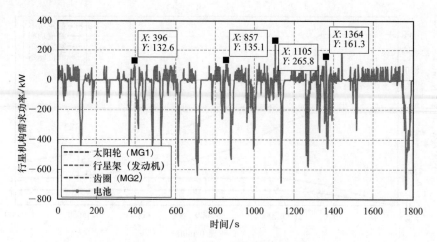

图 3-83　C-WTVC 工况电池需求功率

3.5.4　仿真验证

根据匹配得到的参数，在 CRUISE 中建立仿真模型，如图 3-84 所示，以该模型对整车经济性进行仿真验证。

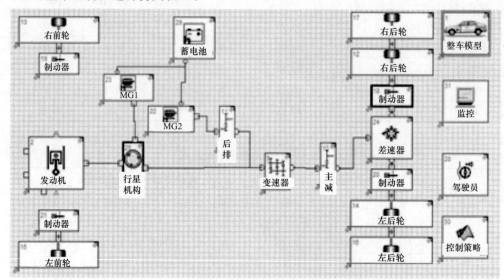

图 3-84　CRUISE 仿真模型

3.5.4.1　工况跟随

整车在 C-WTVC 工况下的车速仿真结果和 SOC 变化情况如图 3-85 与图 3-86 所示。可见，整车在 C-WTVC 工况下车速跟随良好，SOC 电量基本维持平衡，满足使用条件。

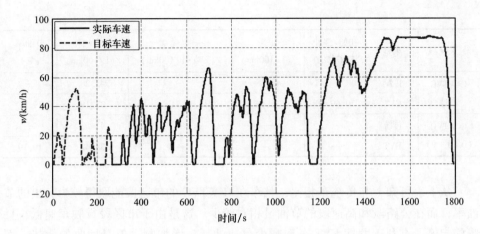

图 3-85　车速跟随

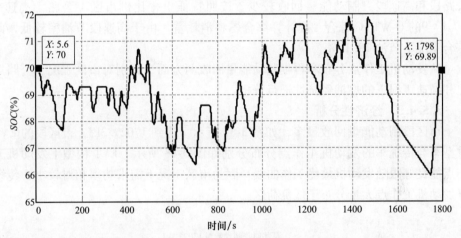

图 3-86　*SOC* 变化情况

3.5.4.2　经济性仿真结果

基于发动机最优策略分别进行 C-WTVC 工况的市区段、公路段和高速段的仿真，得到 EVT 重型车和传统车燃油消耗，分段油耗统计见表 3-39。

表 3-39　分段油耗统计

工况	车型	初始/终止 $SOC(\%)$	油耗 /(L/100km)	电耗 /(kW·h/100km)	综合油耗 /(L/100km)	节油率 (%)
C-WTVC 市区	传统	—	84.19	—	84.19	—
	EVT	70/69.38	52.76	1.07	53.83	36.06
C-WTVC 公路	传统	—	67.76	—	67.76	—
	EVT	70/70.53	50.35	-0.87	49.48	26.98

（续）

工况	车型	初始/终止 SOC（%）	油耗 /（L/100km）	电耗 /（kW·h/100km）	综合油耗 /（L/100km）	节油率 （%）
C-WTVC 高速	传统	—	45.28	—	45.28	—
	EVT	70/69.30	36.48	0.71	37.19	17.87
C-WTVC （0:1:9）	传统	—	—	—	47.53	—
	EVT	—	—	—	38.42	19.19

从上表可知，与传统车相比，整车在 C-WTVC 的市区段能取得较为突出的节油率，而在公路段和高速段的节油量相对较少。这是由于市区段行驶车速低，且频繁起停，有利于发挥 EVT 车型减少怠速油耗，增加制动能量回收的优势，而公路段和高速段，制动能量回收较少。按照特征里程比例市区：公路：高速 = 0：1：9的 C-WTVC 综合工况计算综合燃料消耗量，由于高速段节油率较低，此综合工况下节油 19.19%。

从发动机工作点分布和再生制动能量回收两方面，分别对市区工况、公路工况和高速工况下的燃油经济性进行分析。

3.5.4.3　经济性分析

市区段制动能量回收最多，如图 3-87 所示，达到 17027.3kJ，市区段的 EVT 重型车与传统车的发动机工作点分布分别如图 3-88 所示。EVT 构型下发动机工作点能良好跟随发动机最优工作曲线，因为市区工况下需求功率相对较小，传统车发动机工作点大量分布于低负荷区。

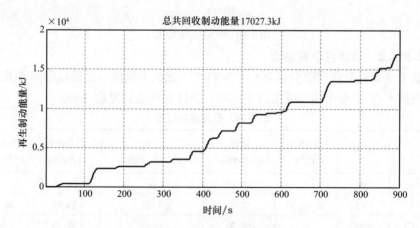

图 3-87　市区段制动能量回收

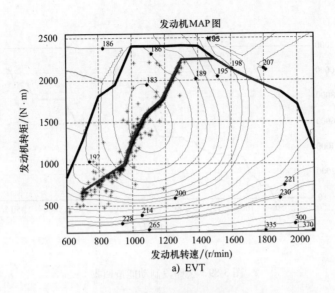

a) EVT

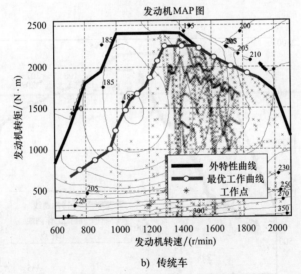

b) 传统车

图 3-88　市区段发动机工作点分布

公路段回收制动能量介于市区段与高速段之间，如图 3-89 所示，共回收制动能量 10421.3kJ。EVT 重型车与传统车的发动机工作点分布分别如图 3-90 所示。公路工况下 EVT 构型发动机工作点仍能良好跟随发动机最优工作曲线。与市区工况相比，传统车发动机工作点负荷率有所提高。

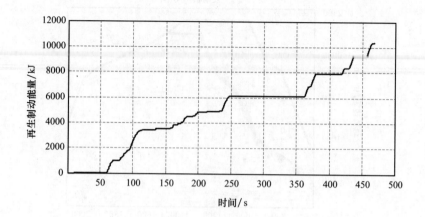

图 3-89　公路段制动能量回收

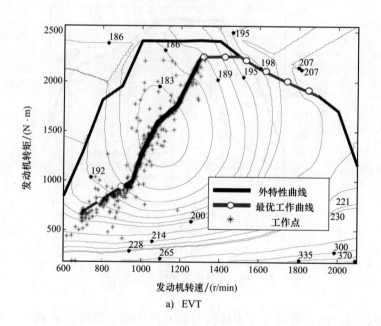

a)　EVT

图 3-90　公路段发动机工作点分布

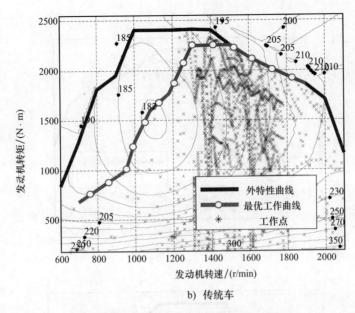

b) 传统车

图 3-90　公路段发动机工作点分布（续）

　　高速段制动能量回收较少，如图 3-91 所示，共回收 6553.9kJ 制动能量。与传统车相比，EVT 在高速段燃油消耗率优化较少，如图 3-92 所示，EVT 车型中，发动机工作点基本分布在发动机最优工作曲线上，但由于高速段，行星排越过机械点，MG1 处于放电状态，MG2 处于发电状态，功率损失较大，增加发动机直驱模式可能更有利于节油优化效果。

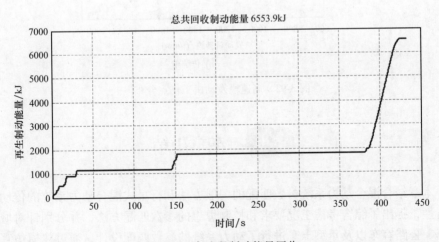

图 3-91　高速段制动能量回收

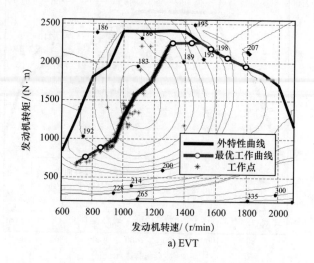

a) EVT

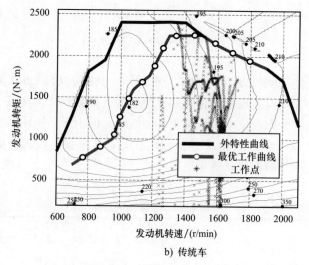

b) 传统车

图 3-92　高速段发动机工作点分布

3.6　**本章小结**

　　本章结合混合动力系统参数匹配的一般方法和行星式混合动力系统的传动效率特性，提出了综合考虑工况要求和控制思想的参数匹配方法，并分别针对城市客车、公路客车以及重型卡车进行了动力系统的参数匹配设计，通过建模仿真验证，最终确定了不同车型各主要动力部件的主要性能参数。根据仿真验证结果可见，该参数匹配方法能满足商用车的动力性要求，并能获得良好的燃油经济性。因此，本章提出的动力系统参数匹配原则将有助于行星混联系统在商用车上的应用，为其设计开发提供指导。此外，通过对重型卡车进行需求与特征分析，明确将行星混联系统应用到商用上，是行业的必然需求，具有重要的产业化潜力。

第 **4** 章

商用车混合动力系统
能耗分析方法

第3章主要介绍了混合动力商用车的参数设计方法，对比了不同混合动力系统的仿真油耗结果，然而，这样的对比分析只能从宏观角度说明不同混合动力系统的燃油经济性差异，缺乏对混合动力系统节油因素的细节定量分析和探讨。实际上，在混合动力系统开发的前期方案论证阶段，定量的油耗分析和细化的节油影响因素分析，既能辅助证明宏观油耗结果的合理性，又能揭示复杂混动系统的节能机理，帮助开发者深入了解不同构型混动系统的优缺点，分解系统节能优化指标。此外，深入的能耗分析方法也有助于为标定人员在控制系统参数标定指明方向。目前，国内尚未针对商用车混合动力系统形成完整详细的能耗分析方法，更鲜有文献对混合动力构型各节能因素贡献率进行定量的深入挖掘，国外对商用车混合动力系统的完整能耗分析方法也少有报道。

本章将深入开展混合动力商用车的能耗分析，定量对比分析各类混合动力客车构型的节能潜力，进一步论证行星式混合动力系统的节能优势。首先，建立基于能量计算的理论油耗模型，对混合动力系统内部能量流进行理论探析；其次，考虑再生制动、发动机平均燃油消耗率以及平均综合传动效率变化等油耗影响因素，建立混合动力系统理论综合油耗增量计算模型，并通过仿真油耗和理论油耗对比验证模型的准确性；最后，根据上述理论分析结果定量计算不同油耗影响因素可实现的节油贡献率。

 4.1 **基于能量计算的理论油耗模型**

根据混合动力汽车内部能量节点，分析混合动力系统内部能量流，并基于能量守恒定律定义计算混合动力系统平均综合传动效率，建立混合动力系统理论油耗计算模型。

4.1.1 混合动力系统内部能量流分析

首先，无论是串联式构型、并联式构型或混联式混合动力系统构型，均可以划分为动力源模块、传动系统模块以及车体运动学模块，如图 4-1 所示。其中，动力源模块由发动机和电池组成，传动模块由电动机或发电机以及变速机构组成，具体将取决于混合动力系统构型，车体运动学模块根据汽车理论简化为整车纵向动力学模型，如式(4.1)所示。

$$F_t = F_f + F_w + F_i + F_j \tag{4.1}$$

式中，F_t 表示车轮处整车驱动力，单位为 N·m；F_f 表示滚动阻力，单位为 N·m；F_w 表示空气阻力，单位为 N·m；F_i 表示坡道阻力，单位为 N·m；F_j 表示加速阻力，单位为 N·m。

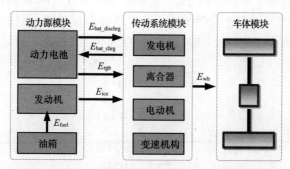

图 4-1　基于系统能量流角度混合动力系统模块划分

根据图 4-1 所示的混合动力系统模块划分，定义混合动力系统内部的能量流节点，E_{wh}、E_{fuel}、E_{ice}、$E_{bat\_dischrg}$、E_{bat_chrg}、E_{rgb} 如式(4.2)~式(4.7)所示。

$$E_{wh} = \sum_{t=0}^{n} \left[\begin{cases} \dfrac{F_t v(t)}{1000} & (F_t(t) > 0) \\ 0 & (F_t(t) < 0) \end{cases} \right] \tag{4.2}$$

$$E_{fuel} = \dfrac{f_e}{\dfrac{CCalori}{3600}} \tag{4.3}$$

$$E_{ice} = \sum_{t=0}^{n} \left\{ \dfrac{W_e(t) T_e(t)}{9549} \right\} \tag{4.4}$$

$$E_{bat\_dischrg} = \max\{0, (SOC_{ini} - SOC_{end}) BatE3600\} \tag{4.5}$$

$$E_{bat\_chrg} = \min\{0, (SOC_{ini} - SOC_{end}) BatE3600\} \tag{4.6}$$

$$E_{rgb} = \sum_{t=0}^{n} \begin{cases} \max\left\{0, \ -\dfrac{T_{gc}(t)W_{gc}(t)}{9549\eta_{gc}} - \dfrac{\dfrac{T_{mc}(t)W_{mc}(t)}{9549}}{\eta_{mc}}\right\} & (BrkPedal(t) > 0) \\ 0 & (BrkPedal(t) = 0) \end{cases}$$

$$(4.7)$$

式中，E_{wh} 为车轮处循环工况理论总驱动能量；E_{fuel} 为发动机消耗燃油总能量；E_{ice} 为发动机实际提供的能量；E_{rgb} 为电池端再生制动总回收能量；$E_{bat\_dischrg}$ 为电池放电总能量；E_{bat_chrg} 为电池充电总能量，单位均为 kJ；$F_t(t)$ 为循环工况各点需求驱动力，单位为 N·m；$v(t)$ 为循环工况各点车速，单位为 m/s；n 为循环工况总时间，单位为 s（计算步长为 1s）；f_e 为整车百公里燃油消耗，单位为 L/100km；$Calori$ 为燃油热值，单位为 kJ/g；SOC_{ini} 为电池初始容量；SOC_{end} 为电池终值容量；$BrkPedal(t)$ 为循环工况各点制动踏板开度；$BatE$ 为电池能量，单位为 kW·h；$b_{e,avg}$ 为发动机平均燃油消耗率，单位为 g/(kW·h)；C 为油耗单位转换系数；$b_{e,avg}$ 与 C 计算如式（4.8）与式（4.9）所示。

$$C = \frac{1}{1000} \bigg/ \frac{\rho_{fuel}}{3600} \times \frac{100}{x_{tot}}$$

$$(4.8)$$

$$b_{e,\ avg} = \frac{\sum\limits_{t=0}^{n} M_e(t)}{\sum\limits_{t=0}^{n} \left\{\dfrac{W_e(t)T_e(t)}{9549}\right\}}$$

$$(4.9)$$

式中，ρ_{fuel} 为燃油密度，单位为 kg/L；x_{tot} 为循环工况总行驶里程，单位为 km；$M_e(t)$ 为循环工况各点发动机喷油量，单位为 g/h。

此外，消耗燃油总能量与动力源处发动机实际输出能量，满足式（4.10）：

$$E_{fuel} = \frac{E_{ice}b_{e,avg}Calori}{3600}$$

$$(4.10)$$

4.1.2 平均综合传动效率定义

基于上述混合动力系统模块划分与能量节点的定义，根据能量守恒定律，混合动力系统的平均综合传动效率可以看作为传动系统模块输出功率与输入功率的比值。根据混合动力系统循环工况仿真终止点电池 SOC 的状态，分为以下三种情况，见表 4-1。其中，η_{bat_chrg} 表示电池充电平均效率；$\eta_{bat\_dischrg}$ 表示电池放电平均效率。

不同情况下，各部分能量如下：

表 4-1 不同情况下混合动力系统平均综合传动效率定义

SOC 终端状态	$SOC_{end} < SOC_{ini}$	$SOC_{end} = SOC_{ini}$	$SOC_{end} > SOC_{ini}$
传动系统模块输入能量	E_{wh} $E_{rgb}\eta_{bat\_chrg}\eta_{bat\_dischrg}$ $E_{bat\_dischrg}\eta_{bat\_dischrg}$	E_{wh} $E_{rgb}\eta_{bat\_chrg}\eta_{bat\_dischrg}$	E_{wh} $E_{rgb}\eta_{bat\_chrg}\eta_{bat\_dischrg}$
传动系统模块输出能量	E_{wh}	E_{wh}	$\dfrac{E_{wh} \dfrac{E_{bat\_chrg}}{\eta_{bat\_chrg}}}{\eta_{tr}}$
平均综合传动效率定义	$\dfrac{E_{wh}}{E_{ice} + E_{rgb}\eta_{bat\_chrg}\eta_{bat\_dischrg} + E_{bat\_dischrg}\eta_{bat\_dischrg}}$	$\dfrac{E_{wh}}{E_{ice} + E_{rgb}\eta_{bat\_chrg}\eta_{bat\_dischrg}}$	$\dfrac{\dfrac{E_{wh} - \dfrac{E_{bat\_chrg}}{\eta_{bat\_chrg}}}{\eta_{tr}}}{E_{ice} + E_{rgb}\eta_{bat\_chrg}\eta_{bat\_dischrg}}$

1）循环工况仿真结束，电池馈电（SOC 小于初始值），传动系统模块得到动力源模块的输入能量包括：发动机实际提供能量 E_{wh}、电池端再生制动总回收能量 $E_{rgb}\eta_{bat\_chrg}\eta_{bat\_dischrg}$ 以及电池放电总能量 $E_{bat\_dischrg}\eta_{bat\_dischrg}$；传动系统模块的输出总能量为车轮处循环工况理论总驱动能量 E_{wh}。

2）循环工况仿真结束，电池 SOC 完全平衡（SOC 等于初始值），传动系统模块得到动力源的输入能量包括，发动机实际提供能量 E_{ice}、电池端再生制动总回收能量 $E_{rgb}\eta_{bat\_chrg}\eta_{bat\_dischrg}$；传动系统模块的输出总能量为车轮处循环工况理论总驱动能量 E_{wh}。

3）循环工况仿真结束，电池充电（SOC 大于初始值），则情况稍微复杂一些：传动模块得到动力源的输入能量包括：发动机实际提供能量 E_{wh} 与电池端再生制动总回收能量 $E_{rgb}\eta_{bat\_chrg}\eta_{bat\_dischrg}$；传动模块输出能量为：车轮处循环工况理论总驱动能量 E_{wh} 以及电池充电总能量 $E_{bat\_chrg}/\eta_{bat\_chrg}$。但是二者并不是同一节点处的能量，一个处于车轮端，一个处于动力源端，将二者统一至车轮处则需经过所定义的平均综合传动效率：$E_{bat\_chrg}/\eta_{bat\_chrg}/\eta_{tr}$。

综上，定义混合动力系统的平均综合传动效率 η_{tr}，如式（4.11）所示。

$$\begin{cases} \dfrac{E_{wh}}{E_{ice} + E_{rgb}\eta_{bat\_chrg}\eta_{bat\_dischrg} + E_{bat\_dischrg}\eta_{bat\_dischrg}} & SOC_{end} < SOC_{ini} \\[4mm] \dfrac{E_{wh}}{E_{ice} + E_{rgb}\eta_{bat\_chrg}\eta_{bat\_dischrg}} & SOC_{end} = SOC_{ini} \\[4mm] \dfrac{\dfrac{E_{wh} - \dfrac{E_{bat\_chrg}}{\eta_{bat\_chrg}}}{\eta_{tr}}}{E_{ice} + E_{rgb}\eta_{bat\_chrg}\eta_{bat\_dischrg}} & SOC_{end} > SOC_{ini} \end{cases} \tag{4.11}$$

4.1.3 混合动力系统理论油耗计算模型

基于平均综合传动效率的定义，提出混合动力系统理论油耗计算模型，如式（4.12）所示。

$$f_e = \frac{E_{wh} - \dfrac{\dfrac{E_{bat\_chrg}}{\eta_{tr}} - E_{rgb}\eta_{tr}\eta_{bat\_chrg}\eta_{bat\_dischrg} - E_{bat\_dischrg}\eta_{tr}\eta_{bat\_dischrg}}{\eta_{bat\_chrg}}}{\eta_{tr}b_{e,avg}C} \quad (4.12)$$

根据式（4.12）所示的理论油耗计算模型，影响混合动力系统油耗的主要因素包括：车轮处循环工况理论总驱动能量 E_{wh}、再生制动回收能量 E_{rgb}、电池充放电能量 E_{bat_chrg}、$E_{bat\_dischrg}$、平均综合传动效率 η_{tr}、发动机平均燃油消耗率 $b_{e,avg}$、电池充放电效率 η_{bat_chrg}、$\eta_{bat\_dischrg}$。

其中，车轮处循环工况理论总驱动能量 E_{wh} 取决于循环工况需求，在循环工况选定的情况下，该能量为常数；电池充放电能量 E_{bat_chrg}、$E_{bat\_dischrg}$ 则取决于循环工况仿真结束后电池 SOC 的终值：若工况运行结束 SOC 完全平衡，则电池充电、放电总能量均为 0；但实际控制过程中很难实现 SOC 的完全平衡。

在式（4.12）的基础上加入电池电量修正，根据理论计算模型将电池充、放电电量等效计算为百公里油耗，如式（4.13）所示。

$$f_{e\_unify} = \begin{cases} f_e + E_{bat\_dischrg}\eta_{bat\_dischrg}b_{e,avg}C & SOC_{end} \leq SOC_{ini} \\ f_e + \dfrac{E_{bat\_chrg}}{\eta_{tr}\eta_{tr}\eta_{bat\_chrg}}b_{e,avg}C & SOC_{end} > SOC_{ini} \end{cases} \quad (4.13)$$

式中，f_{e_unify} 为理论综合百公里油耗，单位为 L/100km。

此外，由于电池充、放电效率损失主要受到测试环境温度影响，在常温条件下，电池充放电平均效率均处于较高水平，一般可达到98%以上，因此本文忽略电池充放电的变化，采用固定的平均值进行计算。进一步推导，得到电量修正后的混合动力系统统一理论综合油耗计算模型，如式（4.14）所示。

$$f_{e\_unify} = \frac{E_{wh}\left[1 - \dfrac{E_{rgb}}{E_{wh}}\eta_{tr}\eta_{bat\_chrg}\eta_{bat\_dischrg}\right]}{\eta_{tr}b_{e,avg}C} \quad (4.14)$$

4.2 基于理论油耗模型的节油贡献分析

基于上述建立的混合动力系统理论油耗计算模型，进一步分析混合动力系统油耗影响因素，并建立理论油耗增量计算模型，定量计算各影响因素可实现的节油贡献率。

4.2.1 理论综合油耗增量计算模型

本节主要分析混合动力系统再生制动能量回收以及发动机工作区间优化可实现的节油贡献率，而发动机工作区间优化实际包括两个方面：发动机平均燃油消耗率变化以及平均综合传动效率变化。根据式(4.14)所示的理论综合油耗计算模型，当混合动力系统的再生制动能量、发动机平均燃油消耗率、混合动力系统平均综合传动效率发生变化时，系统综合油耗将随之改变。为了定量分析上述影响因素对混合动力系统的节油贡献率，本文在上述理论油耗模型的基础上建立油耗增量计算模型。

首先，定义系统平均综合传动效率的变化梯度 τ，发动机平均燃油消耗率的变化梯度 γ，以及再生制动能量变化量，如式(4.15)，式(4.16)以及式(4.17)所示：

$$\begin{cases} \tau = \dfrac{\Delta\eta}{\eta_{tr}} \\ \eta_{tr\_ine} = \eta_{tr} + \Delta\eta = \eta_{tr}(1+\tau) \end{cases} \tag{4.15}$$

$$\begin{cases} \gamma = \dfrac{\Delta b_e}{b_{e,avg}} \\ b_{e,avg\_inc} = b_{e,avg} + \Delta b_e = b_{e,avg}(1+\gamma) \end{cases} \tag{4.16}$$

$$\Delta E_{rgb} = E_{rgb\_inc} - E_{rgb} \tag{4.17}$$

式中，$\Delta\eta$ 为平均综合传动效率变化量；η_{tr_ine} 为相对 η_{tr} 变化后的平均综合传动效率；Δb_e 为发动机平均燃油消耗率变化量，单位为 $g/(kW \cdot h)$；b_{e,avg_inc} 为相对 $b_{e,avg}$ 变化后的发动机平均燃油消耗率，单位为 $g/(kW \cdot h)$；E_{rgb_inc} 为变化后的再生制动回收能量，单位为 kJ；ΔE_{rgb} 为再生制动回收能量变化量，单位为 kJ。

进一步，可以推导混合动力系统理论综合油耗增量计算模型，如式(4.18)所示。

$$f_{e\_unify\_inc} = \dfrac{E_{wh}\left[1 - \left(\dfrac{(1+\gamma)\left[\nabla + \dfrac{E_{rgb\_inc}}{E_{wh}}\eta_{tr}(1+\nabla)\right]}{1+\nabla} - \gamma\right)\right]}{\eta_{tr}b_{e,avg}C} \tag{4.18}$$

式中，$f_{e\_unify\_inc}$ 为各因素变化后混合动力系统综合百公里油耗，单位为 L/100km。

4.2.2 节油量与节油贡献率定义

根据上述混合动力系统理论油耗计算模型以及综合油耗增量模型，进一步计算混合动力系统节油量以及节油贡献率，分别如式(4.19)与式(4.20)所示。

$$\Delta fe = f_{e\_unify} - f_{e\_unify\_inc} = \frac{E_{wh}\left[\dfrac{(1+\gamma)\nabla}{1+\nabla} + \dfrac{\Delta E_{rgb} + \gamma E_{rgb\_inc}}{E_{wh}}\eta_{tr} - \gamma\right]}{\eta_{tr}b_{e,avg}C} \tag{4.19}$$

$$\sigma_{fe} = \frac{(1+\gamma)\nabla}{1+\nabla} + \frac{\Delta E_{rgb} + \gamma E_{rgb\_inc}}{E_{wh}}\eta_{tr} - \gamma \tag{4.20}$$

其中节油量与节油贡献率之间满足式(4.21)所示关系，可见，文中所提出的节油贡献率的物理意义是指混合动力系统节油能量占车轮处理论总驱动能量的比例。

$$\Delta fe = \frac{E_{wh}}{\eta_{tr}b_{e,avg}C\sigma_{fe}} \tag{4.21}$$

式中，Δfe 为节油量，单位为 L/100km；σ_{fe} 为节油贡献率。

结合前文分析，混合动力系统节油贡献率可以进一步表达为式(4.22)所示，包含四个分项：σ_{fe_rgb} 为再生制动节油贡献率分项；σ_{fe_be} 为发动机平均燃油消耗率节油贡献率分项；σ_{fe_η} 为混合动力系统平均综合传动效率节油贡献率分项；σ_{fe_co} 为平均综合传动效率与发动机平均燃油消耗率节油贡献率的耦合项；实际上，σ_{fe_co} 为当混合动力系统调整发动机工作点向优化区间移动时，发动机工作区间调整对系统节油贡献率的影响。

$$\sigma_{fe} = \sigma_{fe\_\eta} + \sigma_{fe\_co} + \sigma_{fe\_rgb} + \sigma_{fe\_be}$$
$$= \frac{\tau}{1+\tau} + \frac{\tau\gamma}{1+\tau} + \frac{\Delta E_{rgb}}{E_{wh}}\eta_{tr}\eta_{bat} + \gamma\left(\frac{E_{rgb\_inc}}{E_{wh}}\eta_{tr}\eta_{bat} - 1\right) \tag{4.22}$$

为了便于后续油耗分析，文中定义 $\dfrac{E_{rgb}}{E_{wh}}$ 为在车轮处再生制动能量占理论驱动能量的比值，是指车轮处能量回收率，以下简称"能量回收率"。

4.3　不同构型理论油耗模型验证

本节利用上述油耗理论计算模型，对三种典型混合动力商用车(本文以公交客车为研究对象)系统，包括并联式构型、开关混联式构型以及行星式混联构型，分别进行油耗仿真计算与理论计算，通过仿真结果与理论结果对比，以验证上述理论能耗分析模型及定量节油分析方法的合理性。

4.3.1　目标构型与整车基本参数

针对某公交客车平台整车基本参数，分别建立并联混合动力系统模型(以下简称并联构型），构型如图 4-2 所示；开关式混合动力系统模型（以下简称开关混联构型），构型如图 4-3 所示；及行星排功率分流式混合动力系统模型（以下简称EVT 构型），构型如图 4-4 所示。

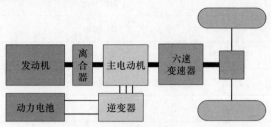

图 4-2　并联系统构型

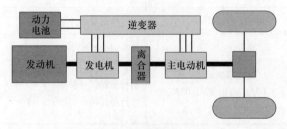

图 4-3　开关混联系统构型

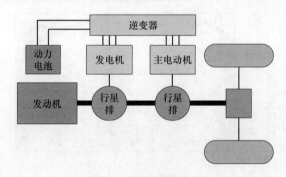

图 4-4　行星混联构型

上述三种不同混合动力系统的基本参数见表 4-2，各系统构型均使用相同的发动机平台，如图 4-5 所示。其中，并联构型可以利用变速器调节发动机转速、转矩，并利用电动机调节发动机转矩，使发动机尽可能工作在高效区间；开关混联构型可以通过离合器的结合与分离实现串联与并联两种模式，串联模式下可以实现发动机转矩、转速解耦控制；行星混联构型具有转速、转矩双解耦的能力，可将发动机控制在最优工作曲线上。

表 4-2　基本参数

项目	并联构型	行星构型	开关混联构型
整车质量	16550kg		
车轮半径	0.505m		
滚阻系数	0.65%		
迎风面积	7.8m²		
空气阻力系数	0.55		
发动机	峰值功率：147kW@ 2300r/min		
发电机	—	峰值功率 100kW	峰值功率 76kW
主电动机	峰值功率 120kW	峰值功率 200kW	峰值功率 165kW
电池	18A·h，600V		
动力耦合装置	变速器速比：6.39/3.97/2.40/1.48/1.00/0.73　主减速器速比：4.88	前行星排特征参数：2.63　后行星排特征参数：2.11	主减速器速比：6.17

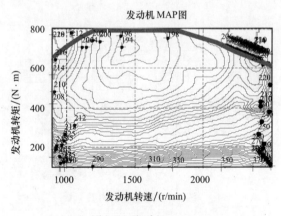

图 4-5　发动机 MAP

4.3.2　基本控制策略——带约束 DP 优化算法

为了尽量避免人为调定控制策略对各系统构型油耗计算的影响，本文采用一种带终端约束的 DP 全局优化算法计算上述三种不同混合动力系统的能耗及油耗结果。

首先，混合动力系统能量管理策略优化问题可以转化为多阶段离散问题，如式(4.23)所示。

$$x_{k+1} = F_k(x_k, u_k), \quad k = 0, 1, \cdots, N-1 \tag{4.23}$$

式中，x_k 为离散状态变量，$x_k \in [x_{\min}, x_{\max}]$；$u_k$ 为离散控制变量，$u_k \in [u_{\min}, u_{\max}]$；$F_k(x_k, u_k)$ 为当前时刻对状态变量 x_k 施加控制变量 u_k 后得到的下一时刻的状态变量；k 为离散采样时间。

根据 DP 的优化原理，混合动力系统的全局优化问题可以转化为后向优化计算序列：

1）系统终止时刻 $k = N$ 的成本计算，如式(4.24)所示。

$$J_N(x^i) = l_N(x^i) + g_N(x^i) \tag{4.24}$$

2）根据 DP 后向优化计算原理，从 $k = N-1$ 到 $k = 0$ 的迭代计算，如式(4.25)所示。

$$J_k(x^i) = \min_{u_k \in [u_{\min}, u_{\max}]} \{ l_k(x^i, u_k) + J_{k+1}(F_k(x^i, u_k)) \} \tag{4.25}$$

式中，x^i 为离散状态变量，u_k 为离散控制变量，$l_k(x^i, u_k)$ 为当前时刻针对状态 x^i 施加控制变量 u_k 产生的瞬时成本。从 $k = N-1$ 到 $k = 0$ 逐步完成后向迭代过程，即可得到 0 时刻从某一状态 x^i 出发，到 N 时刻结束，所能获得的最小累计成本以及各时刻的最优控制变量。针对约束范围 $[x_{\min}, x_{\max}]$ 内的所有 x^i 完成计算，即可得到从各初始状态变量出发，到达最终时刻最优控制路径，即每一时刻优化控制变量的集合。

本文 DP 计算过程中状态变量选为电池 SOC，控制变量为发动机转矩（电池功率由需求功率和发动机功率计算得到 $P_{bat} = f(T_e, P_{req})$），则系统状态变量与控制变量之间满足式(4.26)：

$$SOC(k+1) = \left[\frac{-U + \sqrt{U^2 + 4r_{\text{int}} P_{bat}}}{2r_{\text{int}}} \right] \frac{\Delta t}{Q_{\max}} + SOC(k) \tag{4.26}$$

式中，U 为电池开路电压，是与 SOC 有关的函数；r_{int} 为电池内阻；P_{bat} 为电池功率，取决于当前控制变量发动机转矩；$Q_{\max}$ 为电池容量；Δt 为计算步长。

可见，系统状态变量与控制变量之间的关系可以表示为式(4.27)：

$$x_{k+1} = f_k(x_k, u_k) + x_k \tag{4.27}$$

首先定义 k 时刻能够允许系统达到终止状态下边界的最小状态变量值为该时刻的下边界约束 $x_{k,low}$。根据混合动力系统的电量平衡要求，在其控制问题中，系统终止状态的范围作为控制目标是已知量，即 $x_{N,low} = x_{f,\min}$，$x_{f,\min}$ 为终止状态的下边界值。基于此，$k = N-1$ 到 $k = 0$ 时刻的系统状态下边界可以用后向迭代计算进行求解，如式(4.28)所示：

$$x_{k,low} = \min_{x_k, u_k} \{ x_{k+1} - f_k(x_{k,low}, u_k) \} = x_{k+1,low} - \max \{ f_k(x_{k,low}, u_k) \} \tag{4.28}$$

在 DP 后向迭代计算过程中，$x_{k+1,low}$ 属于已知量，则上述问题求解可基于不动点迭代方法求解，具体流程如下：

1）初始化，$x_{k,low}^{j=0} = x_{k+1,low}$，其中 j 为 k 时刻计算状态量下边界的迭代次数索引。

2）迭代计算，如式（4.29）所示：

$$x_{k,low}^{j+1} = x_{k+1,low} - \max\{f_k(x_{k,low}^j, u_k)\} \tag{4.29}$$

3）考虑到当混合动力系统 SOC 在较小的范围内变化时，其开路电压变化不大，则上述迭代计算过程可简化为式（4.30），即进行一步迭代即可找到 SOC 下边界。

$$x_{k,low} = x_{k+1,low} - \max\{f_k(x_{k,low}^0, u_k)\} \tag{4.30}$$

可以看出，SOC 的下边界约束的实际物理意义表示在 SOC 目标终端约束的基础上，施加当前控制变量后下一时刻 SOC 变化下限阈值。

同理，可以求解 SOC 的上边界约束，如式（4.31）所示。

$$x_{k,hi} = x_{k+1,hi} - \min\{f_k(x_{k,hi}^0, u_k)\} \tag{4.31}$$

4.3.3 理论油耗模型验证

基于上述带约束 DP 优化算法通过 MATLAB 程序仿真得到各混合动力系统构型的仿真油耗，同时，利用本文所提出的基于能量的理论油耗计算模型计算各混合动力系统构型的理论油耗，通过对比验证文中提出的理论油耗计算模型的合理性。

中国典型城市工况下，仿真油耗与理论模型计算油耗对比，见表 4-3。可见，针对上述三种基本构型，其仿真结果与理论油耗计算结果基本保持一致，误差均小于 1%，说明文中提出的基于能量计算的理论油耗模型的合理性和准确性。

表 4-3　各构型仿真油耗与理论油耗对比

构型	SOC 初值/终值	车轮处理论总驱动能量/kJ	电池端再生制动能量/kJ	平均综合传动效率	发动机平均燃油消耗率/[g/(kW·h)]	仿真油耗/(L/100km)	理论油耗/(L/100km)	误差（%）
并联	0.80/0.793	18198.6	7207	0.845	198.0	16.30	16.35	0.30
开关混联	0.80/0.798	18198.6	7740	0.855	199.1	15.52	15.57	0.30
行星混联	0.80/0.788	18198.6	7975	0.843	194.5	15.30	15.29	0.07

同时，基于三种不同混合动力系统构型在 CCBC 工况下的仿真 SOC 变化，如图 4-6 所示，可以看出针对三种构型在终端 SOC 约束的条件下，仿真结束 SOC 终值均能较好地控制在初始值 0.8 附近，说明文中采用的带终端 SOC 约束的 DP 优化算法合理，且具备较好的鲁棒性。

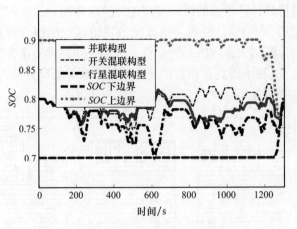

图 4-6　电池 *SOC* 变化仿真结果

4.4　各因素节油贡献率讨论

在理论油耗模型验证的基础上，进一步通过仿真验证上述各油耗影响因素理论分析的合理性，并根据上述理论分析结果定量计算不同油耗影响因素可实现的节油贡献率。

4.4.1　再生制动能量回收节油贡献率

针对三种不同混合动力构型分别计算不同再生制动能量回收情况下的节油贡献率，仿真结果与理论计算结果对比，如图 4-7 所示。

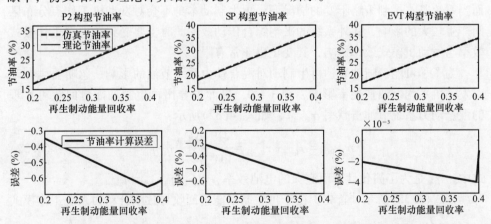

图 4-7　再生制动能量回收节油贡献率理论计算结果与仿真结果对比

首先，通过仿真计算得到的结果与理论计算结果吻合，三种不同混合动力系统构型计算误差均小于1%，说明文中提出的理论油耗模型合理性；第二，针对上述节油贡献率计算结果进行归一化分析，分别统计各构型在再生制动能量回收率为1%情况下，三种不同混合动力系统构型的节油贡献率分量，即 σ_{fe_η}、σ_{fe_co}、σ_{fe_rgb}、σ_{fe_be}，如图4-8所示。

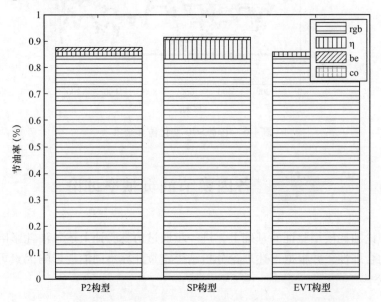

图4-8 不同混合动力系统构型再生制动能量回收节油贡献率分量

基于混合动力系统宏观能量角度，再生制动能量回收使系统获取了"免费"的电能，从而可以提升系统纯电动工作的时间比例，减少发动机开机工作时间，而当系统基本控制策略不变的情况下，再生制动本身不会对发动机工作点分布区间产生较大的影响，此外系统的平均综合传动效率此时主要受到纯电动工作模式效率与发动机模式效率影响，其变化也非常有限。

为了尽可能清晰地表达再生制动对混合动力系统节油的影响，忽略再生制动对发动机平均燃油消耗率影响，令 $\gamma \approx 0$，进而推导出再生制动能量回收可实现的混合动力系统节油贡献率 σ_{fe_RGB}，如式（4.32）所示：

$$\sigma_{fe\_RGB} = \sigma_{fe\_\eta} + \sigma_{fe\_rgb} = \frac{\tau}{1+\tau} + \frac{\Delta E_{rgb}}{E_{wh}}\eta_{tr}\eta_{bat} \tag{4.32}$$

式中，η_{bat} 是为了简化计算而定义的电池效率，$\eta_{bat} = \eta_{bat\_chrg} = \eta_{bat\_dischrg}$。

如式（4.32）所示，首先，由于再生制动能量回收导致混合动力系统工作模式时间比例分布发生变化，进而导致平均综合传动效率发生变化，即 $\frac{\tau}{1+\tau}$；第二，再生制动回收能量变化带来节油，即 $\dfrac{\Delta E_{rgb}}{E_{wh}}\eta_{tr}\eta_{bat}$，与系统平均综合传动效率以及制动能量回收变化量成正比。

经过简化后，再生制动能量回收理论计算节油贡献率与实际仿真节油贡献率的对比，如图 4-9 所示，二者之间误差仍然保持在 3% 以内，说明上述简化是合理和准确的。

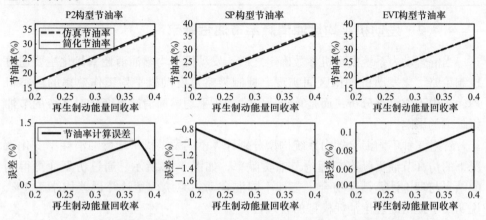

图 4-9 再生制动能量回收节油贡献率理论简化计算结果与仿真结果对比

同时，经过简化后的再生制动能量回收节油贡献率主要分为两部分，如图 4-10 和表 4-4 所示。可见，对应相同的再生制动能量变化量，各构型可实现的节油贡献率基本一致；但是，再生制动对不同系统的平均综合传动效率影响存在较大的差异：开关混联构型与 EVT 构型在工作过程中均存在二次能量转换，再生制动能量回收对其效率的影响更明显，因此二者平均综合传动效率变化均高于 P2

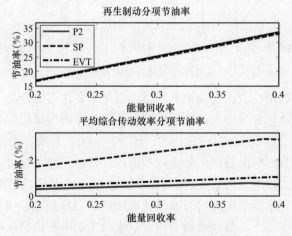

图 4-10 各因素分项节油贡献率变化

构型。此外，三种混合动力系统构型的电动机的效率特性存在一定的差别，也是导致三者之间效率变化不尽相同的原因之一。

表 4-4　再生制动能量回收节油贡献率主要分量

项　目	P2	SP	EVT
$\sigma_{\mathrm{fe},\eta}(\%)$	0.018	0.075	0.015
$\sigma_{\mathrm{fe,rgb}}(\%)$	0.840	0.828	0.839

4.4.2　发动机平均燃油消耗率节油贡献率

当混合动力系统发动机参数确定之后，发动机平均燃油消耗率优化主要通过控制策略优化发动机工作区间实现。控制策略对发动机平均工作效率的调整机理，文中不作重点分析，而是重点研究发动机平均燃油消耗率变化对系统的节油贡献率的影响。

针对三种不同混合动力系统构型分别计算不同发动机平均燃油消耗率变化情况下的仿真节油贡献率与理论节油贡献率，如图 4-11 所示。通过仿真计算得到的结果与理论计算结果吻合，三种不同混合动力系统构型计算误差均小于 1%，说明文中提出的理论油耗模型的合理性。

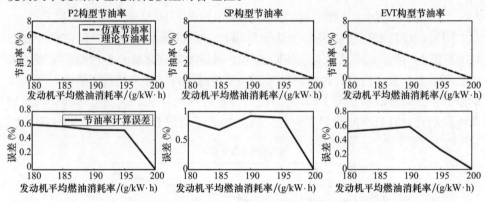

图 4-11　发动机平均燃油消耗率节油贡献率理论计算结果与仿真结果对比

为了尽可能清晰地表达发动机平均燃油消耗率变化对混合动力系统节油贡献率的影响，忽略计算过程中变化不敏感因素，首先考虑发动机平均燃油消耗率变化不会对再生制动产生影响，$\Delta E_{\mathrm{rgb}}=0$，即 $\sigma_{\mathrm{fe\_rgb}}=0$；其次，发动机自身平均燃油消耗率变化不会影响混合动力系统构型的传动特性，即不会对系统平均燃油消耗率变化产生较大影响，假设 $\tau \approx 0$；则在其他影响因素保持不变的情况下，发动机平均燃油消耗率降低实现的节油贡献率如式（4.33）所示。可见，发动机平均燃油消耗率变化可实现的节油量和节油贡献率与发动机平均燃油消耗率变化梯度成正比。

$$\sigma_{\text{fe\_ICE}} = -\gamma + \gamma\left(\frac{E_{\text{rgb\_inc}}}{E_{\text{wh}}}\eta_{\text{tr}}\eta_{\text{bat}}\right) \tag{4.33}$$

经过简化后，基于发动机平均燃油消耗率变化实现的节油贡献率理论计算结果与仿真结果对比，如图 4-12 所示。除去少数计算误差较大的点之外，二者的误差仍然保持在 5% 以内。因此，式（4.33）所示的保留了发动机平均燃油消耗率可实现的节油贡献率这一主要因素，上述简化模型是合理的。

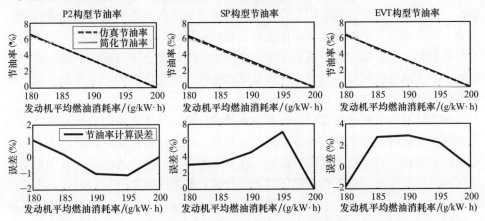

图 4-12　发动机平均燃油消耗率节油贡献率简化计算结果与仿真结果对比

进一步，根据式（4.33）分解上述各构型在发动机平均燃油消耗率变化情况下实现的节油贡献率的分项，如图 4-13 所示，包括发动机平均燃油消耗率变化带来的直接影响以及受到再生制动引起的耦合因素。一方面，各构型通过发动机平均燃油消耗率降低可实现的节油贡献率保持一致；另一方面，受到再生制动能量回收影响，各构型的再生制动耦合项节油贡献率存在一定差别：在循环工况确定的情况下，混合动力系统车轮处的能量需求是一致的，而当车辆通过再生制动回

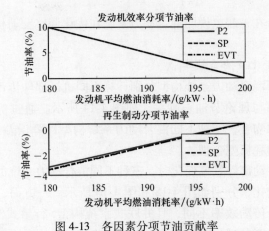

图 4-13　各因素分项节油贡献率

收了免费的能量，进而可以减少发动机的能量需求，不考虑其他影响因素的情况下，发动机的效率越高，能量折算得到的油耗越少，那么可以获得的节油贡献率越少，因此再生制动耦合分项产生了负的节油效果。

4.4.3 平均综合传动效率节油贡献率

为了实现定量分析混合动力系统理论油耗，本文提出了平均综合传动效率的概念。实际上，所提出的平均综合传动效率是表征混合动力系统构型综合性能的变量，混合动力系统机械传动部件效率、驱动电机效率变化等均将对系统平均综合传动效率产生影响。为了说明平均综合传动效率对混合动力系统节油贡献率的影响，本文通过机械部件效率变化以及驱动电机效率变化为例，对效率变化产生的节油贡献率进行定量分析。

前文针对再生制动能量回收的节油贡献率已经进行了定量的分析，本节重点考虑效率变化对系统平均综合传动效率以及对系统节油贡献率的影响，为了简化分析，去除再生制动功能的耦合影响，在不考虑再生制动的情况下，利用平均综合传动效率实现发动机工作点优化时各部分因素节能的解耦分析。因此，本文针对平均综合传动效率进行节油贡献率分析时，仿真与理论计算过程中均关闭系统再生制动功能，此时，混合动力系统节油贡献率可表示为：

$$\sigma_{\text{fe\_rgb}} = -\gamma + \frac{\tau}{1+\tau} + \frac{\tau\gamma}{1+\tau} = \frac{\tau}{1+\tau} - \frac{\gamma}{1+\tau} \tag{4.34}$$

根据式（4.34），混合动力系统不进行再生制动的情况下节油贡献率可分为两部分：一是系统平均综合传动效率变化实现节油，即 $\frac{\tau}{1+\tau}$；另一部分则是发动机工作区间优化实现节油，即 $-\frac{\gamma}{1+\tau}$；此时发动机效率变化与系统平均综合传动效率变化的影响耦合在一起，说明混合动力系统在优化调整发动机工作区间时会产生额外的影响。

1. 机械效率变化节油贡献率

针对三种不同混合动力系统构型分别计算不同机械部件传动效率变化情况下的仿真节油贡献率与理论节油贡献率，如图4-14所示。通过仿真计算得到的结果与理论计算结果吻合，三种不同混合动力系统构型计算误差均小于1%，说明文中提出的理论油耗模型合理。

当系统机械传动部件效率变化时，三种不同混合动力系统的平均综合传动效率变化及其梯度变化，分别如图4-15和图4-16所示。一方面，三种不同混合动力系统的平均综合传动效率不同，且并联式系统构型>行星式混联构型>开关混联构型。从宏观角度分析，在没有再生制动回收能量的情况下，三种混合动力系统构型均需要通过电机发电维持电池 *SOC* 平衡，此时开关混联构型在串联模式下由于能量二次转换存在较多的能量损失，平均综合传动效率最差；行星式混联构型中也存在电路径的功率分流损耗，平均综合传动效率居中；而并联式构型发动机直接驱动，平均综合传动效率最高。另一方面，随着机械传动部件效率变化，三种不同混合动力系统的平均综合传动效率变化梯度基本保持线性变化。其中，由于开关混联构型中存在较多的二次能量转换引起的损失，效率变动对其平均综合传动效率影响最大，其变化梯度最大。

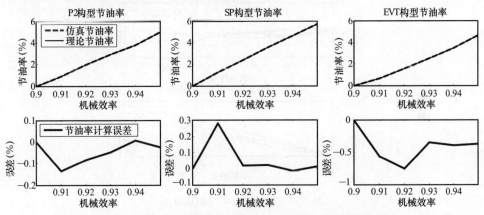

图 4-14　机械效率节油贡献率理论计算结果与仿真结果对比

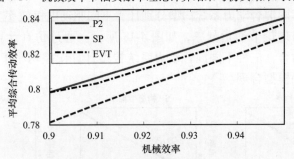

图 4-15　平均综合传动效率变化

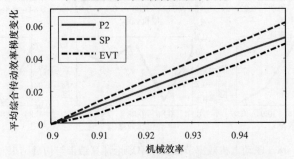

图 4-16　平均综合传动效率梯度变化

　　根据式(4.34)，当系统平均综合传动效率变化的情况下，节油贡献率包括两部分，如图4-17所示。其中，受到系统平均综合传动效率影响的分项节油贡献率基本呈线性变化，其变化与平均综合传动效率变化梯度保持一致；由于本文采用DP全局优化算法进行仿真计算，在不同的机械部件传动效率下均处于较优化的区间，效率变化不大，受到发动机平均燃油消耗率变化与平均综合传动效率变化的另一部分耦合项节油贡献率均接近0。

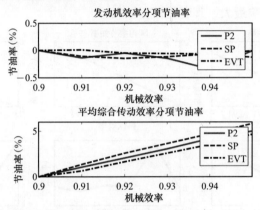

图4-17　各因素分项节油贡献率

2. 电机效率变化节油贡献率

　　针对三种不同混合动力系统构型分别计算不同驱动电机效率变化情况下的仿真节油贡献率与理论节油贡献率，如图4-18所示。通过仿真计算得到的结果与理论计算结果吻合，三种不同混合动力系统构型计算误差均小于1%，说明文中提出的理论油耗模型合理。

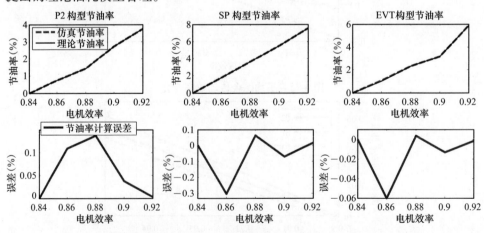

图4-18　驱动电机效率节油贡献率理论计算结果与仿真结果对比

　　当驱动电机效率发生变化时，三种不同混合动力系统的平均综合传动效率变化及其梯度变化，分别如图 4-19 和图 4-20 所示。其中开关混联构型和行星式混联构型平均综合传动效率均随着电机效率的提升而单调递增，并联式构型则在平均效率为 0.88 处出现了明显下降，随后逐渐递增。这是因为，两种混联式构型发动机均与路载解耦容易控制，当电机效率提升时，发动机平均燃油消耗率变化均较小；而对于并联式构型来说，在 DP 全局最优算法作用下，系统更多地倾向于使用电机调整发动机工作区间提高发动机工作效率，导致了并联构型的平均综合传动效率在一定范围内出现下降。

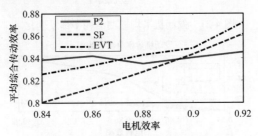

图 4-19 平均综合传动效率变化

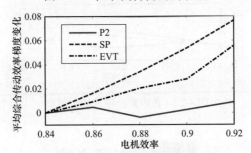

图 4-20 平均综合传动效率梯度变化

　　根据式(4.34)所示，电机效率变化所带来的节油贡献率可以分为两部分，如图 4-22 所示。可以看出，对于 P2 混合动力系统构型，电机效率变化的情况下，控制策略主要通过调整发动机工作区间实现节油；而对于开关混联构型以及 EVT 行星式混合动力系统构型，由于自身发动机工作点已经通过控制策略调整分布于最优区间，电机效率变化时发动机效率提升不大，而是主要通过提升系统综合传动效率实现节油。同时根据图 4-22，开关混联构型以及 EVT 行星式混合动力系统构型的节油贡献率变化与驱动电机效率变化基本保持一致；而对于 P2 混合动力系统构型来讲，此时电机效率变化与系统平均综合传动效率变化呈现非线性变化特征，这是因为此时并联系统主要通过电机优化发动机工作区间实现节油，如图 4-21 所示。导致发动机平均燃油消耗率变化与系统平均综合传动效率变化耦合，发动机效率提升实现的节油贡献率会明显削弱系统平均综合传动效率变化的影响，导致了上述非线性变化特征的出现。

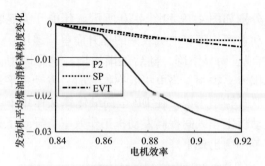

图 4-21　发动机平均燃油消耗率梯度变化

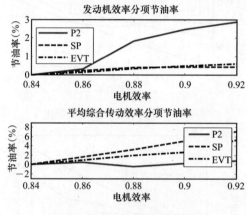

图 4-22　各因素分项节油贡献率

4.5　本章小结

　　本章根据混合动力系统内部能量流提出平均综合传动效率概念，并建立了基于能量计算的理论油耗计算模型；结合混合动力系统的节能途径，考虑再生制动、发动机平均燃油消耗率以及平均综合传动效率变化因素，最终形成混合动力系统理论综合油耗增量计算模型。该模型既能从宏观能量角度计算混合动力系统油耗，也可以从细节定量表征不同因素变化时对系统油耗的影响。

　　基于某商用车(公交客车)平台，分别以并联构型、开关混联构型以及行星混联构型三种典型混合动力系统作为实例进行分析验证。分析结果表明，本文所提出的混合动力系统理论油耗计算方法以及节油影响因素分析方法是准确和合理的，为混合动力系统开发前期方案论证提供了理论基础，也为混合动力系统节能细化分析提供了量化依据，有助于为标定人员在实车参数标定优化指明方向，为进一步提升整车燃油经济性做出贡献。

第 5 章

商用车行星式混合动力系统能量管理优化策略

由于混合动力汽车具有多个动力源，必须通过能量管理优化策略实现不同模式下各动力源的能量分配。能量管理优化策略是在满足整车动力性以及其他基本性能的条件下，针对不同的行驶工况、部件特性，合理分配发动机和电机的功率，并进行制动能量回收，使系统效率达到最佳、油耗和排放最低，是发挥商用车混合动力系统节能潜力的重要保障。第 4 章对混合动力系统节油因素的分析不仅验证了第 3 章参数匹配方法的合理性，同时为本章能量管理策略的设计提供了理论指导。

本章仍以第 4 章的城市公交客车为对象介绍商用车行星混联系统能量管理控制策略，并根据实例详细介绍各种能量管理策略。主要包括：发动机最优控制策略、瞬时最优控制策略、全局优化控制策略、基于全局最优的自动化规则提取控制策略以及智能优化控制策略。

其中，发动机最优控制策略是目前最常用的控制策略，该策略充分利用了行星混联系统转速、转矩双解耦的特性，将发动机控制在最优工作曲线上，保证发动机拥有最高效率；瞬时最优控制策略是在发动机最优策略的基础上，进一步考虑系统各部件的实际效率与系统的综合传动特性，因此，其优化效果好于发动机最优控制策略；而全局优化控制策略在离线条件下能保证系统效率全工况最优，本章重点介绍基于全局最优思想，利用单维度的全局优化策略实现降维处理，并通过自动化的规则提取方法，保证优化算法能够在线实施，保证近似最优控制效果；智能交通系统和大数据处理能力的不断发展，为能量管理策略的在线优化控制提供了新的思路，是未来能量管理策略的重要发展方向。

发动机最优控制策略

发动机最优控制策略是行星混联系统的典型控制策略之一，该策略将发动机控制在当前功率下燃油消耗率最小的工作点上，充分发挥行星混联系统转速、转矩双解耦的优势，可显著提升发动机的平均工作效率，有效提高整车的燃油经济性。绝大多数情况下，发动机最优工作曲线上的功率随转速的升高而单调增大，确定需求功率后便可唯一确定发动机工作点，本书介绍基于发动机最优工作曲线的功率跟随控制策略。

根据第 4 章混合动力的能耗分析模型可知，回收制动能量是重要的节能途径之一，基于此，将系统的基本工作模式划分为驱动模式和制动模式，驱动模式又包含纯电动行驶模式和电动无级变速(EVT)模式，制动模式又分为机械制动、再生制动和混合制动。

5.1.1　控制策略顶层模块

本节将结合发动机最优控制策略介绍控制策略顶层模块。控制策略的顶层模块分为四个部分，即信号输入、信号处理、主控制模块、信号输出模块，其核心控制思想在主控制模块中实现。行星式混合动力客车的控制策略开发首先要确定主控制模块中的系统架构，如图 5-1 所示。在控制策略中定义了多个整车工作模式，因此首先应该根据输入参数进行状态参数的估计，确定各个主要控制量的状态并计算需求功率，再据此选择整车工作模式，之后便可以在能量管理模块中对各个模式下的动力源功率、转矩进行管理与分配。下面将详细介绍其核心的主控制模块。

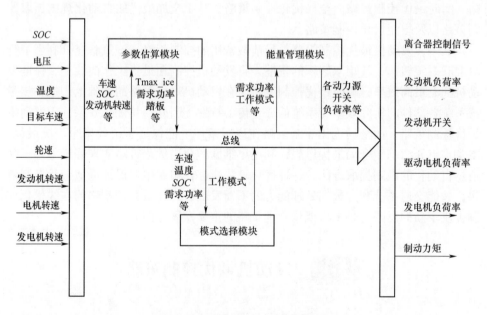

图 5-1　主控制模块中的系统架构

5.1.2 主控制模块

主控制模块包括参数估计、模式选择、能量分配三个子模块。其中，参数估计模块是根据已知的输入信号估计各动力源的未知信号，同时计算获得整车的需求功率、需求转矩等重要参数；模式选择模块首先根据参数估计模块所获得的估计量对各动力源及动力电池的状态进行判断和仲裁，再利用有限状态机（stateflow）对整车工作模式进行选择；能量分配模块是根据各个工作模式的特点，判断各个动力源的使能情况并合理分配其输出转矩和功率。

5.1.2.1 参数估计模块

参数估计模块又包括各动力源的参数估计及需求功率计算两部分。

1. 各动力源参数估计

各动力源的参数估计是根据已知的转速等输入参数，利用查表等手段估计当前动力源的最大输出转矩、最大输出功率等参数，其中发动机的参数估计还包括对当前转速下最优功率的估计，同时需要利用行星机构的转速关系及电机 MG1 的最大转速计算当前发动机的最大允许转速，以实现动力源实际输出转速与转矩的约束。

在实际运行环境中，各动力源的输出能力还会受到较多环境因素及自身状态的影响，如发动机的输出转矩还会受到环境温度和冷却液温度的影响，而电机的输出转矩会受到电池 SOC、电压状态、自身温度等因素的影响。在精细化的建模过程中需要将这些因素考虑在内。

2. 需求功率计算

需求功率计算模块中包含驾驶人需求功率计算、充电功率计算、附件功率计算和整车总需求功率计算四部分。驾驶人需求功率计算体现为对加速踏板的解释，是驾驶人为了获得期望的动力性而通过加速踏板所要求的输出功率，其计算过程如图 5-2 所示。

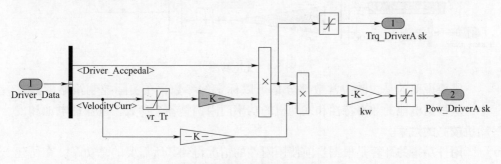

图 5-2　驾驶人需求功率计算

需要说明的是，图 5-2 中的查表模块 vr_Tr 是根据 EVT 的工作特性计算获得的，其曲线关系如图 5-3 所示，该曲线在实际控制系统的开发中需要根据动力源实际工作特性进行标定。

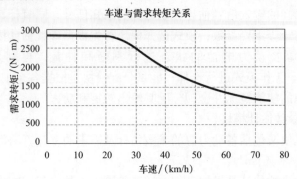

图 5-3   车速与需求转矩关系曲线

充电功率是在发动机输出能力充足的情况下，为了维持动力电池电量平衡而额外发出的功率部分。首先根据动力电池的馈电程度，计算得到一个基准充电功率值，该基准值随充电过程逐渐减小，同时判断当前驾驶人期望功率与充电功率之和是否达到要求的发动机最小输出功率，若达到，则充电功率按计算所得输出，若未达到，则让发动机工作在最小输出功率处以避免发动机频繁起停使油耗升高，此时的充电功率便等于发动机最小输出功率与驾驶人期望功率的差值。其具体计算过程如图 5-4 所示。

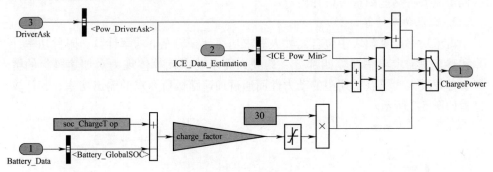

图 5-4   充电功率

需要说明的是，图中常数部分是可以标定的参数，在实际控制策略的开发中，应根据电池的效率特性和发动机的功率门限调整各个参数，以保证电池和发动机较高的效率。

附件功率的计算是根据当前使用附件的情况得到其所需要的总功率。在所建立的整车模型中，用一个最大功率 15kW 的风扇近似代替了所有附件。而实际控制系统开发中，应该根据实际条件，充分考虑空调等附件的需求功率。

总需求功率由驾驶人期望功率、充电功率和附件功率三部分组成。充电功率的加入需要判断当前 *SOC* 是否低于所设置的充电门限值，只有低于该门限值时才进行充电。另外，附件功率是否加入也应视当前是否有附件工作而定，在所建立的整车模型中，当发动机转速大于怠速时，附件便开始工作，因此以发动机转速为判定条件。总需求功率的计算如图 5-5 所示。

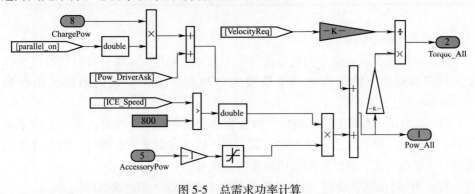

图 5-5 总需求功率计算

5.1.2.2 模式选择模块

模式选择模块是根据输入信号及参数估计结果，判定当前各动力源所处状态，并对各个状态进行综合仲裁，将仲裁结果输入有限状态机（即 stateflow）中进行最终的模式选择，输出当前的工作模式及相应的函数调用命令（function-call）。模式选择模块又根据具体的功能划分为状态估计及仲裁模块和模式选择子模块两个模块。

1. 状态估计及仲裁子模块

状态估计及仲裁模块根据输入参数和参数估计结果对主要控制量的状态进行判定并最终根据多状态仲裁得到模式切换条件。主要的状态估计量见表 5-1。基本状态估计后，综合考虑车辆和各关键部件所处状态，进行状态仲裁，仲裁结果即为车辆工作模式选择、切换的输入条件。具体的模式切换条件将在模式选择子模块中结合状态机进行讲解。

表 5-1 主要状态估计量

名　称		说明
车辆状态	Vehicle_Brk == 1	制动踏板被踩下
	Vehicle_EmerBrk == 1	车辆紧急制动
	Vehicle_Decelerate == 1	车辆处于减速状态
电池 SOC	Battery_SOCL_D == 1	电池 *SOC* 低于最小控制值
	Battery_SOCL_U == 1	电池 *SOC* 高于最小控制值
	Battery_SOCH == 1	电池 *SOC* 高于充电上限值

（续）

名 称		说 明
发动机	PowReq_L==1	需求功率小于纯电动行驶功率上限
	TrqReq_H==1	需求转矩大于发动机当前最大转矩
	PowReq_H==1	需要功率大于发动机当前最大功率

2. 模式选择子模块

模式选择子模块是整个控制系统的核心部分，利用 stateflow 有限状态机进行模式判别和切换，输出当前的工作模式号和相应工作模式的函数调用命令（function-call）。

图 5-6 为该状态机的顶层模块，包含驱动和制动两个子模块，实车工作中还包括停车模式，停车状态下将各动力源关闭，将各控制器下电即可，因此在仿真模型中不予以考虑。两者之间的切换条件定义如下：

B_to_D（制动到驱动）：制动踏板没被踩下并且踩下加速踏板时。

D_to_B（驱动到制动）：制动踏板被踩下时。

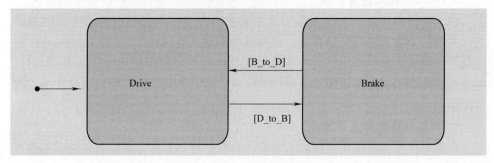

图 5-6　状态机顶层

3. 驱动模块

驱动模块中包含整车的两个基本驱动工作模式，分别为纯电动模式（EV）、电动无级变速模式（EVT）。为发挥混合动力汽车的优势，当整车需求功率较小，即低于发动机最优曲线上的最小功率，并且电池 SOC 高于控制上限时，采用纯电动模式，避免发动机工作在低效区；而当电池 SOC 低于控制下限或者整车需求功率大于纯电动行驶功率上限时，发动机起动，工作在 EVT 模式。切换条件如图 5-7 所示：

EV_to_EVT：电池 SOC 低于控制下限或需求功率大于纯电动行驶功率上限。

EVT_to_EV：电池 SOC 高于控制上限且需求功率小于纯电动行驶功率下限。

4. 制动模块

制动模式分为再生制动（RGB）和机械制动（MB）两个子模式，如图 5-8 制动

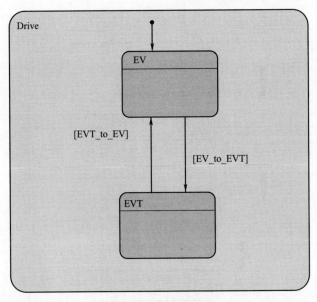

图 5-7　驱动模块

模块所示。两种制动模式的界定为是否有电机制动力矩参与工作，因此，实际上再生制动模式中还包括混合制动，即电机制动力矩一直存在，机械制动力矩按需补偿。为了安全考虑，当车辆处于紧急制动状态时，不允许再生制动；电机转速过低时转矩不稳定且效率很低，不允许再生制动；电池 SOC 高于控制上限时，不允许再生制动。两者的切换条件如下：

MB_to_RGB：车辆不处于紧急制动状态，且满足再生制动的条件。

RGB_to_MB：车辆处于紧急制动情况下，或者不满足再生制动的条件。

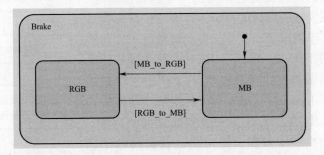

图 5-8　制动模块

5.1.2.3　能量管理模块

如图 5-9 所示，能量管理模块是根据模式选择模块中输出的模式（mode）和相应的函数调用信号（fc_mode_manage），进入当前的工作模式，在各工作模式内进行不同的能量分配，输出各个动力源的使能信号和负荷信号等。

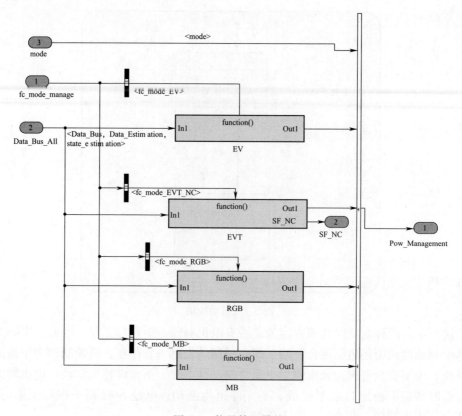

图 5-9　能量管理模块

行星式混联混合动力系统的核心工作模式为 EVT 模式，在该模式内需要合理调整三个动力源的转速、转矩，以实现发动机的最优控制。一般的控制思想是根据当前的整车需求功率，基于发动机最优工作曲线选择发动机的工作点，再利用 MG1 将发动机的转速调整到期望的转速点，同时利用 MG2 调整发动机的转矩输出，利用两个电机的转速、转矩解耦功能将发动机控制在最优工作点。其控制流程如图 5-10 所示。

由于发动机响应较慢，使用响应较快的电动机 MG1 对其调速。图 5-11 为 MG1 的控制模块，首先根据计算得到需求功率查最优工作曲线表获得当前期望的发动机转速，再对其进行限制，主要是发动机转速不能低于要求的最低转速，也不能高于参数估计模块中得到的发动机当前允许最高转速。之后将处理得到的发动机需求转速与实际转速做差，以该差值为 PID

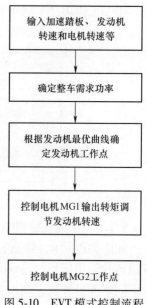

图 5-10　EVT 模式控制流程

调节的输入量，输出量为当前电机 MG1 的期望转矩，再利用 MG1 的期望转矩除以当前转速下的最大转矩即为 MG1 的负荷率。

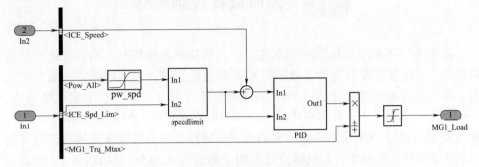

图 5-11　EVT 模式中 MG1 的负荷控制

发动机和电机 MG2 的负荷控制分别如图 5-12 和图 5-13 所示。利用 MG1 调速后，用发动机最优工作曲线上的转矩除以外特性的转矩即为发动机当前负荷率。驾驶人期望转矩减去发动机通过机械路径输出的转矩，再乘以后行星排的速比，即为当前 MG2 的需求转矩，用它除以 MG2 外特性上的转矩即为 MG2 当前的负荷率。

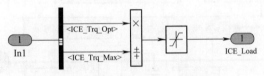

图 5-12　发动机 MG2 负荷控制

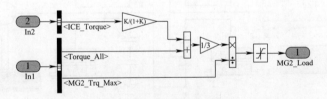

图 5-13　电机 MG2 负荷控制

当驾驶人期望功率等于发动机输出功率时，在不考虑效率的情况下，电机 MG2 的输出功率应该恰好等于电动机 MG1 产生的电功率，从而使得整车需求能量全部来自发动机；当总需求功率中加入充电功率时，发动机输出功率大于驾驶人期望功率，MG1 产生的电功率大于 MG2 消耗的电功率，多出的功率向动力电池充电；当发动机输出能力不足以满足整车需求功率时，电机 MG2 会自动补足。当然，在实际控制系统中，这还涉及是否允许动力电池放电或充电，以及对电机电流方向的控制。

瞬时最优控制策略

如图 5-14 所示，系统在不同车速下，内部功率流动情况不同，在此按照电机的工作情况将系统的电动无级变速模式分为低速模式和高速模式。低速模式时，发动机输出功率部分通过 PG1 太阳轮传递给 MG1，MG1 处于发电机状态，MG2 处于电动机状态；高速模式时，MG2 吸收机械路径上的部分功率用于发电，MG1 电动并通过 PG1 太阳轮将功率输出到机械路径上。低速模式和高速模式的分界点为系统的机械点，在机械点处，MG1 转速为 0，电路径功率为 0，发动机输出功率全部通过机械路径传递到输出轴上。除机械点外，系统无论工作在哪种模式下，发动机输出功率都需要通过机械路径和电路径传递到输出轴上。其中，机械路径所传递的功率仅受到行星齿轮机械效率的影响，而电路径所传递功率将经历机械功率-电功率-机械功率的能量二次转化，其效率势必较低。

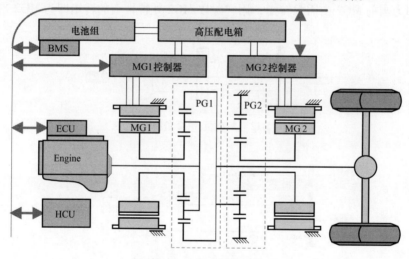

图 5-14　动力系统构型

若系统采用发动机最优控制策略，那么系统仅获得了最优化的发动机热效率，却忽略了传动路径的效率，因此，当电路径功率较大时，系统将在传动部分造成较大的能量损失，而导致系统综合效率严重下降。可见，瞬时最优控制策略需要兼顾发动机的热效率和传动部分的效率。

5.2.1　系统效率特性分析

为了便于研究，本节将行星式混合动力系统分为发动机和传动系统两部分，传动系统是指从发动机输出端到主减速器输入端的电机、行星齿轮机构的总体。其中，发动机的工作效率通常根据其燃油消耗率定义，如式（5.1）所示：

$$\eta_e = \frac{3600 \times 1000}{b_e C} \tag{5.1}$$

式中，C 为柴油热值，本文取值 42500kJ/kg，b_e 为发动机的燃油消耗率，单位为 g/(kW·h)。根据不同转速、转矩下的发动机喷油率 B_e(g/h)，可以得到发动机燃油消耗率，如式（5.2）所示。

$$b_e = \frac{B_e}{T_e \omega_e \dfrac{30}{1000\pi}} \tag{5.2}$$

可见，发动机效率主要受到发动机工作点的影响。发动机最优控制策略能有效发挥行星式混合动力系统转速、转矩双解耦的特性，实现发动机工作效率的最优化控制。然而，发动机最优控制策略忽略了传动系统工作效率对整车能耗的影响。

本文定义行星式混合动力系统的广义传动效率为，传动系统输出功率 P_o 与输入功率之比。电池充电时，传动系统有一个输入和两个输出，即发动机的输入功率用于供给电池充电和驱动车辆，定义此时电池的输出功率为 $P_{bat} > 0$；电池放电时，传动系统具有两个输入和一个输出，即发动机和电池共同输出功率用于驱动车辆，定义此时电池的输出功率为 $P_{bat} < 0$；当电池功率为零时，系统为电功率平衡状态，传动系统为单输入、单输出。根据电池充、放电的不同情况，得到系统的广义传动效率如式（5.3）所示。

$$\eta_{tr} = \begin{cases} \dfrac{P_o + P_{bat}}{P_e}, & P_{bat} > 0 \\[4mm] \dfrac{P_o}{P_e - P_{bat}}, & P_{bat} \leq 0 \end{cases} \tag{5.3}$$

行星式混合动力系统的传动系统随着电机工作状态的不同，被定义为不同的工作区间，常利用杠杆法进行分析。图 5-15 为该系统前行星排的杠杆图，其中横坐标上的三个节点 R1、C1、S1 分别代表前行星排齿圈、行星架和太阳轮。各节点的纵坐标代表其转速，处于横坐标上方时转速为正，反之为负。图中，当电机 MG1 转速为正时，传动系统工作在机械点之前，此时 MG1 处于发电机状态，将部分发动机输出功率转化为电功率；当 MG1 转速为零时，其电功率也为零，传动系统工作在机械点处，此时发动机输出功率全部由机械路径输出；当 MG1 转速为负时，MG1 处于电动机状态，传动系统处于机械点之后，若要维持系统内部电功率平衡，则需要 MG2 处于发电机状态。

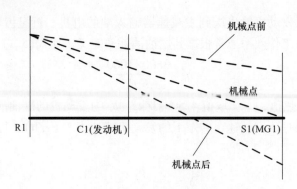

图 5-15　前行星排杠杆图

为了说明机械点对系统传动效率的影响，本节引入分离因子概念，以辅助说明系统的传动效率特性。在忽略各部件工作效率的前提下，可以得到电机 MG1 的电功率与发动机输出功率之间的关系，如式(5.4)所示。

$$P_{\mathrm{g}} = \omega_{\mathrm{g}} T_{\mathrm{g}} = \frac{\left[\omega_{\mathrm{e}}(1+k_1) - \omega_{\mathrm{r1}} k_1\right] T_{\mathrm{e}}}{1+k_1}$$

$$= P_{\mathrm{e}} - (T_{\mathrm{e}} \omega_{\mathrm{e}}) \frac{\omega_{\mathrm{r1}}}{\omega_{\mathrm{e}}} \frac{k_1}{1+k_1} = P_{\mathrm{e}}(1-\delta) \tag{5.4}$$

式中，δ 被定义为系统的分离因子，如式(5.5)所示。可见，δ 即为机械功率占发动机输出功率的比例，$1-\delta$ 则表示系统内电功率占发动机输出功率的比例。从分离因子的性质可知，当 $\delta = 1$ 时，发动机输出功率全部经由机械路径输出，此时即为系统的机械点；而 $\delta < 1$ 代表机械点前的工作状态，MG1 处于发电状态，MG2 处于电动状态；$\delta > 1$ 代表机械点后的工作状态，电动机 MG1 电动，MG2 发电。

$$\delta = \frac{\omega_{\mathrm{r1}}}{\omega_{\mathrm{e}}} \frac{k_1}{1+k_1} \tag{5.5}$$

由于系统中各部件都具有非线性的效率特性，很难保证电池功率为零，另外，在电池 SOC 较低或者驾驶人需求功率较大时，电池也需要进行充电或者放电。因此，行星式混合动力系统的传动效率特性分析，需要对机械点前、后以及电池充、放电的情况进行分别考虑。得到不同状态下系统内部的功率流动情况，如图 5-16 所示。

定义电机 MG1 和 MG2 的工作效率为 η_{g} 和 η_{m}，前、后行星排的机械效率为 η_{r1} 和 η_{r2}，下面分别分析各种情况下的系统功率流。

图 5-16a 中的 1、2、3 分别对应电池放电时的三种功率流动情况。情况 1，系统工作在机械点之前，即 $\delta \leqslant 1$，MG1 的发电功率和电池的放电功率全部传输给 MG2，MG2 电动。情况 2，系统工作在机械点之后，且 MG1 的需求功率小于电池的放电功率，即 $\delta > 1$，且 $\dfrac{P_{\mathrm{e}}(\delta-1)}{\eta_{\mathrm{r1}} \eta_{\mathrm{g}}} < |P_{\mathrm{bat}}|$，此时电池输出功率一部分传输给

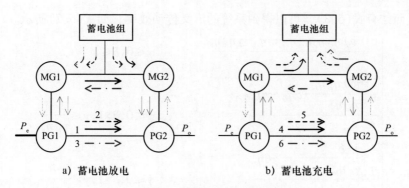

a) 蓄电池放电　　　　　　　　　　b) 蓄电池充电

图 5-16　系统功率分流情况

MG1，另一部分输出给 MG2，MG1 和 MG2 都处于电动状态。情况 3，系统工作在机械点之后，且 MG1 的需求功率大于电池放电功率，即 $\delta>1$，且 $\dfrac{P_{\mathrm{e}}(\delta-1)}{\eta_{\mathrm{r1}}\eta_{\mathrm{g}}}>|P_{\mathrm{bat}}|$，此时，MG2 发电，其发电功率和电池功率全部传输给 MG1。

　　类似的，图 5-16b 中的 4、5、6 分别对应电池充电时的三种功率流动情况。情况 4，系统工作在机械点前，且 MG1 发电功率大于蓄电池的充电功率，即 $\delta\leqslant 1$，且 $P_{\mathrm{e}}(1-\delta)\eta_{\mathrm{r1}}\eta_{\mathrm{g}}>P_{\mathrm{bat}}$，此时，MG1 输出的电功率分配给蓄电池和 MG2，MG2 电动。情况 5，系统工作在机械点前，且 MG1 的发电功率小于蓄电池的充电功率，即 $\delta<1$，且 $P_{\mathrm{e}}(1-\delta)\eta_{\mathrm{r1}}\eta_{\mathrm{g}}\leqslant P_{\mathrm{bat}}$，此时，MG1 输出的电功率全部传递给蓄电池，MG2 发电并用于蓄电池充电。情况 6，系统工作在机械点之后，MG1 电动，MG2 的发电功率分配给蓄电池和 MG1。基于以上分析，可以得到不同情况下的系统输出功率，如式(5.6)所示。

$$P_{\mathrm{o}}=\begin{cases}[P_{\mathrm{e}}\eta_{\mathrm{r1}}(1-\delta)\eta_{\mathrm{g}}-P_{\mathrm{bat}}]\eta_{\mathrm{m}}\eta_{\mathrm{r2}}+P_{\mathrm{e}}\eta_{\mathrm{r1}}\delta, & \delta\leqslant 1,P_{\mathrm{bat}}>0 \\[2mm] \left[\dfrac{P_{\mathrm{e}}(1-\delta)}{\eta_{\mathrm{r1}}\eta_{\mathrm{g}}}-P_{\mathrm{bat}}\right]\eta_{\mathrm{m}}\eta_{\mathrm{r2}}+P_{\mathrm{e}}\delta\eta_{\mathrm{r1}}, & \delta>1,\dfrac{P_{\mathrm{e}}(\delta-1)}{\eta_{\mathrm{r1}}\eta_{\mathrm{g}}}\leqslant -P_{\mathrm{bat}} \\[4mm] \dfrac{\dfrac{P_{\mathrm{e}}(1-\delta)}{\eta_{\mathrm{r1}}\eta_{\mathrm{g}}}-P_{\mathrm{bat}}}{\eta_{\mathrm{r2}}\eta_{\mathrm{m}}}+P_{\mathrm{e}}\delta\eta_{\mathrm{r1}}, & \delta>1,\dfrac{P_{\mathrm{e}}(\delta-1)}{\eta_{\mathrm{r1}}\eta_{\mathrm{g}}}>-P_{\mathrm{bat}} \\[4mm] [P_{\mathrm{e}}\eta_{\mathrm{r1}}(1-\delta)\eta_{\mathrm{g}}-P_{\mathrm{bat}}]\eta_{\mathrm{m}}\eta_{\mathrm{r2}}+P_{\mathrm{e}}\eta_{\mathrm{r1}}\delta, & \delta\leqslant 1,P_{\mathrm{e}}(1-\delta)\eta_{\mathrm{r1}}\eta_{\mathrm{g}}>P_{\mathrm{bat}} \\[2mm] \dfrac{P_{\mathrm{e}}\eta_{\mathrm{r1}}(1-\delta)\eta_{\mathrm{g}}-P_{\mathrm{bat}}}{\eta_{\mathrm{m}}\eta_{\mathrm{r2}}}+P_{\mathrm{e}}\delta\eta_{\mathrm{r1}}, & \delta\leqslant 1,P_{\mathrm{e}}(1-\delta)\eta_{\mathrm{r1}}\eta_{\mathrm{g}}\leqslant P_{\mathrm{bat}} \\[4mm] \dfrac{\dfrac{P_{\mathrm{e}}(1-\delta)}{\eta_{\mathrm{r1}}\eta_{\mathrm{g}}}-P_{\mathrm{bat}}}{\eta_{\mathrm{r2}}\eta_{\mathrm{m}}}+P_{\mathrm{e}}\delta\eta_{\mathrm{r1}}, & \delta>1,P_{\mathrm{bat}}<0\end{cases}\tag{5.6}$$

进而结合式(5.3)，可以得到系统的广义传动效率，如式(5.7)所示。

$$\eta_{tr}=\begin{cases}\dfrac{(1-\delta)\eta_{r1}\eta_g\eta_m\eta_{r2}+\delta\eta_{r1}-\gamma\eta_m\eta_{r2}}{1-\gamma}, & \gamma\leqslant0,\delta\leqslant1\\[4mm]\dfrac{\dfrac{(1-\delta)\eta_m\eta_{r2}}{\eta_{r1}\eta_g}+\delta\eta_{r1}-\gamma\eta_m\eta_{r2}}{1-\gamma}, & \gamma\leqslant0,\delta>1,\gamma\leqslant\dfrac{1-\delta}{\eta_{r1}\eta_g}\\[4mm]\dfrac{\dfrac{1-\delta}{\eta_{r1}\eta_{r2}\eta_m\eta_g}-\dfrac{\gamma}{\eta_{r2}\eta_m}+\delta\eta_{r1}}{1-\gamma}, & \gamma\leqslant0,\delta>1,\gamma>\dfrac{1-\delta}{\eta_{r1}\eta_g}\\[4mm](1-\delta)\eta_{r1}\eta_g\eta_m\eta_{r2}+\delta\eta_{r1}+\gamma(1-\eta_m\eta_{r2}), & \gamma>0,\delta\leqslant1,\gamma<(1-\delta)\eta_{r1}\eta_g\\[4mm]\dfrac{(1-\delta)\eta_{r1}\eta_g}{\eta_m\eta_{r2}}+\delta\eta_{r1}+\gamma\left[1-\dfrac{1}{\eta_m\eta_{r2}}\right], & \gamma>0,\delta\leqslant1,\gamma\geqslant(1-\delta)\eta_{r1}\eta_g\\[4mm]\dfrac{1-\delta}{\eta_{r1}\eta_{r2}\eta_m\eta_g}+\delta\eta_{r1}+\gamma\left[1-\dfrac{1}{\eta_m\eta_{r2}}\right], & \gamma>0,\delta>1\end{cases} \quad(5.7)$$

式中，$\gamma=\dfrac{P_{bat}}{P_e}$，为蓄电池功率相对于发动机功率的比例。本章得到的系统传动效率增加了蓄电池充放电功率及机械传动效率这两个因素。结合上式可知，系统传动效率除受到两电机工作效率和机械传动效率的影响外，还是关于分离因子 δ 和蓄电池功率比例 γ 的函数。为了说明分离因子和蓄电池功率比例对系统传动效率的影响，首先假设两电机效率和机械效率为定值，$\eta_g=\eta_m=0.9$，$\eta_{r1}=\eta_{r2}=0.98$，得到不同电池功率比例下的系统传动效率变化情况，如图5-17所示。

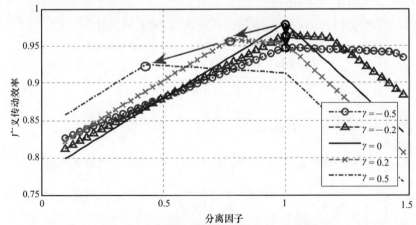

图5-17　不同蓄电池功率下的系统传动效率

从图5-17中可见，在电池功率为零的情况下，当系统工作在机械点时，即 $\delta=1$ 时，传动效率达到峰值，而当系统工作点远离机械点时，传动效率将下降，尤其是在机械点后，传动效率将快速下降。在电池放电的情况下，随着放电功率的增大，峰值效率向着小分离因子方向移动，并且，蓄电池功率越大，传动效率的峰值越小，如图 5-17 中左下方向箭头所示。蓄电池充电的情况下，传动效率的峰值点仍处于机械点处，但随着蓄电池充电功率的增大，传动效率峰值逐渐减小，如图 5-17 中向下的箭头所示。

根据上述分析可知，由于系统的功率分流特性，在不同电池充、放电功率下，系统传动效率都将受到分离因子的显著影响。工程中常用的发动机最优控制策略忽视了系统传动效率对油耗的影响，必然难以充分发挥系统的节能潜力。

根据上述传动效率的定义可知，在确定系统输出功率和电池功率的前提下，传动效率将决定发动机输出功率，即 $P_e = f_{pe}(P_o, P_{bat}, \eta_{tr})$，且最优的传动效率对应确定状态下的最小发动机输出功率，而发动机效率与系统燃油消耗率呈反比，即最优的发动机效率对应最小的发动机燃油消耗率。结合式(5.2)可知，发动机喷油率为发动机功率与燃油消耗率的乘积，那么，最优的系统综合效率即对应最小的发动机喷油率，由此可得瞬时最优控制的目标函数，如式(5.8)所示。由于传动效率又是关于分离因子的函数，因此，发动机喷油率最终可以表示为车速、系统输出功率、电池功率和分离因子的关系式。

$$B_e = f_B(v, P_o, P_{bat}, \eta_{tr}) = f_B(v, P_o, P_{bat}, \delta) \tag{5.8}$$

从上式可知，针对确定的行驶工况点，系统输出功率 P_o 和车速 v 确定，那么行星式混合动力系统的优化能量管理问题中，控制变量包含电池功率 P_{bat} 和分离因子 δ 两个维度，再考虑优化问题中的系统状态变量，计算维度进一步增加，将导致优化算法的运算量十分庞大。基于此，本文将这两个控制维度拆分为两个控制层级。首先在确定的系统输出功率、车速和蓄电池功率下，以分离因子 δ 为控制变量，以系统综合效率最优为控制目标开展瞬时最优控制。由于分离因子将直接决定发动机工作点，所提出的瞬时最优控制问题即是在确定的电池功率下，确定最优系统综合效率对应的发动机工作点。第二，在瞬时最优控制的基础上，以电池功率为控制变量，以整车燃油消耗量最小为控制目标开展全局优化控制，该问题即为确定工况下的发动机功率和蓄电池功率优化分配问题。下面将分别针对本文所提出的瞬时最优控制策略和全局优化策略进行论述。

5.2.2　瞬时最优工作点求解

本文所设计的瞬时最优控制策略是在确定的系统状态和给定的目标电池功率下实现系统综合效率最优，结合式(5.8)，优化目标函数可以表示为

$$J_{ins} = \min[B_e] \tag{5.9}$$

式中，$x = [v, P_o, P_{bat}]$，为系统状态；$u = \delta$，为控制变量。可见，瞬时最优策略的优化计算结果为不同车速、系统输出功率和电池功率下的最优分离因子。若要在

控制策略中应用最优分离因子，将涉及三维查表，不利于实际应用。同时，基于瞬时最优策略开展全局优化计算时，三维查表会增加优化过程中的数据传输量，影响算法整体运算速率。结合式(5.6)可知，系统输出功率 P_o 与电池功率 P_{bat} 之间仅有一个非线性因素，即为电机 MG2 的工作效率。基于此，定义系统等效输出功率 P'_o，如式(5.10)所示。

$$P'_o = \begin{cases} P_o + P_{bat}\eta_m\eta_{r2}, & T_m > 0 \\ P_o + \dfrac{P_{bat}}{\eta_{r2}\eta_m}, & T_m \leq 0 \end{cases} \tag{5.10}$$

基于式(5.10)，最优分离因子即可表征为系统等效输出功率与车速的二维关系，能有效简化最优分离因子的求解形式。式中，电机 MG2 效率根据实车历史运行数据采用其平均工作效率。考虑系统的非线性特性，本文采用遗传算法来求解系统在不同状态下的瞬时最优控制变量。定义发动机瞬时喷油率 B_e 为遗传算法的适应度，如式(5.11)所示。

$$fitness = f_f(u, X_i)$$
$$s.t.$$
$$u = [\omega_e, T_e]$$
$$X_i = [P'_o, v] \tag{5.11}$$

在确定车速下，系统输出功率和输出转矩直接对应，考虑到需求转矩在实车控制中更为常用，计算得到不同系统输出转矩和车速下的系统瞬时最优分离因子，如图 5-18 所示。可见，由于公交客车行驶车速较低，绝大多数情况下系统的最优分离因子都被控制在 1 以下，仅少量高速、低负荷(输出转矩小于 400N·m)的情况下，分离因子超过 1，然而实车仅空载情况下的滚动阻力已经超过 700N·m，因此，这种情况几乎不可能在实际运行中出现。但是考虑到这里的

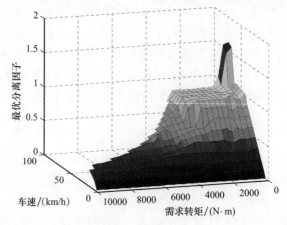

图 5-18　最优分离因子

需求转矩与系统等效输出功率对应，若蓄电池放电功率较大（放电时 $P_{bat}<0$），等效输出功率接近 0 的情况也可能发生，因此，仍保留了该部分计算结果。

对比发动机最优控制策略下的分离因子和系统瞬时最优分离因子，如图 5-19 所示。发动机最优策略对应的最大分离因子达到 1.84，根据分离因子的物理意义可知，此时将有超过 80% 的发动机输出功率被电机 MG2 吸收并用于发电，受到循环功率的影响，系统效率将严重下降。在相同系统需求下，瞬时最优策略下的最大分离因子约 1.62，可见，瞬时最优策略能有效降低系统内的循环功率，从而提升传动效率。图 5-19 中车速 20km/h，需求转矩 1900N·m 的工作点处，瞬时最优分离因子（0.52）明显大于发动机最优分离因子（0.46）。此时系统工作在机械点前，瞬时最优策略下更大的分离因子有利于提升传动系统效率。两策略下的其他工作点也有类似的变化趋势，不再一一赘述。

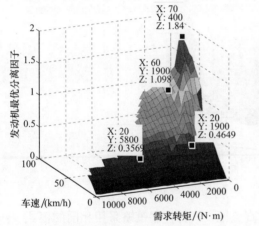
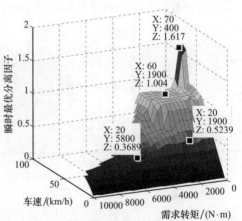

a）发动机最优分离因子　　　　　　　　　b）系统瞬时最优分离因子

图 5-19　分离因子对比

在计算最优分离因子的过程中，能够同时得到最优分离因子对应的发动机转速、转矩，如图 5-20 和图 5-21 所示，直接基于系统等效输出转矩和车速插值得到发动机转速、转矩，在控制策略和全局优化中，都更便于瞬时最优策略的应用。

5.2.3　瞬时最优策略验证及分析

为验证瞬时最优控制策略的控制效果，本节分别建立了基于 5.1 节介绍的发动机最优控制策略 HR-EOC（Heuristic Rule-based Engine Optimal Control）和瞬时最优控制策略 HR-IOC（Heuristic Rule-based Instantaneous Optimal Control），在中国典型城市工况 CCBC（也常被称作中国城市客车工况，Chinese City Bus Cycle）和第 2

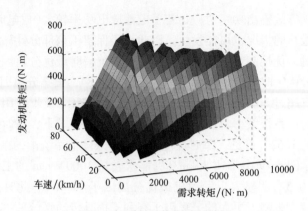

图 5-20　瞬时最优发动机转矩

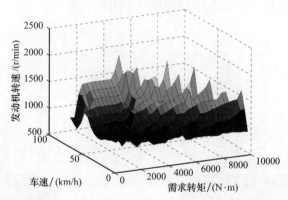

图 5-21　瞬时最优发动机转速

章基于历史数据合成的代表工况下进行仿真验证。两种控制策略采用相同的模式切换规则，当需求功率较小、车速较低时采用纯电动模式，当需求功率较大、车速较高时采用混合动力模式。当 SOC 低于标定值 SOC_{low} 时，设置电池充电功率为 $P_{bat} = \sigma(SOC_{tar} - SOC)$，$\sigma$ 为标定的充电系数，SOC_{tar} 为目标 SOC 值，$SOC_{tar} > SOC_{low}$，以保证电池的电量维持能力。

由于本章主要关注稳态能量管理策略，首先采用稳态模型进行仿真验证，不考虑蓄电池、发动机、电机等模型的动态响应特性，假设各动力源能够直接响应到目标工作点，这样也有利于屏蔽动态响应过程对能量管理策略控制效果的影响，以更好地对比能量管理策略的优化效果。在完成执行层控制器设计后，本文还将基于动态模型开展各策略的仿真验证。在以上条件下得到两工况下的燃油经济性仿真结果见表 5-2，可见，相比于发动机最优控制策略，在相同的控制规则下，瞬时最优控制策略在两工况下都能实现 0.6~0.7L/100km 的节油。

两种控制策略下的发动机工作点对比如图 5-22 所示。可见，在 HR-EOC 策略下，两工况下的发动机工作点能够良好跟随发动机最优工作曲线。相比之下，在 HR-IOC 策略下，绝大多数发动机工作点都分布在转速较低的区间。

表 5-2　燃油经济性（HR-EOC 与 HR-IOC）

行驶工况	控制策略	油耗/(L/100km)	初始 $SOC(\%)$	终止 $SOC(\%)$
中国典型城市工况	HR-EOC	19.62	50.00	49.95
	HR-IOC	18.89	50.00	49.96
基于历史数据的合成工况	HR-EOC	19.81	50.00	49.95
	HR-IOC	19.20	50.00	49.95

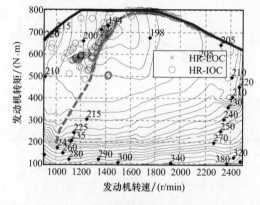

a）中国典型城市工况

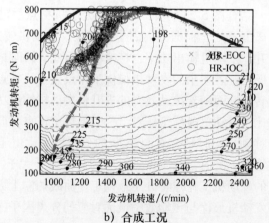

b）合成工况

图 5-22　发动机工作点对比（HR-EOC 与 HR-IOC）

下面结合系统传动效率，对两种控制策略下的发动机工作点进行说明，如图 5-22 所示。当发动机工作在最优工作曲线上时，如图 5-23 瞬时最优控制原理中圆圈所示，系统的分离因子可能远离机械点（图中 c 工作点），此时发动机效率最优，但传动效率恶化。反之，若发动机工作在机械点处，传动效率最优，发动机工作效率又将恶化，同样不是系统的瞬时最优工作点。为保证系统综合效率最优，需要在发动机最优与传动效率最优之间进行权衡。在忽略发动机效率和电机效率的非线性的前提下，若发动机最优工作点处于机械点之前，系统工作点需要向着分离因子增大的方向移动（图中 b 工作点），以实现瞬时最优；若发动机最优工作点处于机械点之后，系统需要向着分离因子减小的方向移动，以实现瞬时最优（图中 d 工作点）。

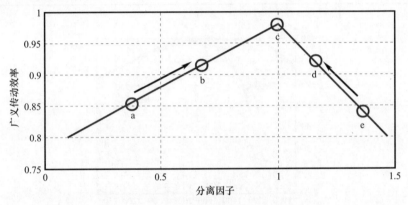

图 5-23　瞬时最优控制原理

　　下面结合发动机 MAP 具体说明发动机工作点的变化情况，如图 5-23 所示。图中，发动机最优工作曲线与等功率曲线的交点为当前的发动机工作点，此时发动机工作效率最优。结合图 5-23 可知，若该点处于机械点之前，瞬时最优工作点将处于更大的分离因子处，根据分离因子的定义，发动机转速将减小，此外，由于传动效率的提升，发动机输出功率也将减小，因此，瞬时最优工作点将处于等功率曲线下方。反之，若图中的发动机最优工作点处于机械点之后，减小分离因子将增大发动机转速，而随着传动效率的提升，发动机输出功率同样会减小。

　　综上可见，相比于发动机最优工作点，瞬时最优工作点将向着最优工作曲线的左上方和右下方移动。同时结合对图 5-24 的分析可知，由于公交客车行驶车速低，只有极少数情况下瞬时最优工作点对应的分离因子大于 1，多数情况下瞬时最优工作点对应的发动机工作点将处于最优工作曲线的左上方。此外，也存在少数例外，一是当发动机最优与传动效率最优对应的分离因子十分接近时，瞬时最优工作点仍处于发动机最优工作曲线附近，二是受到三动力源效率特性的非线性因素影响，少数工作点也可能出现反向的移动。

　　统计得到两工况下两策略的分离因子分布概率，如图 5-25 所示。从中国典型城市工况下的分离因子分布可见，在 HR-IOC 策略下，0-0.2 区间的分离因子被完全消除，这意味着瞬时最优控制策略提升了传动系统工作效率的下限。而从

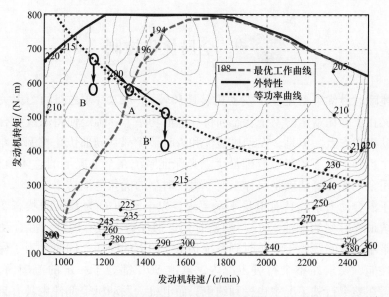

图 5-24　瞬时最优工作点

0.5～0.6 区间的分离因子分布可知，HR-EOC 策略下 0.5 区间的分布概率更大，而 HRB-IOC 策略下，0.6 区间的分布概率更大，可见瞬时最优控制策略将系统工作点向着机械点的方向移动，从而增大传动系统效率。此外，HRB-IOC 策略下分离因子在 1 附近的分布概率也明显提升。而合成工况下的分离因子分布概率也有类似的变化。

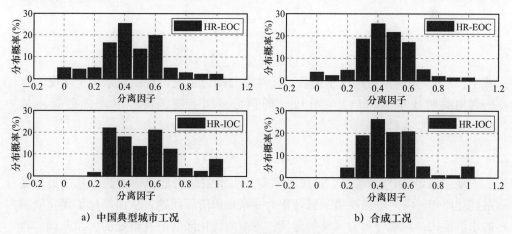

a）中国典型城市工况　　　　　　　　　b）合成工况

图 5-25　分离因子分布概率

　　综上可知，所建立的瞬时最优控制策略通过提升传动系统效率，相比发动机最优控制策略，能够有效提升系统综合效率，仿真结果合理，验证了瞬时最优控制效果。

5.3　全局优化控制

　　上述瞬时最优策略建立了发动机转速和转矩(或功率)之间的约束关系,其物理意义在于,在给定的系统状态和目标电池功率下,确定使得系统综合效率最优的发动机工作点。但是,发动机最优和瞬时最优都是局部优化控制策略,未能考虑整个行驶工况下的能量分配最优。为保证系统在全工况下的总体油耗最小,还需利用全局优化算法确定目标工况下每一时刻的优化电池功率。

　　由于混合动力系统具有电量平衡要求,以电池 SOC 为系统的状态变量,即要求系统最终时刻的电池 SOC 与初始时刻近似保持一致。因此,混合动力的能量管理策略优化问题属于终止时刻系统状态受约束的问题。同时,为了保证电池的工作性能,要求在整个行驶工况内,电池 SOC 都处于一定的范围内,因此,系统状态在整个行驶工况中也受到约束。而电机、发动机等部件也具有自己的转速、转矩约束。基于此,本文将行星式混合动力系统的全局优化问题表述为

$$\min_{u(t)} J(u(t)) \tag{5.12}$$

s. t.

$$\dot{x}(t) = F(x(t), u(t), t)$$
$$x(0) = x_0$$
$$x(t_f) \in [x_{f,\min}, x_{f,\max}] \tag{5.13}$$
$$x(t) \in [x_{\min}, x_{\max}]$$
$$u(t) \in [u_{\min}, u_{\max}]$$

式中, $J[u(t)]$ 为系统的成本函数,针对混合动力系统,可以表示为全工况中每一时刻瞬时成本 $L[x(t), u(t), t]$ 的积分,加上基于终止状态的惩罚函数 $G[x(t_f)]$,如式(5.14)所示。

$$J[u(t)] = G[x(t_f)] + \int_0^{t_f} L[x(t), u(t), t] \mathrm{d}t \tag{5.14}$$

　　动态规划(DP)方法是一种解决多阶段决策问题的最优化方法,基于贝尔曼最优化原理,将多阶段决策问题转化为一系列单阶段问题,从而简化了优化问题的求解形式,在混合动力系统的能量管理策略优化问题中有良好的应用基础。将式(5.12)、式(5.13)所表示的优化问题转化为多阶段离散问题如下:

$$x_{k+1} = F_k(x_k, u_k), \quad k = 0, 1, \cdots, N-1 \tag{5.15}$$

式中, x_k 为离散状态变量, $x_k \in [x_{\min}, x_{\max}]$, u_k 为离散控制变量, $u_k \in [u_{\min}, u_{\max}]$, k 为离散采样时间。将系统的控制律表示为 $\pi = \{\mu_0, \mu_1, \cdots, \mu_{N-1}\}$,那么以

π 为控制律，初始状态 $x(0) = x_0$ 时，离散系统的总成本可以表示为

$$J_\pi(x_0) = l_N(x_N, u_N) + g_N(x_N) + \sum_{k=0}^{N-1} \left[l_k(x_k, u_k) + g_k(x_k) \right] \tag{5.16}$$

式中，$l_k(x_k, u_k)$ 为第 k 时刻采用控制变量 u_k，状态变量为 x_k 时的系统瞬时成本，$g_k(x_k)$ 为第 k 时基于状态变量 x_k 的惩罚量，通常可以表示为 $g_k(x_k) = \alpha(x_f - x_k)^2$，$x_f$ 为系统终止时刻的目标状态，α 为大于零的惩罚函数系数。可见，$l_N(x_N, u_N) + g_N(x_N)$ 是系统在终止时刻的瞬时成本，$\sum_{k=0}^{N-1} \left[l_k(x_k, u_k) + g_k(x_k) \right]$ 代表 $0 \sim N-1$ 时刻的总成本。

基于上述离散系统的成本函数，可以进一步得到离散系统的最优化问题为

$$J^{opt}(x_0) = \min_{\pi \in \Pi} J_\pi(x_0) \tag{5.17}$$

式中，Π 代表在目标工况下，所有可行控制律的集合。

根据 DP 的优化原理，结合式(5.16)的目标函数表达形式，系统的全局优化问题可以转化为后向优化序列，如下：

1) 系统最终时刻 N 的成本如式(5.18)所示，表示在约束范围内，各系统状态对应的瞬时成本及惩罚。

$$J_N(x^i) = l_N(x^i) + g_N(x^i) \tag{5.18}$$

2) 根据 DP 的后向优化原理，从 $k = N-1$ 到 0 的迭代计算可表示如式(5.19)所示。

$$J_k(x^i) = \min_{u_k \in [u_{min}, u_{max}]} \left\{ l_k(x^i, u_k) + g_k(x^i) + J_{k+1} \left[F_k(x^i, u_k) \right] \right\} \tag{5.19}$$

结合图 5-26 对动态规划原理做进一步说明。令 $L_k(x^i, u_k) = l_k(x_i, u_k) + g_k(x^i)$，表示当前时刻针对状态 x^i 施加控制变量 u_k 所产生的瞬时成本。若 $k = N-1$，那么式(5.19)中，$L_k(x^i, u_k)$ 代表 $N-1$ 时刻针对状态变量为 x^i 施加控制变量 u_k 所产生的瞬时成本。$F_k(x^i, u_k)$ 代表 $N-1$ 时刻对状态变量为 x^i 施加控制变量 u_k 得到的第 N 时刻的状态变量，那么，根据式(5.18)计算得到的 N 时刻各状态变量的瞬时成本即可得到 $J_{k+1} \left[F_k(x^i, u_k) \right]$ 的值。针对约束范围 $[u_{min}, u_{max}]$ 内所有的 u_k 完成计算，并求取最小值，即可得到 $J_{N-1}(x^i)$。可见，$J_{N-1}(x^i)$ 表示从 $N-1$ 时刻的状态 x^i 出发，到 N 时刻时，所能获得的最小累计成本，同时可以得到最小累计成本对应的最优控制变量。依此类推，完成后向迭代过程，即可得到 0 时刻从某一状态 x^i 出发，到 N 时刻结束，所能获得的最小累计成本以及各时刻的最优控制变量。针对约束范围 $[x_{min}, x_{max}]$ 内的所有 x^i 完成计算，即可得到从各初始状态变量出发，到达最终时刻最优控制路径，即每一时刻优化控制变量的集合。图 5-27 是通过后向迭代得到初始时刻状态变量 x^2 对应的优化控制路径的示意图。

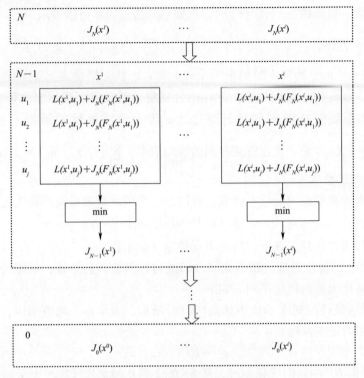

图 5-26　动态规划迭代过程示意图

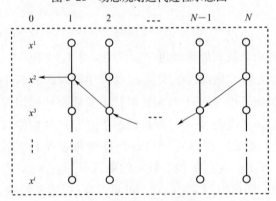

图 5-27　动态规划结果示意图

得到初始时刻各状态变量对应的最优控制路径后，从目标初始状态 x_0 出发，根据各时刻状态变量与最优控制变量的对应关系，进行前向计算，即可确定 $\min\limits_{\pi\in\Pi}J_\pi(x_0)$ 的最优解。

从以上分析可见，动态规划为优化控制提供了一种简单的求解思路，但 DP 涉及庞大运算量，无论是控制变量还是状态变量增加一个维度，都将使整个优化算法的运算量呈几何级数增加。因此，基于瞬时最优控制策略开展全局优化十分必要。

5.3.1　优化边界求解

混合动力系统具有电量平衡的要求，如式(5.19)所示，当前基于 DP 的能量管理策略优化通常采用罚函数来满足系统的终止状态约束条件。然而，多数研究中的罚函数都需要研究人员凭借经验多次调试，这将消耗大量时间，也不利于算法的自动化实施。此外，由于用于优化的模型参数会随着时间的推移或车辆状态的变化而变化，而全局优化的目标工况也将随着历史运行数据的变化而变化，这些因素都将导致研究人员初始标定的罚函数不具有良好鲁棒性，进一步降低了罚函数方法的应用价值。为解决该问题，本文采用一种边界求解方法，在 DP 后向寻优前，首先开展系统边界计算，获取每一时刻状态变量的边界约束，进而在后向迭代寻优过程中考虑边界约束，实现系统的电量平衡。该方法通过边界约束的求解而不再需要罚函数，算法的鲁棒性不再受到模型参数、运行工况的影响，为本书基于历史数据的运算处理平台提供了自动化实施保障。本节将以下边界的求解为例说明边界计算方法，上边界的计算方法类似。

为提升 DP 算法的运行效率，本节基于稳态模型开展全局优化计算。综合考虑各种蓄电池模型的辨识精度和运算效率，在稳态模型中采用等效内阻模型作为蓄电池模型，可以得到蓄电池电流和电池功率之间的关系，如式(5.20)所示。

$$I_{bat} = \frac{-E+\sqrt{E^2+4r_{int}P_{bat}}}{2r_{int}} \tag{5.20}$$

式中，电池开路电压 $E=f_U(SOC)$，是关于 SOC 的函数。进一步，根据 SOC 与蓄电池容量、电流的关系，可以得到系统容量与电流的关系，如式(5.21)所示。

$$Q_{bat}(k+1) = Q_{bat}(k)+I_{bat}\Delta t \tag{5.21}$$

根据式(5.21)可以得到系统状态变量与控制变量的关系，如式(5.22)所示。

$$SOC(k+1) = \left[\frac{-E+\sqrt{E^2+4r_{int}P_{bat}}}{2r_{int}}\right]\frac{\Delta t}{Q_{max}}+SOC(k) \tag{5.22}$$

可见，系统状态与控制变量之间的关系可以表示为

$$x_{k+1} = f_k(x_k,u_k)+x_k \tag{5.23}$$

定义 k 时刻能够允许系统达到终止状态下边界的最小状态变量值为该时刻的下边界约束 $x_{k,low}$。根据混合动力系统的电量平衡要求，在其控制问题中，系统终止状态的范围为控制目标，是已知量，即，$x_{N,low}=x_{f,min}$，$x_{f,min}$ 为终止状态的下边界值。基于此，$k=N-1$ 到 $k=0$ 时刻的系统状态下边界可以用后向迭代计算进行求解，如下：

$$x_{k,\text{low}} = \min_{x_k,u_k} x_k$$

$$(5.24)$$

$$\text{s.t.}$$

$$f_k(x_{k,\text{low}},u_k) + x_{k,\text{low}} = x_{k+1}$$

考虑本系统的状态变量为 SOC，为 $[0,1]$ 之间的正数，上式可以进一步改写为

$$x_{k,\text{low}} = \min_{x_k,u_k}\{x_{k+1} - f_k(x_{k,\text{low}},u_k)\} = x_{k+1,\text{low}} - \max\{f_k(x_{k,\text{low}},u_k)\} \qquad (5.25)$$

在后向迭代计算中，$x_{k+1,\text{low}}$ 为已知量（初始值为 $x_{f,\min}$），仅 $x_{k,\text{low}}$ 和 u_k 为未知变量，因此，$x_{k,\text{low}}$ 的求解属于不动点问题 $[x = f(x)]$，可以利用不动点迭代方法进行求解。k 时刻的下边界求解流程如下：

1）初始化：$x_{k,\text{low}}^{j=0} = x_{k+1,\text{low}}$，其中 j 为 k 时刻计算状态量下边界的迭代次数索引。

2）开始迭代计算，直到达到特定的容差（$x_{k,\text{low}}^{j+1} - x_{k,\text{low}}^{j} < \xi$），如下：

$$x_{k,\text{low}}^{j+1} = x_{k+1,\text{low}} - \max\{f_k(x_{k,\text{low}}^{j},u_k)\} \qquad (5.26)$$

考虑状态变量 SOC 的数量级，本文取容差 $\xi = 10^{-5}$。在完成 k 时刻的下边界求解后，重复上述 1）、2）两步，继续求解得到 $k-1$ 时刻的下边界，直到 $k=0$。

为实现系统电量平衡，将终止状态 x_f 的上、下边界设置为基于目标状态的较小范围，利用上述边界求解方法，即可实现基于终止状态约束的边界求解。完成所有时刻的上、下边界求解后，即可在各个时刻的状态约束内开展 DP 优化。当系统优化状态超过边界约束时，利用远大于正常成本的数值进行惩罚，即可保证优化状态始终处于目标约束范围之内。

5.3.2　全局优化结果

本节基于前文建立的瞬时最优控制策略和终止状态受约束的动态规划算法，分别在中国典型城市工况和合成工况下完成能量管理策略的优化。首先，得到系统边界约束求解结果和优化的系统状态，分别如图 5-28 和图 5-29 所示。考虑蓄电池的高效工作区间，本文限制蓄电池 SOC 的变化范围为 40%～60%，同时，为了实现蓄电池电量平衡，设置终止状态的边界约束 $[x_{f,\min}, x_{f,\max}]$ 为 $[50\%, 51\%]$。从以下两图中可见，本文所采用的边界求解方法能有效保证终止状态数值，从而实现电量平衡，在两工况下，终止时刻的蓄电池 SOC 都达到 50%。

本文所提出的基于瞬时最优策略的全局优化控制策略（以下简称 DP-IOC），在终止 SOC 为 50% 的情况下，两工况下的油耗优化结果见表 5-3。

相比于 HR-EOC 策略，DP-IOC 在中国典型城市工况下的油耗结果降低了 2.66L/100km，在合成工况下的油耗结果降低了 1.79L/100km；相比于 HR-IOC 策略，DP-IOC 在中国典型城市工况下的油耗结果降低了 1.93L/100km，在合成

工况下的油耗结果降低了 1.18L/100km。可见，利用 DP 算法对蓄电池的电量使用规则进行优化，能够进一步降低整车油耗。

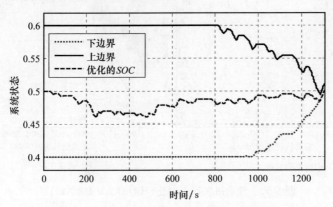

图 5-28　优化结果及边界约束(中国典型城市工况)

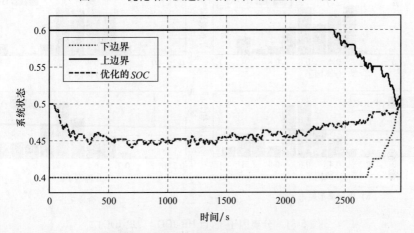

图 5-29　优化结果及边界约束(合成工况)

表 5-3　DP 优化结果

行驶工况	控制策略	油耗/(L/100km)	初始 SOC(%)	终止 SOC(%)
中国典型城市工况	DP-IOC	16.96	50.00	50.00
合成工况	DP-IOC	18.02	50.00	50.00

　　对比两工况下 DP-IOC 和 HR-IOC 策略下的发动机工作点分布，如图 5-30 所示。可见，相比于基于规则的控制策略，DP 优化结果中，更多发动机工作点分布在低速区间。

　　统计两工况下 DP 优化结果的分离因子，如图 5-31 所示。可见，在 DP 优化结果中，分离因子向着机械点方向移动的趋势更加明显，这说明全局优化算法通过蓄电池电量的合理利用，进一步优化了系统的综合工作效率。

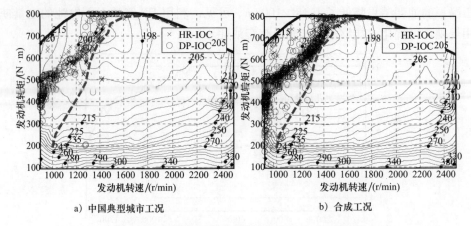

图 5-30　发动机工作点对比（HR-IOC 与 DP-IOC）

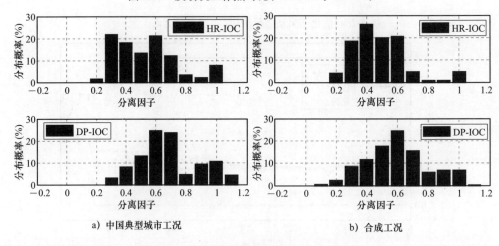

图 5-31　分离因子统计（HR-IOC 与 DP-IOC）

　　下面针对优化计算结果进一步开展统计分析，说明系统优化的原理和效果。根据 5.1 节中的定义，系统综合效率是发动机工作效率与传动效率的乘积。其中，发动机工作效率可以根据仿真计算得到的发动机燃油消耗率计算得到，传动系统平均工作效率可以表示为

$$\eta_{\mathrm{tr,avg}} = \frac{E_{\mathrm{dr}} - E_{\mathrm{rgb}} \eta_{\mathrm{rgb}}}{E_{\mathrm{eng}}} \tag{5.27}$$

式中，E_{dr} 为统计得到车轮处消耗的驱动总能量；E_{rgb} 为电池回收的再生制动能量；η_{rgb} 为再生制动能量存储于蓄电池并释放用于驱动车辆所产生的效率，主要受到电池充、放电效率、电机效率和传动路径的机械效率影响；E_{eng} 为发动机输出总能量。$E_{\mathrm{dr}} - E_{\mathrm{rgb}} \eta_{\mathrm{rgb}}$ 为考虑再生制动后车轮处所需的驱动总能量。根据以上定义，基于仿真计算结果统计得到发动机平均效率、传动系统平均效率和系统综合

效率，见表5-4。

表5-4　系统综合效率分析

项　　目	中国典型城市工况		合成工况	
	HR-IOC	DP-IOC	HR-IOC	DP-IOC
发动机平均燃油消耗率/[g/(kW·h)]	199	205	198	205
发动机平均效率	42.5%	41.2%	42.8%	41.2%
驱动消耗总能量/(kW·h)	5.20	5.20	14.0	14.0
再生制动回收能量/(kW·h)	2.37	2.37	7.13	7.13
发动机输出能量/(kW·h)	4.62	4.07	11.2	10.5
传动系统平均效率	72.1%	82.0%	74.5%	80.0%
系统综合效率	30.7%	33.8%	31.9%	33.0%

从表5-3可见，HR-IOC策略下的发动机平均效率较为优化，在两工况下分别达到42.5%和42.8%，但传动系统平均效率相对较差，仅为72.1%和74.5%，系统综合效率分别为30.7%和31.9%。经过全局优化后，两工况下的发动机平均工作效率略有恶化，都为41.2%，但传动系统平均效率显著提升，分别达到82.0%和80.0%，传动系统平均效率的提升使得系统综合效率提升，达到33.8%和33.0%。综上可见，全局优化算法通过电池电量的优化使用，进一步提升了系统传动效率和综合效率，从而实现了整车油耗的进一步降低。

5.4　基于规则提取的在线控制方法

基于规则的能量管理策略具有最佳的工程应用条件，然而，工程中常用的启发式控制规则通常远离全局最优解，为保证较优的燃油经济性需要耗费大量的标定时间和精力，而标定效果又依赖于工程人员的经验。基于优化的能量管理策略能获得近似最优解，考虑优化算法庞大的运算量，其在线实施方式又可以分为两类，一类是简化优化算法以降低运算负荷，从而直接将优化算法应用于在线控制策略；另一类是基于全局优化结果提取在线控制规则，再将优化的规则应用于在线控制策略。相比之下，后者仍属于基于规则的控制策略，在当前的各类在线优化能量策略中具有最佳的应用条件。

然而，当前尚未有系统性的控制规则自动提取方法，已有研究往往依赖研究人员的观察，不利于优化控制规则的应用。首先，这种方法的可重复性难以被证明，无论是行驶工况的变化还是车辆参数、部件性能参数的变化都可能引起全局优化结果的变化，那么基于研究人员观察结果的控制规则提取方法很难保证在各种情况下的普遍适应性，这种方法也不具有自动化实施的基础。其次，由于全局优化的基准工况仅包含有限信息，无法覆盖真实运行环境的全部信息，那么，基于观察结果提取的控制规则能否有效覆盖实车能量消耗特性，进而能否在真实工况中保证系统的电量维持能力以及整车油耗的最优性，都难以被验证。

　　基于当前控制规则提取方法的不足之处，本章将基于全局优化结果，建立宏观能耗的细节表达形式，实现整车能量消耗特性与全局优化控制规则的映射，提出一种结合门限值和局部工作概率的控制规则提取方法，最终将全局优化结果转化为优化控制规则，实现在线近似最优控制。

5.4.1　优化控制规则研究

　　针对给定的整车参数，车辆驱动所需消耗的总能量将由行驶工况决定。根据第 2 章的工况分析可知，针对确定的工况，其车速-加速度联合概率密度也将确定，考虑整车参数，可将车速-加速度的分布转化为车速-需求转矩的分布，那么，在确定的行驶工况下，其车速-需求转矩分布也将确定，并且直接反映了当前工况下的整车能耗分布特性。本节以合成工况为例，在车速-需求转矩坐标下观察基于全局优化算法得到的系统工作模式分布，如图 5-32 所示。

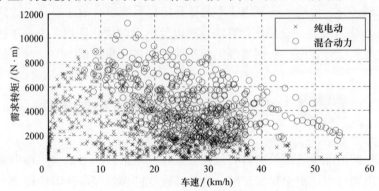

图 5-32　系统工作模式分布

　　以发动机是否起动为基准，行星式混合动力系统的工作模式可分为纯电动模式和混合动力模式。从图中可见，纯电动模式主要分布在低速、小需求转矩的区间，即车速-需求转矩坐标系的左下部，而混合动力模式分布在相对较高的车速和较大的需求转矩区间，即车速-需求转矩坐标系的右上部。两工作模式呈现出一定的分布趋势，但也在部分区间内相互重叠。

　　基于上述分析可将系统工作区间划分为工作模式确定的区间和工作模式不确定的区间两类。结合图 5-32 可知，通过寻找纯电动模式的上边界和混合动力模式的下边界即可划分得到工作模式确定的区间。而针对工作模式不确定的区间，无法基于门限值判定系统的期望工作模式，下一节将针对该类工作区间内的模式切换方法进行详细研究，本节首先完成确定性工作模式的边界提取。

5.4.1.1 确定性模式切换规则

系统在纯电动模式下工作主要受到电机 MG2 外特性、蓄电池峰值功率的约束，而混合动力模式的下边界在原理上不受到物理约束，需要基于全局优化结果确定其下边界。由于模式切换规则的提取是对同一模式下系统工作点群体特性的分析，为了获得群体特征分析结果，首先应该剔除远离群体的个别工作点，即开展离群点检测。一方面，离群点远离当前群体，具有差异化的特征，不利于群体特征的获取；另一方面，车辆工作状态是连续变化的过程，离群点意味着与当前工作模式不连续的工作状态，离群点必然引起系统短暂进入某一工作模式，从而导致发动机频繁起停，对油耗、排放和驾驶人都十分不利。

离群点检测包括基于分布、距离和密度的检测算法。其中，基于分布的检测需要预知原始数据的分布类型，不适用于本文的研究。基于距离的离群点检测，计算群体中各对象与最邻近点的距离，当某一点的最邻近距离显著大于其他点时，该点即被视作离群点。基于距离的离群点检测无法识别局部聚集现象，当少量工作点在远离群体的位置相互接近时，基于距离的离群点检测算法无法识别这些点。基于密度的检测方法利用局部离群因子(LOF)的概念来实现离群点搜索 LQR，基于密度的方法能有效解决少量点局部聚集时的离群点识别问题。但从第 2 章分析得到的车速-加速度联合概率密度可知，行驶工况在不同车速、加速度下的分布概率是不均匀的，那么系统工作点在不同区域的密度也将不同，这就将导致基于密度的检测方法也不能完全适用于本文的离群点检测。

综合各种离群点检测方法的特点，提出一种结合距离和密度的检测方法。首先，定义两个工作点 p、o 之间的欧氏距离为

$$d(p,o) = \sqrt{(x_p - x_o)^2 + (y_p - y_o)^2} \qquad (5.28)$$

根据 LOF 的概念，若有且仅有 k 个点到工作点 p 的距离小于等于 $d(p,o)$，那么 p 的第 k 距离 $k\text{-}dis(p) = d(p,o)$，而这些到工作点 p 的距离小于等于 $d(p,o)$ 的工作点则组成了 p 的第 k 距离邻域 $N_{k\text{-}dis(p)}$。可见，在二维空间中，$N_{k\text{-}dis(p)}$ 表征了以 p 为中心，$k\text{-}dis(p)$ 为半径的圆内所包含的工作点。

根据以上定义，令工作点 p 相对于其邻域 $N_{k\text{-}dis(p)}$ 内工作点 s 的可达距离如式 (5.29) 所示。可见，若 p 远离群体，p 附近的工作点较少，工作点 s 的第 k 距离邻域 $N_{k\text{-}dis(s)}$ 包含 p 的概率较小，那么 $reach\text{-}dis_k(p,s)$ 更可能取值较大的 $d(p,s)$；反之，若 p 处于群体内部，那么 p 被包含在 $N_{k\text{-}dis(s)}$ 内的概率较大，$reach\text{-}dis_k(p, s)$ 取值 $k\text{-}dis(s)$ 的概率较大，取值相对较小。

$$reach\text{-}dis_k(p,s) = \max\{k\text{-}dis(s), d(p,s)\} \qquad (5.29)$$

基于可达距离，若 $N_{k\text{-}dis(p)}$ 包含 n 个工作点，则将 p 的局部可达密度记为

$$LRD_n(p) = \cfrac{1}{\left[\cfrac{\sum\limits_{s \in N_{k-dis(p)}} reach - dis_k(p, s)}{n}\right]} \tag{5.30}$$

根据以上对可达距离的分析可知，对于同一群体内的各个工作点，$reach-dis_k$ 取值都接近 $k-dis$，那么各个工作点的 LRD_n 取值将较为接近；反之，离群点的 LRD_n 将取值较小并且与其他工作点的 LRD_n 值形成明显差异。在此基础上，得到局部离群因子 LOF 的概念，如式(5.31)所示。

$$LOF_n(p) = \cfrac{\sum\limits_{s \in N_{k-dis(p)}} \cfrac{LRD_n(s)}{LRD_n(p)}}{n} \tag{5.31}$$

$LOF_n(p)$ 表征了工作点 p 的邻域 $N_{k-dis(p)}$ 内所有工作点相对于 $LRD_n(p)$ 的平均密度。若 p 属于群体内部，那么各工作点的 $LRD_n(s)$ 与 $LRD_n(p)$ 相互接近，则 $LOF_n(p)$ 接近 1，反之，则远离 1。此后，本文将基于 LOF 采用肖维勒准则实现离群点的初步筛选，得到初步筛选的离群点集合 N_{LOF}。

如前所述，混合动力系统的工作点分布不均匀，LOF 方法可能将群体内部工作点识别为离群点。因此，在得到 N_{LOF} 的基础上，进一步计算系统内各工作点的最小邻近距离，如式(5.32)所示。

$$\mathrm{min}d(p) = \begin{cases} \min\limits_{o \notin N_{\mathrm{LOF}}} \{d(p,o)\}, p \in N_{\mathrm{LOF}} \\ \min\limits_{o \neq p} \{d(p,o)\}, p \notin N_{\mathrm{LOF}} \end{cases} \tag{5.32}$$

可见，对于工作点 $p \in N_{\mathrm{LOF}}$ 的情况，仅计算 p 与 $o \notin N_{\mathrm{LOF}}$ 的最小距离，这样能有效解决少量离群点聚集的问题。考虑车速与需求转矩的数量级差异较大，本文对混合动力模式下各工作点的车速、需求转矩归一化后开展离群点检测。基于 LOF 和最小距离的离群点检测结果，如图 5-33 所示。

在归一化的车速-需求转矩坐标系下标记离群点检测结果，如图 5-34 所示。基于 LOF 的检测结果中，部分工作点处于群体内部，但经过基于最小距离的进一步筛选后，准确得到了四个远离群体的工作点。

剔除上述离群点后，利用凸包算法即可获得剩余工作点的外包络点，进而考虑混合动力模式的下边界应包含该模式下的最小转矩和最小车速，即可最终确定混合动力模式的下边界，如图 5-35 所示。当车速小于该下边界的最小车速，或当前车速下的系统需求转矩小于该下边界对应转矩时，系统工作在纯电动模式下。而当系统需求转矩大于纯电动上边界时，系统工作在混合动力模式下。

5.4.1.2 宏观能耗特性分析

当系统工作在上一节所确定的两条边界之间时，系统同时具有纯电动驱动和混合动力驱动的可能性。为确定该区间内的系统工作模式切换规则，本节将基于

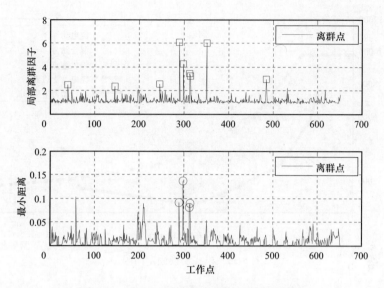

图 5-33　基于 LOF 和最小距离的离群点检测

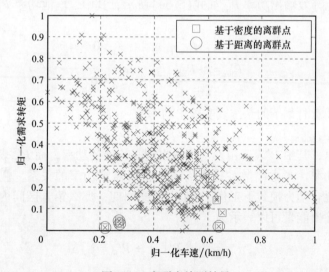

图 5-34　离群点检测结果

系统能量消耗特性分析宏观能耗与控制规律之间的关系，从而为不确定性模式切换规则的提取提供理论依据。

　　根据前文分析，基于车速-需求转矩坐标系可以确定整车能耗分布特性，那么，确定工况下的整车需求能量可以表示为不同车速-需求转矩区间内的能耗总和。将车速-需求转矩均匀划分为 n 个区间，车辆在第 k 个区间内的能量消耗为 $E_{dr,k}$，$k=1$，2，$\cdots$，n，车辆的总能耗可表达如式(5.33)所示。

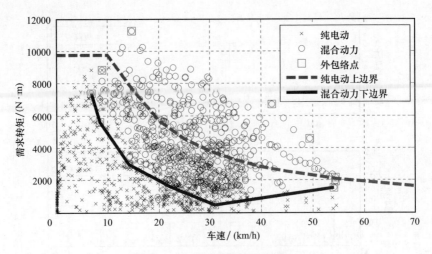

图 5-35　模式切换固定门限

$$E_{dr} = \sum_{k=1}^{n} E_{dr,k} \tag{5.33}$$

定义电池等效输出功率 P'_{bat} 如式（5.34）所示，其中，电池功率 P_{bat} 充电为正，放电为负。

$$P'_{bat} = \begin{cases} -P_{bat}\eta_m\eta_{r2}, & T_m > 0 \\ \dfrac{-P_{bat}}{\eta_{r2}\eta_m}, & T_m \leqslant 0 \end{cases} \tag{5.34}$$

那么，任意时刻下的系统真实输出功率为

$$P_o = P'_o + P'_{bat} \tag{5.35}$$

可以看出，其中 P'_o 表示由发动机输出到车轮处的功率，而 P'_{bat} 表示电池输出到车轮处的功率。考虑离散系统中需求能量与需求功率的关系，假设第 k 区间内，系统在混合动力模式下工作了 nh 个采样周期，那么第 k 区间内混合动力模式下的系统输出能量可以表示为

$$E_{dr,k,h} = \sum_{t=1}^{nh} \left[P'_o(t) + P'_{bat}(t) \right] \Delta t \tag{5.36}$$

进一步，令第 k 区间内混合动力模式下的发动机平均等效输出功率和电池平均等效输出功率分别为 $P'_{e,avg,k}$ 和 $P'_{b,avg,k}$，如式（5.37）和式（5.38）所示。

$$P'_{e,avg,k} = \frac{\sum\limits_{t=1}^{nh} P'_o(t)\Delta t}{nh} \tag{5.37}$$

$$P'_{b,avg,k} = \frac{\sum\limits_{t=1}^{nh} P'_{bat}(t)\Delta t}{nh} \tag{5.38}$$

那么，第 k 区间内混合动力模式下的系统输出能量可以进一步表示为

$$E_{dr,k,h} = (P'_{e,avg,k} + P'_{b,avg,k})nh \tag{5.39}$$

结合式（5.33），令电池平均等效输出功率占当前区间内系统平均需求功率 $P_{o,avg,k}$ 的比例为 $\gamma_{b,k} = \dfrac{P'_{b,avg,k}}{P_{o,avg,k}}$，式（5.39）可改写为

$$E_{dr,k,h} = [P'_{e,avg,k} + P_{o,avg,k}\gamma_{b,k}]nh \tag{5.40}$$

类似于混合动力模式，在第 k 个区间内，假设系统在纯电动模式下工作了 ne 个采样周期，那么第 k 区间内纯电动模式下的系统输出能量可以表示为

$$E_{dr,k,e} = P'_{ev,avg,k}ne \tag{5.41}$$

式中，$P'_{ev,avg,k}$ 为纯电动模式下的电池平均等效输出功率。

基于以上推导，第 k 区间内系统输出的总能量可以进一步表示为纯电动模式和混合动力模式下系统输出能量之和，如式（5.42）所示。

$$\begin{aligned}E_{dr,k} &= E_{dr,k,e} + E_{dr,k,h} = (P'_{e,avg,k} + P'_{b,avg,k})nh + P'_{ev,avg,k}ne \\ &= [P'_{e,avg,k} + P_{o,avg,k}\gamma_{b,k}]nh + P'_{ev,avg,k}ne \end{aligned} \tag{5.42}$$

令第 k 区间内纯电动模式工作时间占总驱动时间的比例为 $\gamma_{e,k} = \dfrac{ne}{ne+nh}$，可将第 k 区间的总能耗最终表达为

$$E_{dr,k} = [P'_{e,avg,k} + P_{o,avg,k}\gamma_{b,k}](nh+ne)(1-\gamma_{e,k}) + P'_{ev,avg,k}(nh+ne)\gamma_{e,k} \tag{5.43}$$

以上分解过程，首先将系统的总能耗转化为各个区间内能耗之和，再将每个区间内的能耗分解为纯电动模式下的等效输出能耗和混合动力模式下的等效输出能耗之和，最终，结合式（5.33）和式（5.43），即得到了系统宏观能耗的细节表达式。

根据式（5.33）可知，确定当前工作区间内的纯电动工作比例 $\gamma_{e,k}$ 和纯电动模式下的电池平均等效输出功率，即可确定当前区间内期望混合动力模式输出的总能量，再结合混合动力模式下电池等效输出功率占系统需求功率的比例 $\gamma_{b,k}$，即可确定发动机的等效输出功率。同时，在确定的工况下，对于任意系统工作区间，总驱动时间已知，假设当前系统工作区间内纯电动模式均匀分布，那么系统平均需求功率与纯电动模式下的平均输出功率近似相等，即 $P'_{ev,avg,k} = P_{o,avg,k}$，可将对应区间内的纯电动模式平均输出功率视作已知量。因此，根据本节所建立的宏观能耗的细节表达式，确定 $\gamma_{e,k}$ 和 $\gamma_{b,k}$ 后，即可近似确定该区间内的发动机等效输出功率 $P'_{e,avg,k}$。最后，建立的瞬时最优控制策略可知，已知车速和发动机等效输出功率，即可确定当前系统状态下的瞬时最优工作点。可见，系统宏观能耗的细节表达式，直接构建了系统能量消耗特性与控制特性之间的映射关系，具有从控制层面到实际应用映射的重要参考意义。

5.4.1.3　不确定性模式切换规则

在上一节分析的基础上，将式（5.43）除以系统驱动时间，可以得到驱动状态

下的系统平均需求功率 $P_{\mathrm{dr,avg},k}$，如式(5.44)所示。

$$P_{\mathrm{dr,avg},k} = \left[P'_{\mathrm{e,avg},k} + P_{\mathrm{o,avg},k}\gamma_{\mathrm{b},k} \right](1-\gamma_{\mathrm{e},k}) + P'_{\mathrm{ev,avg},k}\gamma_{\mathrm{e},k} \qquad (5.44)$$

基于式(5.44)，若系统工作区间仅划分为一个区间，那么 $\gamma_{\mathrm{e},k}$ 即为全工况下的纯电动工作模式比例，而 $\gamma_{\mathrm{b},k}$ 即为全工况下混合动力模式内的电池等效输出功率的平均比例，此时，$0<\gamma_{\mathrm{e},k}<1$，$\gamma_{\mathrm{b},k}<1_{\circ}$ 而在系统工作区间划分足够小的情况下，式(5.44)可被视作当前时刻系统瞬时需求功率的表达式，由于任意时刻的系统工作状态唯一确定，此时，$\gamma_{\mathrm{e},k}$ 取值为 0 或 1，若 $\gamma_{\mathrm{e},k}$ 取值为 0，根据全局优化结果，$\gamma_{\mathrm{b},k}$ 也将唯一确定。可见，随着系统工作区间划分数量的变化，即随着式(5.33)中 n 的取值的变化，式(5.44)可以表示整个系统工作区间的宏观优化控制规律，也可以表示系统的瞬时优化控制规则，而在系统的宏观控制规律和瞬时控制规则之间，将系统工作区间划分为大于 1 的有限区间，那么，$\gamma_{\mathrm{e},k}$ 表示第 k 区间内的纯电动模式工作时间比例，可表征对应区间内系统工作在纯电动模式下的概率，相应的，$\gamma_{\mathrm{b},k}$ 可以被视作对应区间内混动力模式下电池等效输出功率比例的参考值，用于表征发动机功率与电池功率的分配关系。

考虑系统的最高车速和最大输出转矩，初步将系统工作区间在车速和需求转矩两个维度上分别均匀划分为 7 个区间和 6 个区间，即将整个系统工作区间均匀划分为 42 个工作区间。根据上述分析，将基于全局优化结果统计得到的各区间纯电动工作比例记为 $\gamma_{\mathrm{e,opt}}$，将全局优化结果中各区间内混合动力模式下的电池输出功率比例定义为 $\gamma_{\mathrm{b,opt}}$。统计得到合成工况下的 $\gamma_{\mathrm{e,opt}}$ 和 $\gamma_{\mathrm{b,opt}}$，分别如图 5-36 和图 5-37 所示，并基于此对宏观能耗的细节表达式展开进一步分析。

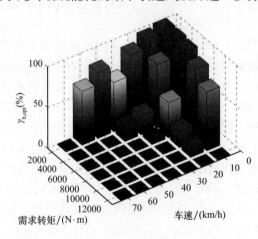

图 5-36　合成工况下的 $\gamma_{\mathrm{e,opt}}$

图 5-36 中可见，在低速、小需求转矩区间内，纯电动工作比例达到 100%，系统仅工作在纯电动模式下。而在中高速、需求转矩较大的区间，纯电动工作比例为 0，这些区间内系统仅工作在混合动力模式下。此外，还有部分工作区间，

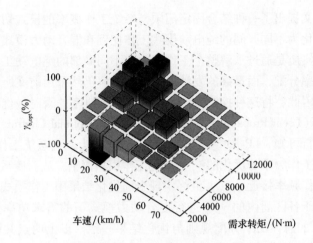

图 5-37　合成工况下的 $\gamma_{b,opt}$

纯电动模式工作比例介于 0~100% 之间，这些区间同时包含两种工作模式。如前所述，$\gamma_{e,opt}$ 可视作各区间内纯电动模式出现的概率，表征系统在纯电动模式下工作的可能性。基于此，本文提出一种基于概率的不确定性模式切换规则方法。

　　根据上述初始工作区间划分可知，$\gamma_{e,opt}$ 为 7×6 的矩阵，任意元素的取值范围 0~100%。将系统在各个区间内的真实纯电动工作频率记为 $\gamma_{e,act}$，同样为 7×6 的矩阵，各元素的初值赋 0。为在控制策略中计算 $\gamma_{e,act}$，分别定义系统在各区间内工作的总频次和纯电动工作频次为 p_{drv} 和 p_{ev}，当系统进入第 k 工作区间时，每工作一个采样周期，$p_{drv,k}$ 即自增 1，仅当系统在该区间内处于纯电动模式时，$p_{ev,k}$ 开始自增加，进而可得对应区间内纯电动模式的真实工作频率：$\gamma_{e,act,k} = \dfrac{p_{ev,k}}{p_{drv,k}}$。

　　基于上述定义，当系统工作在混合动力模式下边界与纯电动模式上边界之间的某一工作区间时，若 $\gamma_{e,opt,k} == 1$，则系统进入纯电动模式；若 $\gamma_{e,opt,k} == 0$，则系统进入混合动力模式。当 $0 < \gamma_{e,opt,k} < 1$ 时，则比较 $\gamma_{e,act,k}$ 与 $\gamma_{e,opt,k}$ 之间的关系，若 $\gamma_{e,act,k} \leqslant \gamma_{e,opt,k}$，则系统进入纯电动模式，若 $\gamma_{e,act,k} > \gamma_{e,opt,k}$，则系统进入混合动力模式。需说明的是，为防止驱动模式频繁切换，仅当系统工作区间发生变化时，进行模式切换判定，而当系统持续工作在同一区间时，不进行模式切换。

5.4.1.4　混合动力模式下的功率分配

　　完成模式切换规则提取后，还需确定混合动力模式下发动机功率与电池功率的分配规则。结合式(5.35)，基于 $\gamma_{b,opt,k}$ 可以计算得到混合动力模式下的发动机等效输出功率：

$$P_o' = P_o - P_o \gamma_{b,opt,k} \tag{5.45}$$

　　进而利用 5.2 节中提出的瞬时最优控制策略，结合车速即可确定发动机转速、转矩，实现混合动力模式下的工作点确定，具体过程不再赘述。

综上，本文提出了一种结合固定门限与系统工作概率的模式切换策略，将全局优化结果转化为不同区间的纯电动模式工作比例和混合动力模式下的电池输出功率比例，其实质是通过求解整个工作区间内不同局部的纯电动工作概率，实现优化的电池功率分配，而最终的发动机工作点求解仍然采用前文所提出的瞬时最优控制方法，因此，将这种控制方法称为基于局部概率的瞬时最优控制方法，以下简称 LP-IOC（Local Probability-based Instantaneous Optimal Control）。

从上述分析可知，LP-IOC 策略具有自我调节能力，当系统工作区间改变时，通过比较真实工作频率与优化的 $\gamma_{e,opt}$ 实现工作模式调整，从而使系统在各区间的真实纯电动工作频率接近 $\gamma_{e,opt}$，最终实现全局优化结果中工作模式分布情况的近似模拟。而基于各区间内的 $\gamma_{b,opt}$ 进行混合动力模式下的需求功率分配，保证了 LP-IOC 策略下的总体功率分配规则与优化结果一致。以上两点共同保证了所提出的 LP-IOC 策略能获得近似最优解。

5.4.2 基于二次型调节器的电量修正策略

由于所提出的 LP-IOC 策略是全局优化结果的近似模拟，仅当系统工作区间划分数量足够大时，即式（5.44）具有瞬时意义时，LP-IOC 策略能够实现全局优化结果的准确还原。但系统工作区间划分过于细化必然导致 $\gamma_{e,opt}$ 和 $\gamma_{b,opt}$ 的数据量过于庞大，而难以在实车控制策略中实现。当系统工作区间被划分为有限个子区间时，前文假设纯电动模式和混合动力模式均匀分布于当前区间，仅在该假设下，纯电动模式的等效输出功率与该区间内的平均输出功率相等，即 $P'_{ev,avg,k} = P_{o,avg,k}$，通过实现 $\gamma_{e,act}$ 与 $\gamma_{e,opt}$ 的逼近，即可保证系统内的真实发动机输出功率、电池输出功率与优化结果一致，由于全局优化保证了系统电量平衡，那么，在以上假设下 LP-IOC 策略具有电量维持能力。然而，各区间内的纯电动工作模式和混合动力的分布总是不均匀的，$P'_{ev,avg,k}$ 与 $P_{o,avg,k}$ 之间总是存在偏差，实际控制中，为防止模式频繁切换，$\gamma_{e,act}$ 与 $\gamma_{e,opt}$ 之间也将出现偏差。综上，基于有限个工作区间的 LP-IOC 策略，由于无法精确还原全局优化结果的模式分布和功率分配，无法严格保证其电量维持能力。因此，有必要基于电量平衡要求修正 LP-IOC 策略，确保其电量维持能力。

除上述因素外，系统因偶然因素出现持续大功率放电，或较长时间的再生制动，也可能导致电池 SOC 偏低或偏高，这将导致系统下一运行阶段的初始状态偏离目标值。因此，混合动力系统的电量维持能力不仅是维持其初始状态，还应向着目标状态收敛，在长时间运行中实现终止目标 SOC 的自动跟随。

根据上一节确定的 LP-IOC 策略的基本思路，在 $\gamma_{e,opt,k}=1$ 的区间，系统仅工作在纯电动模式下，系统需求功率全部由电池提供，LP-IOC 策略能够保证与全局优化结果相同的电量消耗。在 $\gamma_{e,opt,k}=0$ 的区间，系统仅工作在混合动力模式下，系统需求功率按照 $\gamma_{b,opt,k}$ 进行分配，LP-IOC 策略也能够保证与优化结果具有一致的电量使用特性。而在 $0<\gamma_{e,opt,k}<1$ 的区间内，由于同时存在纯电动模式和混合动力模式，$\gamma_{e,act,k}$ 与 $\gamma_{e,opt,k}$ 之间的误差，$P'_{ev,avg,k}$ 与 $P_{o,avg,k}$ 之间的偏差，都会引起 LP-IOC 策略下的电量使用特性偏离全局优化结果。可见，$0<\gamma_{e,opt,k}<1$ 的区间是影响 LP-IOC 策略的电量维持能力的主要原因。同时，基于 LP-IOC 策略的控制思路，$\gamma_{e,act,k}$ 将逼近 $\gamma_{e,opt,k}$，但在确定的有限时域内，两者的偏差无法避免。因此，为保证系统的电量维持能力，应该在混合动力模式下修正发动机输出功率，即在 $\gamma_{e,opt,k}<1$ 的区间内，对混合动力模式的需求功率进行修正。

基于上述分析，针对混合动力系统的能量管理策略，其电量维持能力可视作基于状态反馈的控制量修正过程。在状态反馈控制中，线性二次型调节器（LQR）以较小的控制能量消耗实现系统状态调节，方案简单，响应快速，且超调量较小。因此，本节将基于 LQR 实现混合动力模式下的电池功率修正。

以电池功率为控制变量，电池 SOC 为系统状态，基于等效内阻电池模型建立线性模型，其状态空间方程如式（5.46）所示。

$$\dot{x}(t) = Ax(t) + Bu(t) \tag{5.46}$$

式中，$A=0$，$B = \dfrac{1}{EQ_{max}\overline{\eta}_b}$，$x(t)=SOC(t)$ 为系统状态变量，$u(t)=P_{bat}(t)$ 为系统的控制变量。$\overline{\eta}_b = \dfrac{\sum\limits_{i=1}^{n}\eta_b}{n}$ 为电池平均效率，η_b 根据全局优化结果中电池功率和电池电流计算得到，如式（5.47）所示，充电时，$\eta_b>1$，放电时，$\eta_b<1$。

$$\eta_b = \frac{P_{bat}}{P_{bat}+I_{bat}r_{int}} \tag{5.47}$$

采用 LQR 的目的在于修正混合动力模式下的电池功率，实现 LP-IOC 策略的电量维持能力，基于此，设计二次型性能指标，如式（5.48）所示。

$$J = \frac{1}{2}\int_{t_0}^{t_f} \left\{ \alpha_1 \left[SOC(t) - SOC_{tar} \right]^2 + \alpha_2 \left[P_{bat}(t) - P_{ref} \right]^2 \right\} dt \tag{5.48}$$

式中，SOC_{tar} 为系统终止状态的目标值，P_{ref} 为混合动力模式下的参考电池功率，$t_0 \sim t_f$ 为混合模式的运行时间。根据前文的统计结果，已知各区间内混合动力模式下电池等效输出功率占系统需求的比例 $\gamma_{b,opt}$，以此为参考可以计算得到当前时刻的电池等效输出功率，进而结合式（5.49）即可得到参考电池功率：

$$P_{ref} = \frac{-P_o \gamma_{b,opt,k}}{\overline{\eta}_{b2w}} \tag{5.49}$$

式中，$\overline{\eta}_{b2w}$ 为电池到车轮的传动效率，根据全局优化结果统计得到。

式(5.48)中，α_1、α_2 分别为状态分量和控制分量的加权系数，通过调整 α_1、α_2 可以实现不同的控制性能。其中，$\alpha_1(SOC(t)-SOC_{tar})^2$ 用于保证控制策略的电量平衡能力，$\alpha_2(P_{bat}(t)-P_{ref})^2$ 用于控制电池功率与发动机功率的分配规则，保证电池功率的总体使用特性仍与全局优化结果一致，同时也控制电池功率的波动范围，防止出现严重的超调和波动。

基于设计的二次型指标，令状态变量的目标值和控制变量的参考值分别为

$$\begin{cases} x_s = SOC_{tar} \\ u_s = P_{ref} \end{cases} \tag{5.50}$$

令系统实际状态变量 $x(t)$ 与终止状态目标值的偏差为 $\tilde{x}(t)=x(t)-x_s$，令实际控制量 $u(t)$ 与控制变量参考值 u_s 的偏差为 $\tilde{u}(t)=u(t)-u_s$。不难理解，控制变量与状态变量的偏差与也满足式(5.51)的关系，即

$$\dot{\tilde{x}}(t) = A\tilde{x}(t)+B\tilde{u}(t) \tag{5.51}$$

同样的，用偏差的形式表示式(5.48)的二次型指标，可得：

$$J = \frac{1}{2}\int_{t_0}^{t_f}[\tilde{x}(t)Q\tilde{x}^T(t)+\tilde{u}(t)R\tilde{u}^T(t)]dt \tag{5.52}$$

式中，$Q=\alpha_1$，$R=\alpha_2$，分别为状态变量偏差与控制变量偏差的权重系数，$Q\geq0$，$R>0$。根据 LQR 原理可知[10]，使得 J 最小的 $\tilde{u}(t)$ 唯一存在，由式(5.53)决定。

$$\tilde{u}(t) = -R^{-1}(t)B(t)P(t)\tilde{x}(t) \tag{5.53}$$

基于式(5.53)即可得到使得 J 最小的控制变量为

$$u(t) = -R^{-1}(t)B(t)P(t)[x(t)-x_s]+u_s \tag{5.54}$$

式中，$P(t)$ 是黎卡提微分方程的解，如式(5.55)所示。

$$\dot{P}(t) = -P(t)A(t)-A^T(t)P(t)+P(t)B(t)R^{-1}(t)B(t)P(t)-Q(t) \tag{5.55}$$

上述黎卡提微分方程边界条件为：$P(t_f)=P_f$。在有限时域内，黎卡提方程需要从终止状态开始，利用最小二乘法、动态规划等方法进行逆向求解，涉及大量运算，无法在线实现。同时，在混合动力系统的能量管理策略中，系统运行时间未知，也不具有在线求解黎卡提方程的条件。基于此，考虑在稳态情况下，假设系统终止时间 $t_f\to\infty$，黎卡提微分方程的解 $P(t)$ 将趋于常数，使得 $\dot{P}(t)=0$，此时，黎卡提方程将简化为代数方程[54]，如式(5.56)所示。

$$0 = -P(t)A(t)-A^T(t)P(t)+P(t)B(t)R^{-1}(t)B(t)P(t)-Q(t) \tag{5.56}$$

令 $K(t)=-R^{-1}(t)B(t)P(t)$，基于电量平衡要求的系统最优控制即为 $K(t)[x(t)-x_s]+u_s$，为基于状态的反馈控制，如图 5-38 所示。

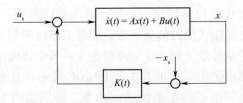

图 5-38　基于 LQR 的状态反馈控制

确定当前时刻的 $u(t)$ 后，即获得了当前的目标电池功率，进一步，基于式 (5.22) 即可反算出电池等效输出功率，进而可以利用 5.1 节中的方法确定发动机等效输出功率，并基于瞬时最优策略确定修正后的目标发动机工作点。

5.4.3　LP-IOC 策略验证

本章提出了基于局部概率的能量管理策略和基于 LQR 的电量修正策略，为验证上述策略的控制效果和电量维持能力，本节将在合成工况和中国典型城市工况下分别开展该控制方法的验证。为保证仿真结果与全局优化结果具有良好可比性，本节仍采用前文所使用的稳态模型，采用 5.3.1 中所提出的等效内阻模型，不考虑发动机起动、关闭等瞬态过程对油耗的影响，后文完成在线控制策略的设计后，还将基于动态模型开展进一步仿真验证。

5.4.3.1　基于合成工况的验证

5.3 节已经基于合成工况的全局优化结果统计得到了各区间的纯电动工作比例和混合动力模式下的电池等效输出功率比例。基于此，在合成工况下验证 LP-IOC 策略。

首先，对比全局优化结果和 LP-IOC 策略下的电池 SOC 变化，如图 5-39 所示，LP-IOC 策略有效实现了系统电量平衡，终止 SOC 为 49.96%。基于当前的工作区间划分，LP-IOC 策略无法实现全局优化结果的电池 SOC 跟随。基于概率的控制方法仅能保证系统在具有近似能耗特性的工作区间具有近似的控制规律，并

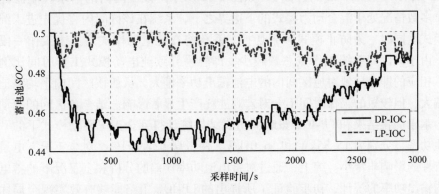

图 5-39　电池 SOC 对比（合成工况）

不能完全复现全局优化的控制时序。此外，前文也已阐明，LP-IOC 策略在较粗略的工作区间划分中仅能实现近似最优解，随着工作区间划分数量的增多，该近似最优解将逐渐逼近全局最优解，这一点将在下一节中详细论证。

　　为验证本章所提出的功率修正方法和 LP-IOC 策略，分别基于优化结果和仿真结果统计得到各区间的平均蓄电池输出功率，分别如图 5-40 和图 5-41 所示。LP-IOC 策略与全局优化算法采用相同的瞬时最优控制算法，其近似最优控制效果主要通过模拟全局优化结果的电池功率分配方法获得。对比图 5-39 和图 5-40 可知，除标注的误差较大的两个区间外，其他区间内的真实蓄电池功率与优化蓄电池功率分布较为接近。下面将对误差较大的区间开展细化分析。

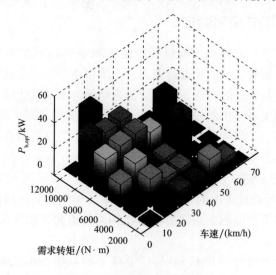

图 5-40　优化蓄电池功率分布

　　基于全局优化结果，在车速-需求转矩下观察电池功率误差较大的区间（40~60km/h，0~2000N·m 的区间），如图 5-42 所示。该区间内的需求转矩总体较小，多数情况处于混合动力模式的下边界之下，系统在该区间内将优先进入纯电动模式。同时，为防止模式频繁切换，系统将在纯电动模式下持续工作一段时间，由于该区间系统工作点总数较少，即容易导致纯电动模式工作时间比例偏大，相应的即会导致对应区间内的电池输出功率偏大。虽然该区间内平均电池功率偏大，但较短的工作时间不会对宏观能耗产生显著影响。结合各区间的驱动时间，基于优化结果和 LP-IOC 策略的仿真结果统计得到全工况驱动模式下的平均电池功率，分别为 15.85kW 和 16.01kW，两者误差仅为 1%，对全工况下电量消耗特性的影响非常小。综上，通过对蓄电池功率误差的分析和全工况下的蓄电池平均输出功率的统计，初步验证了所提出的 LP-IOC 策略能够有效实现全局优化结果的模拟，获得近似最优解，也初步验证了 LP-IOC 策略的电量维持能力。

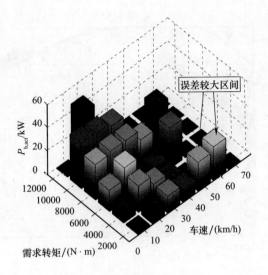

图 5-41　真实蓄电池功率分布

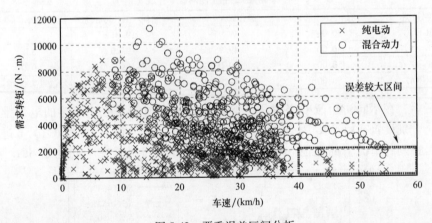

图 5-42　严重误差区间分析

对比两种控制策略下发动机工作点的分布，如图 5-43 所示。LP-IOC 与 DP-IOC 策略的发动机工作点分布总体吻合，细节分布略有差异，该分布结果也能验证 LP-IOC 的近似最优控制效果。

最后，对比前文所建立的各种控制策略与 LP-IOC 策略的燃油经济性，见表 5-5。各策略在合成工况下的终止蓄电池 SOC 仿真结果都接近 50%，可视作近似电量平衡。在此条件下，对比各策略的燃油经济性，可见，相比于 HR-EOC 策略，全局优化结果，即 DP-IOC 策略能获得最优的燃油经济性，节油 9.0%，本章所提出的 LP-IOC 策略节油 7.0%，接近全局优化结果。

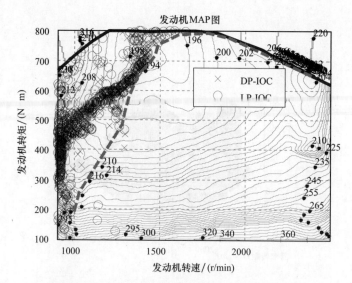

图 5-43　发动机工作点对比（DP-IOC 与 LP-IOC）

表 5-5　各策略燃油经济性对比（合成工况）

控制策略	初始 SOC(%)	终止 SOC(%)	油耗/(L/100km)	节油率(%)
HR-EOC	50.00	49.95	19.81	—
HR-IOC	50.00	49.95	19.20	3.1
DP-IOC	50.00	50.00	18.02	9.0
LP-IOC	50.00	49.96	18.43	7.0

　　最后，在不同初始 SOC 条件下，验证所提出电池功率修正策略的电量维持能力。分别设置初始 SOC 为 54%、52%、50%、48% 和 46%，在合成工况下进行仿真，得到各情况下的电池 SOC，如图 5-44 所示。可见，在不同初始 SOC 下，

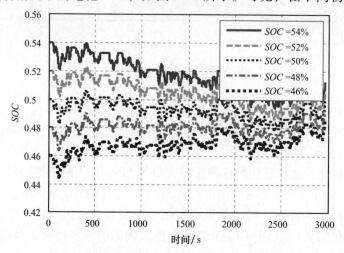

图 5-44　电量维持能力验证（合成工况）

系统终止时刻的蓄电池 *SOC* 都能向着 50% 收敛，验证了基于 LQR 的蓄电池功率修正策略。

5.4.3.2　基于中国典型城市工况的验证

中国典型城市工况下，全局优化结果中的系统工作模式分布如图 5-45 所示。类似于合成工况下的优化结果，两模式下的工作点仍然存在较多的重合部分，难以直接获得其模式切换规则。同时，中国典型城市工况下系统能耗分布形式与合成工况有明显差异，其系统需求转矩总体较低，而最高车速略高于合成工况。

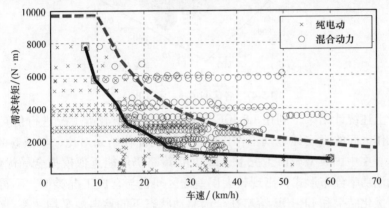

图 5-45　系统工作模式分布（中国典型城市工况）

为在不同工况下验证本文所提出的 LP-IOC 策略，本节首先利用 5.4.2 节中所述方法，提取得到 CCBC 下的纯电动模式上边界和混合动力模式下边界，分别如图 5-45 中虚线和实线所示。此后，按照前文的工作区间划分方法，统计得到 $\gamma_{e,opt}$ 和 $\gamma_{b,opt}$，分别如图 5-46 和图 5-47 所示。

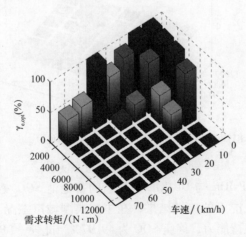

图 5-46　各区间的 $\gamma_{e,opt}$（CCBC）

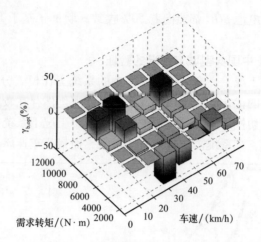

图 5-47　各区间的 $\gamma_{b,opt}$（CCBC）

　　基于上述统计结果，利用 LP-IOC 策略在中国典型城市工况进行仿真验证。统计各工作区间的真实纯电动工作比例，与全局优化结果对比，如图 5-48 和图 5-49 所示。在中国典型城市工况下，LP-IOC 策略仍然能近似模拟全局优化结果中的蓄电池功率分布形式，出现较大误差的区间也与合成工况类似，不再赘述。统计全局优化结果和 LP-IOC 策略在全部驱动状态下的蓄电池平均功率，分别为 11.59kW 和 11.69kW，误差约为 0.9%，两者的电量使用特性仍然十分接近。

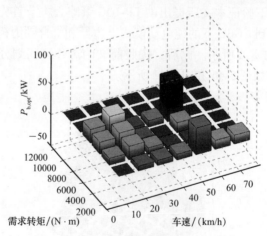

图 5-48　优化蓄电池功率分布（CCBC）

　　同样的，对比 LP-IOC 与 DP-IOC 策略下的蓄电池 *SOC* 变化情况，如图 5-50 所示。类似于合成工况下的验证结果，在中国典型城市工况下，LP-IOC 策略也能实现良好的电量维持能力，终止 SOC 为 49.97%，此外，LP-ICO 策略下的电池 *SOC* 与 DP-IOC 优化结果仍然有较明显的差别，该现象同样将在下文详细分析。

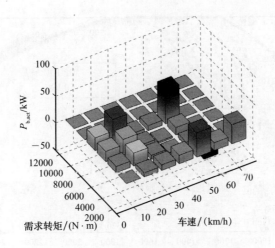

图 5-49　真实蓄电池功率分布（CCBC）

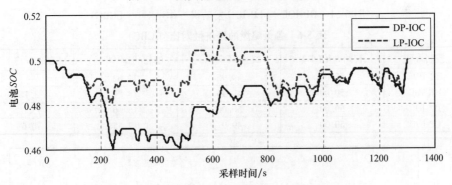

图 5-50　DP-IOC 与 LP-IOC 电池 SOC 对比（CCBC）

对比两种控制策略下的发动机工作点分布，如图 5-51 所示。LP-IOC 策略下的发动机工作点与 DP-IOC 总体分布趋势一致，仅细节部分略有偏差，可进一步证明 LP-IOC 策略在 CCBC 工况下的近似最优控制效果。

统计前文所提出各种控制策略与 LP-IOC 策略在 CCBC 下的燃油经济性，见表 5-6。在各策略都近似电量平衡的条件下，相比于 HR-EOC 策略，基于 DP-IOC 的全局优化结果实现了 13.6% 的节油效果，LP-IOC 策略节油 10.6%，节油量接近最优解。可见，LP-IOC 策略在 CCBC 下也能获得近似最优解。

最后，在不同初始 SOC 下验证控制策略的电量维持能力，如图 5-52 所示。可见，在不同初始 SOC 下，系统都能向着目标 SOC 收敛，具有电量维持能力。

合成工况和中国典型城市工况下的系统能耗分布特性具有明显差异，利用本文基于全局优化结果得到的 LP-IOC 策略，在两工况下都能实现近似最优的电量使用特性，从而获得了近似最优的燃油经济性，相比于基于启发式规则的控制策略，节油效果明显。同时，所提出的基于 LQR 的电量维持策略，在两工况下都

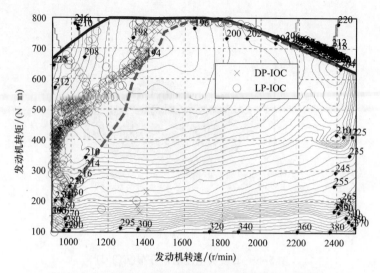

图 5-51　DP-IOC 与 LP-IOC 发动机工作点对比（CCBC）

表 5-6　各策略燃油经济性对比（CCBC）

控制策略	初始 SOC(%)	终止 SOC(%)	油耗/(L/100km)	节油率(%)
HR-EOC	50.00	49.95	19.62	—
HR-IOC	50.00	49.96	18.89	3.7
DP-IOC	50.00	50.00	16.96	13.6
LP-IOC	50.00	49.97	17.55	10.6

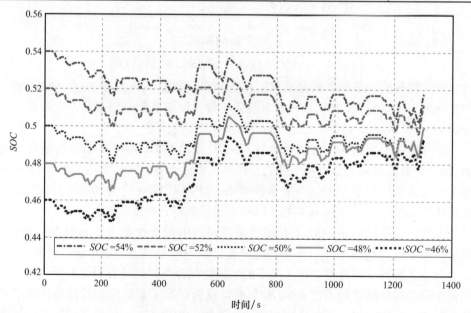

图 5-52　电量维持能力验证（CCBC）

能实现电量维持能力。综上，本节验证了所提出的能量管理策略和电量维持策略，同时验证了基于全局优化的规划自动化提取规则能接近全局优化的效果，同时具备自动化在线实践应用的条件。

5.5 智能优化能量管理策略

混合动力商用车辆因具有提高运输效率，改善排放水平等优势，日益受到各大车企重视。随着智能交通系统的不断发展，车联网技术率先在客车、货车等商用车辆领域得到应用和普及，采用车联网技术解决混合动力汽车能量管理的实时优化控制已成为当前研究关注的焦点。相关研究表明，利用车联网信息、智能交通(Intelligent Trafficsystem，ITS)建立优化车辆能量管理策略，可进一步实现车辆10%~20%的深度节能效果，为解决商用混合动力汽车的实时能量管理及优化问题提供新的思路。本节从车联网信息应用的角度介绍当前融合车联网信息的工况预测智能优化能量管理策略研究工作。包括以下三部分：车联网技术的发展与应用，融合智能网联信息的行驶环境预测，基于智能优化算法的能量管理策略。

5.5.1 车联网技术的发展与应用

车联网是以车内网、车际网和车载移动互联网为基础(图 5-53)，按照约定的通信协议和数据交互标准，在 V2X(X：车、路、行人及互联网等)之间，进行

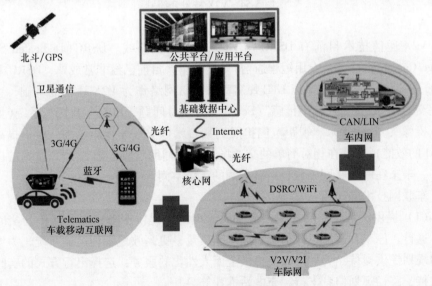

图 5-53 车联网概念

无线通信和信息交换的大系统网络。车联网是能实现智能交通管理、智能动态信息服务和车辆智能化控制的一体化网络。

V2X 智能网联技术是物联网在车辆驾驶情景中的重要应用，如图 5-54 所示。V2X 是自动驾驶必要技术和智慧交通的重要一环。V2X 是 V2V（Vehicle to Vehicle 车车通信）、V2I（Vehicle to Infrastructure 车路通信）、V2P（Vehicle to Pedestrian）等的统称，通过 V2X 可以获得实时路况、道路信息、行人信息等一系列交通信息，从而带来远距离环境信号。通过整合全球定位系统（GPS）导航技术、车对车交流技术、无线通信及远程感应技术奠定了新的汽车技术发展方向，实现了手动驾驶和自动驾驶的兼容。

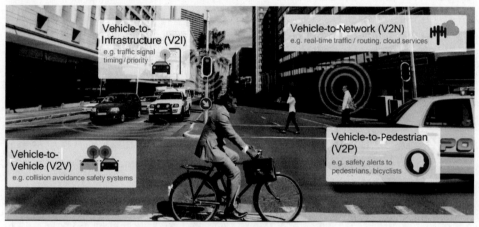

图 5-54　V2X 技术介绍

V2X 通信技术目前有 DSRC 与 LTE V2X 两大路线。DSRC（Dedicated Short Range Communication，专用短程通信）发展较早，目前已经非常成熟，DSRC 基于 IEEE 802.11p 标准，技术以 LTE 蜂窝移动通信网络作为 V2X 通信的基础，主要解决交通实体之间的"共享传感"（Sensor Sharing）问题，可将车载探测系统（如雷达、摄像头）从数十米、视距范围扩展到数百米以上、非视距范围，成倍提高车载 AI 的效能，实现在相对简单的交通场景下的辅助驾驶。随着 LTE 技术的应用推广，未来在汽车联网领域也将有广阔的市场空间。

车联网技术的应用：

（1）提供信息服务及管理　为交通管理机构提供服务：极大地提高实时交通、通行、停车和道路条件信息地数量和质量，更高效地管理运输系统，为城市交通规划提供支持。为驾乘人员提供全面人性化的服务：选择出行方式的实时信息支持，路径规划信息支持，充电站推荐等。

（2）提高行车安全　车联网在保证行驶安全的时候范围更广，可以提前

300~500m 就能预判，而这要比摄像头能侦测的范围更广。除了侧向来车的自动刹车之外，如果前车开启了双闪警报，或者出现了急制动等危险情况，在车道后方的所有车辆都会收到通知，距离过近甚至也会自动制动。此外，当相邻车道有车高速驶来时，驾驶人也会收到车内提示。

（3）促进车辆节能及环保行驶　车联网不仅可以减少交通事故，节省驾驶时间，减缓交通堵塞，还可以降低车辆燃油的使用。在车联网环境下的智能汽车可以实现燃油消耗量的降低。美国政府统计，25%的拥堵是由一些轻微的车辆碰撞事故引起，也包括高峰时期的碰撞。智能网联车辆的安全系统，能够让车减少碰撞，即减少了拥堵，变相提高了整体燃油经济性。另外一方面，MIT 麻省理工学院也估计可以减少20%的加速减速，能够将整个油耗和碳排放降低5%，在车联网环境下实现了非常好的降低油耗的效果。

5.5.2　融合智能网联信息的行驶环境预测

行驶工况是混合动力汽车能量管理策略设计考虑的重要因素之一，对提高整车燃油经济性有着至关重要的作用。开发对未来控制时域内工况进行合理精确预测的方法，进而结合预测能量管理算法实现混合动力系统实时最优控制，已成为商用车混合动力系统智能能量管理策略的有效方法。目前行驶工况预测的主要研究是根据车辆自身行驶一定周期后的工况数据，结合建立的预测模型做出对车辆未来工况的预测。由于依赖车辆运行一定周期的历史数据积累之后做出的工况预测，未来工况预测结果存在滞后性、准确率低，参考性差等问题。

随着智能车联网技术的不断发展，行驶环境信息的获取途径也不断增多，很大程度上提高对未来行驶环境的预见能力。因此基于车联网通信的数据获取将逐渐成为预测工况数据信息获取的主要途径。对于进一步提高预测行驶环境工况的精确性，进而结合预测能量管理算法实现混合动力系统实时最优控制提供深层次方法。

本节提出一种能准确地获取与本车未来工况信息最为接近的前车工况信息，并以此为基础进行未来工况预测，其预测结果具有实时性好、准确性高，可参考性强的融合智能通信信息的混合动力汽车未来工况预测方法，包括前车行驶工况数据获取、前车行驶工况划分、未来工况预测模型建立和本车未来工况在线预测。如图 5-55 所示。

1）该工况预测方法采用的工况数据获取途径，能较准确地获取与本车未来工况最为接近的前车工况信息，保证了预测模型输入数据的实时性和准确性。

2）该工况预测方法采用了基于行驶工况路网与交通信息相融合的行驶工况划分方法，针对连接路段和道路交叉口分别确定划分时间窗口长度，保证预测准确度的同时降低了预测的计算量。

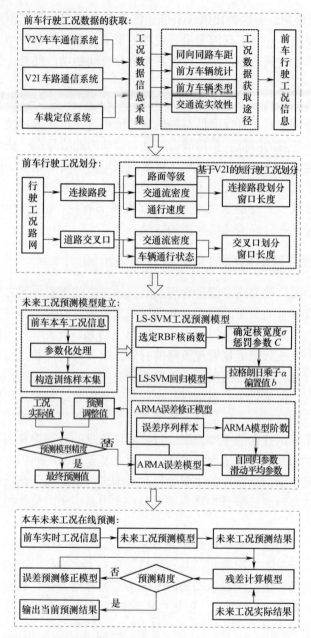

图 5-55　融合智能通信信息的混合动力汽车未来工况预测方法

3）该工况预测方法还从其他两方面保证了预测结果的精确性：①建立了
LS-SVM 预测与 ARMA 误差修正相结合带有预测模型精度判断的未来工况预测模
型，预测模型中加入了误差修正模型和预测模型精度判断，较好地保证了预测模
型精度。②此外，未来工况在线预测时进一步对当前在线预测的结果进行预精度

分析，通过误差预测修正模型对下时间段的工况预测进行修正和调整，进一步保证预测结果准确性。

4）由于固定线路运行的混合动力车辆在利用本方法进行前车行驶工况数据获取、工况划分时更为准确，因此该方法特别适合应用在固定线路运行的混合动力车辆，如固定线路运行的营运及作业的混合动力车辆，如采用混合动力系统的公交车辆、固定线路物流车、清扫作业车辆等。

5.5.3 基于智能优化算法的能量管理策略

在实际车辆的运行中，行驶工况不是事先确定的，而是根据实际情况随时变化的，如果可以获取前方道路及交通信息，可有效对混合动力汽车进行动力分配，并且也可以根据这些信息调整车辆的行驶路径，从而可进一步减少燃油消耗量。以下给出两种方法：

1. 基于行驶工况预测的插电式混合动力客车多模式能量管理策略

行驶工况的车速和道路坡度是影响插电式混合动力电动客车燃油经济性的两个重要因素。安装于插电式混合动力客车的 GPS、GPRS 等车载辅助设备为车辆与控制中心平台提供了交互的可能，通过前车与控制中心的数据交互实现对行驶工况预测。基于这个思路，利用行驶数据的聚类与分类，提出了多模式逻辑切换控制策略（图 5-56），以提高固定线路运行的插电式混合动力客车的燃油经济性。

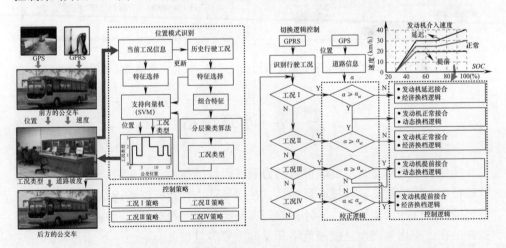

图 5-56 基于行驶工况预测的插电式混合动力客车多模式能量管理策略

首先，通过对采样的历史数据进行特征参数的提取；其次，基于聚类结果，利用支持向量机方法对行驶工况进行预测；最后，基于现有行驶工况和坡度信息建立切换控制器模型。仿真结果表明，通过与传统方法相比，改善明显，为工程应用提供了理论基础，试验结果得出所提出的控制方法在实际客车上应用是可行的。

2. 基于动态交通数据反馈的插电式混合动力汽车能量管理策略

随着远程通信技术及交通监控系统的不断发展，车辆可以随时随地访问实时交通数据流，这为插电式混合动力汽车能量管理的深度节能优化提供了新思路。基于动态交通数据反馈的插电式混合动力汽车能量管理策略，可以利用实时反馈的动态交通数据，结合车辆自身位置信息和目的地信息，应用 SOC 规划算法实现对行驶任务动力电池 SOC 的全局提前规划；而在实时控制时域中，通过预测当前控制时域下的车速工况，结合 MPC 算法来实现动力源转矩的最优分配控制。通过将所规划的 SOC 曲线以终值 SOC 约束的形式引入，为滚动时域层的反馈控制算法提供了良好的控制灵活性，从而可以在局部寻优的过程中对 SOC 规划误差进行补偿。这种策略成功地将动态交通流数据融入 PHEV 能量管理算法中（图5-57），进一步提升了插电式混合动力汽车的燃油经济性。

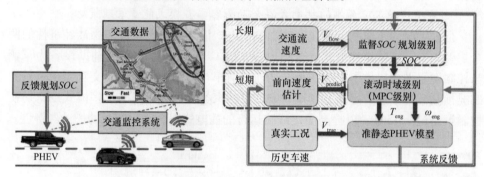

图 5-57　基于动态交通数据反馈的插电式混合动力汽车能量管理策略

5.6　本章小结

能量管理策略是行星混联混合动力系统设计的核心，对于混合动力系统的高效运行具有重要意义。其核心目标是，在保证动力性指标能够满足的基础上，实现燃油经济性的大幅提升，另外，如何提高优化控制策略的实时性，保证其具有良好的在线应用基础也是控制策略开发的重要考量指标。

本章遵循从简单到复杂的思路，逐步介绍作者团队近年来在控制策略方面的众多研究成果，且通过仿真技术等手段，说明了本章所提出的控制策略的合理性和优越性，并且具备实时应用条件。近年来，随着电子技术和信息技术的快速发展，控制策略智能化已经成为目前研究的热点，在后续研究中，作者团队将继续把握这个方向，进一步开展行星混联智能优化控制策略的深入研究。

第 6 章

动态协调控制策略

功率分流式混合动力系统具有多动力源高度耦合的特性，在其模式切换过程中，各动力源响应特性不一致，动力源之间相互影响，以纵向平顺性为目标的动态协调控制研究同样十分重要。

不同于并联式混合动力系统，行星式混合动力系统的三动力源高度耦合，传动链无法与车轮断开。同时，三动力源响应特性差异明显，发动机更是具有受多因素影响的时变响应特性。一方面，这将容易引起模式切换过程中的系统冲击，影响部件的可靠性和乘员舒适性，另一方面，无法准确估计发动机响应特性也将导致真实发动机工作点远离优化工作点，影响在线优化控制效果，从而降低整车燃油经济性。以上问题增大了行星混联混合动力系统动态协调的难度，因此，本章针对行星式混合动力系统开展其动态协调控制策略研究，使系统能够良好响应优化能量管理策略的控制目标，保证模式切换过程的平顺性，从而提高行星混联混合动力系统的控制品质。

6.1 整车动力学分析

为表征行星式混合动力系统的动力学关系，首先将系统分为前行星排、后行星排和车辆动力学模型三部分，建立各部分的自由体图。

该系统前行星排的自由体图如图 6-1 所示，发动机和电机 MG1 分别连接前行星排的行星架和太阳轮，前行星排的转矩从齿圈输出。

根据行星齿轮机构的动力学关系，在忽略内部损失的假设下，可以得到前行星排的动力学关系，如式(6.1)所示。

$$\begin{bmatrix} I_{c1} & 0 & 0 \\ 0 & -I_{s1} & 0 \\ 0 & 0 & I_{r1} \end{bmatrix} \begin{bmatrix} \dot{\omega}_{c1} \\ \dot{\omega}_{s1} \\ \dot{\omega}_{r1} \end{bmatrix} = F_1 \begin{bmatrix} -(R_{r1}+R_{s1}) \\ -R_{s1} \\ R_{r1} \end{bmatrix} + \begin{bmatrix} T_{c1} \\ T_{s1} \\ -T_{r1} \end{bmatrix} \quad (6.1)$$

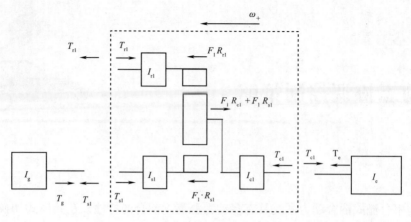

图 6-1　前行星排自由体图

式中，I、ω、T、R 分别表示转动惯量、角速度、转矩和半径，其下标 c1、s1 和 r1 分别代表前行星排的行星架、太阳轮和齿圈；F_1 表示前行星排的内力。同时，根据两动力源与行星齿轮机构的连接关系，可以得到如下关系：

$$\begin{bmatrix} I_e & 0 \\ 0 & I_g \end{bmatrix} \begin{bmatrix} \dot{\omega}_e \\ \dot{\omega}_g \end{bmatrix} = \begin{bmatrix} T_e \\ T_g \end{bmatrix} + \begin{bmatrix} -T_{c1} \\ -T_{s1} \end{bmatrix} \tag{6.2}$$

式中，下标 e 和 g 分别代表发动机和电动机 MG1。结合式(6.1)和式(6.2)，可以得到前行星排的输入、输出之间的关系，如式(6.3)所示。

$$\begin{bmatrix} I_{c1}+I_e & 0 & 0 \\ 0 & I_{s1}+I_g & 0 \\ 0 & 0 & I_{r1} \end{bmatrix} \begin{bmatrix} \dot{\omega}_e \\ \dot{\omega}_g \\ \dot{\omega}_{r1} \end{bmatrix} = F_1 \begin{bmatrix} -(R_{r1}+R_{s1}) \\ R_{s1} \\ R_{r1} \end{bmatrix} + \begin{bmatrix} T_e \\ T_g \\ -T_{r1} \end{bmatrix} \tag{6.3}$$

此外，根据行星齿轮机构的转速关系，可以得到前行星排各部件的转速关系，如式(6.4)所示。

$$\omega_e(1+k_1) = \omega_{r1}k_1 + \omega_g \tag{6.4}$$

类似的，建立后行星排的自由体图如图 6-2 所示。其中，后行星排齿圈与机壳固定连接，保持静止状态，电机 MG2 的转矩从后行星排太阳轮输入，经过减速增矩后从后行星排行星架输出。

同样的，根据后行星排的动力学关系和连接关系，可以得到后行星排的输入、输出关系，如式(6.5)所示。

$$\begin{bmatrix} I_m+I_{s2} & 0 \\ 0 & I_{c1} \end{bmatrix} \begin{bmatrix} \dot{\omega}_m \\ \dot{\omega}_{c2} \end{bmatrix} = F_2 \begin{bmatrix} -R_{s2} \\ R_{s2}+R_{r2} \end{bmatrix} + \begin{bmatrix} T_m \\ -T_{c2} \end{bmatrix} \tag{6.5}$$

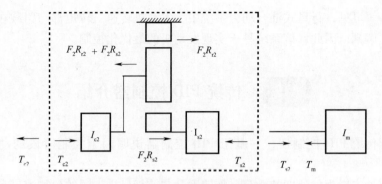

图 6-2　后行星排自由体图

式中，下标 m 代表电机 MG2，下标 $c2$、$s2$ 和 $r2$ 分别代表后行星排行星架、太阳轮和齿圈，F_2 为后行星排的内力。根据后行星排的转速关系，可以得到电机 MG2 与系统输出轴的转速关系如式 (6.6) 所示。

$$\begin{cases} \omega_{c2} = \dfrac{\omega_m}{k_2+1} \\[2mm] \omega_{r1} = \omega_{c2} \end{cases} \tag{6.6}$$

系统输出部分的自由体图如图 6-3 所示，发动机从前行星排输出的转矩 T_{r1} 和电机 MG2 从后行星排输出的转矩 T_{c2} 共同输入到主减速器输入端，用于驱动车辆。

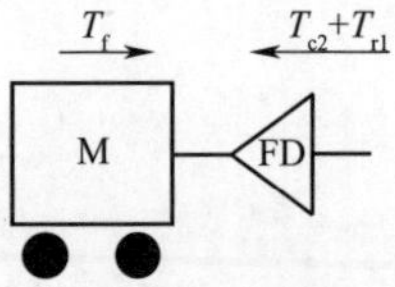

根据式 (6.3)，可以得到如下关系：

$$n_t I_t \frac{a}{R_t} + ma = (T_{c2} + T_{r1} i_o - T_f) \tag{6.7}$$

图 6-3　系统输出部分自由体图

式中，i_o 为主减速比，m 为整车质量，n_t 为车轮数量，I_t 为车轮惯量，R_t 为车轮半径，a 为整车加速度，T_f 为车辆受到的阻力，根据连接关系和车辆动力学模型，a 和 T_f 可以表示为

$$\begin{cases} a = \dfrac{\dot{\omega}_{r1} R_t}{i_o} \\[2mm] T_f = T_{fb} + mgf_r R_t + 0.5\rho A C_D v^2 R_t \end{cases} \tag{6.8}$$

式中，T_{fb} 为车辆的总制动力矩，f_r 为滚动阻力系数，ρ 为空气密度，A 为车辆迎风面积，C_D 为车辆的空气阻力系数，$v = \dfrac{\omega_{r1} R_t}{i_o}$ 为车速。

根据式 (6.3)~式 (6.8)，可以得到行星式混合动力系统的基本动力学关系。由式 (6.4) 可知，在确定车速下，通过调节电机 MG1 的转速，可以实现发动机转速的灵活调节；根据式 (6.7) 可知，系统输出转矩由发动机输出转矩和电机 MG2 输出转矩两部分组成，通过调整电机 MG2 的输出转矩，可以实现发动机转矩的灵活调节。可见，行星式混合动力系统中，发动机转速、转矩都与路载在约束范围内相互解耦，因此，该系统易于实现发动机的最优化控制。

传统 PID 控制器介绍

介绍传统 PID 控制器，并基于 PID 控制器说明两个控制阶段的动态协调问题。

整车冲击度为加速度的微分，加速度又与前行星排齿圈的角加速度呈线性关系，因此，基于本章第 1 节建立的系统动力学模型，即式(6.3)~式(6.8)，推导得到三动力源转矩与系统输出轴转速之间的关系，并进一步微分，即可表征系统冲击度：

$$
\dddot{\omega}_{rl}\left[\frac{I'_v}{k_1^2 i_o I'_g}+\frac{\left(1+\frac{1}{k_1}\right)^2 I'_v}{i_o I'_e}+1\right]=-\frac{1}{k_1 I'_g}\dot{T}_g+(1+k_2)\left[\frac{\left(1+\frac{1}{k_1}\right)^2}{I'_e}+\frac{1}{k_1^2 I'_g}\right]\dot{T}_m
$$

$$
+\frac{1+\frac{1}{k_1}}{I'_e}\dot{T}_e-\left[\frac{\left(1+\frac{1}{k_1}\right)^2}{i_o I'_e}+\frac{1}{k_1^2 i_o I'_g}\right]\dot{T}_f \qquad (6.9)
$$

式中，$I'_v=\frac{R_t^2 m}{i_o}+\frac{4I_t}{i_o}+I_{rl}i_o+(I_m+I_{s2})(1+k_2)^2 i_o-I_{c2}i_o$，$I'_e=I_e+I_{c1}$，$I'_g=I_{s1}+I_g$。

从式(6.9)可知，不同于具有离合器或变速器的混合动力系统，所研究的行星式混合动力系统的传动链不能与车轮断开，任意动力源的转矩变化都将引起车辆的加速度变化，从而导致冲击。尤其是在纯电动到混合动力的模式切换阶段，为实现发动机快速起动，电机 MG1 的转矩将快速增大，这将十分容易引起整车平顺性的恶化。下面将结合工程中常用控制方法，进一步分析当前行星式混合动力系统的动态协调问题。

工程中针对行星式混合动力系统的整车控制策略中，为实现发动机的调速控制，通常采用稳态前馈加动态反馈的 PID 控制器计算得到电机 MG1 的调速转矩，如图 6-4 所示。其中，稳态前馈量 $u_f(t)$ 根据发动机目标转矩 $T_{tar}(t)$ 计算得到，PID 控制器的输入为发动机目标转速 $\omega_{tar}(t)$ 与当前真实反馈转速 $\omega_e(t)$ 之间的误差 $e(t)$，输出为控制变量的增量 $\Delta u(t)$，最终电机 MG1 的调速转矩为 $u_f(t)+\Delta u(t)$。

相比于经典 PID 控制器，采用稳态前馈控制的方法能实现更为平稳的控制效果，但其本质仍然是 PID 控制，当系统由纯电动模式切换到混合动力模式时，需

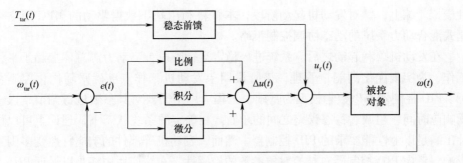

图 6-4　PID 控制器

起动发动机，此时发动机真实转速接近 0，而目标发动机转速为怠速，PID 的输入 $e(t)$ 较大，必将产生较大的输出 $\Delta u(t)$。从式（6.9）可知，电机 MG1 转矩的快速增大将导致 $-\dfrac{1}{k_1 I_g'}\dot{T}_g$ 朝着负方向增大，从而引起系统负方向（与前进方向相反）的冲击。为减小由电机 MG1 引起的负向冲击，工程中常用方法是对 MG1 的目标转矩进行滤波和斜率限制，标定工程师根据发动机起动时间要求和主观驾驶感受，对滤波常数和斜率限值进行标定。然而，固定的标定参数在复杂行驶工况中将难以具有良好适应性，无法保证控制效果的鲁棒性和一致性。

此外，通过对发动机起动阶段的转矩辨识结果可知[70]，当发动机转速升高到 440r/min 附近时，发动机将开始喷油，输出较大的正向转矩，同样基于式（6.9）可知，发动机转矩的突然增大将导致 $\dfrac{1+\dfrac{1}{k_1}}{I_e'}\dot{T}_e$ 的突然增大，从而引起系统正方向的冲击，而工程中常用的滤波和斜率限制都无法解决发动机开始喷油时刻导致的系统冲击。

基于上述对发动机起动过程的系统冲击度分析可知，无法准确预知下一时刻的系统状态变化，是引起系统冲击的主要原因。考虑控制系统与被控对象之间的时序关系，系统当前时刻的控制命令，经由动力源响应后，将引起下一时刻的系统状态变化。可见，是当前时刻的控制命令与未来时刻的系统响应之间的不协调导致了系统冲击与控制偏差。模型预测控制 MPC 通过建立面向控制的模型实现系统未来状态的预测，进而利用在线滚动优化获得最优控制序列，并将最优解的第一个值作为当前时刻的控制命令，其控制思想能有效实现当前控制命令与系统未来状态的协调，适用于行星式混合动力系统的动态协调要求。

同时，起动阶段的发动机转矩响应特性十分复杂，且受到温度、发动机内部阻力等多因素的综合影响，难以利用机理模型准确模拟起动阶段的发动机转矩。根据文献[70]的研究可知，在起动阶段，发动机转矩与转速呈现近似分段线性关系，可基于实车历史运行数据通过参数辨识实现发动机起动阶段的动态响应特性模拟。综上，针对发动机起动阶段，本章将利用基于数据驱动的 MPC 建立行星式混合动力系统的动态协调控制策略。

在发动机顺利起动之后，系统进入稳定运行阶段，三动力源总体上趋于平稳工作，为实现优化的能量管理，该阶段期望发动机工作点准确跟随优化控制目标。PID 控制器个以数学模型为基础，工程应用中需要对其参数进行调节，以权衡响应时间、超调、稳态误差之间的矛盾。在确定的系统状态下，理论上可以设计出满足以上性能要求的 PID 控制器，然而，发动机等部件的响应特性受多因素影响，考虑 PID 控制器对被控对象参数的敏感性，在线应用中将难以保证 PID 控制器在各种运行条件下最优的控制效果，容易出现明显的控制偏差，影响优化能量管理策略的最终实施效果。

通过以上分析可知，进入混合动力模式后，传统控制策略中的 PID 控制器无法保证系统复杂时变响应特性下控制效果的一致性。为解决该问题，首先应实现系统核心部件（即发动机）响应特性的在线估计，为执行层控制器提供准确输入。同时，发动机控制器根据喷油、进气等输入量计算得到的发动机转矩，受到其复杂物理、化学过程的影响，往往与真实转矩存在明显偏差，因此，基于系统中的转速、电机转矩等可以准确观测的信号，对发动机转矩信号进行修正，也是实现其响应特性在线估计的重要组成部分。综上，发动机响应特性的在线估计需要基于准确观测值对当前估计值进行修正，进而实现响应特性的参数辨识。在已知系统状态空间的前提下，卡尔曼滤波方法以最小均方误差为估计准则，能够基于测量和模型实现系统状态的最优估计，且具有良好实时性，在整车质量、电池 SOC 估计中都有大量应用。由于卡尔曼滤波仅适用于线性系统，采用适用于非线性系统的扩展卡尔曼滤波实现发动机响应特性的在线估计。

获得在线发动机响应特性估计结果后，可根据当前时刻的目标转矩实现未来时刻的发动机转矩预测。由于 MPC 具有前馈加反馈的控制形式，在可以准确预测发动机转矩的情况下，基于系统状态空间，以发动机目标转速和控制平稳性要求为目标，开展预测时域内的滚动优化，能有效解决 PID 的控制偏差和参数敏感性问题。因此，针对发动机稳定运行阶段，本章将结合 EKF 和 MPC 设计具有良好鲁棒性的执行层控制器。

综上，本章将混合动力模式下的动态协调控制分解为发动机起动阶段和稳定运行阶段，针对两阶段的控制要求和发动机动态模型特点，分别设计基于数据驱动的 MPC 控制器和结合 EKF 的 MPC 控制器，分别实现两阶段的控制目标。

6.3　基于 MPC 的发动机起动阶段控制

6.3.1　电机 MG1 转矩协调控制

在发动机起动过程中，发动机和电机 MG1 共同输出转矩，提升发动机转速。根据 6.1 节建立的系统动力学模型，即式(6.3)，可以得到发动机起动过程的状态方程，如式(6.10)所示。

$$\frac{(I_{c1}+I_e)\dot{\omega}_e}{1+k_1}+(I_{s1}+I_g)\dot{\omega}_g=\frac{T_e}{1+k_1}T_g \tag{6.10}$$

通过对发动机转矩的参数辨识，起动阶段的发动机转矩与转速呈近似分段线性关系，基于此，该阶段的发动机转矩可表示为 $T_e=\alpha\omega_e+\beta$，其中，α、β 为基于转速的分段常数：

$$\begin{cases} \alpha=\alpha_1,\ \beta=\beta_1,\ \omega_e<440\text{r/min} \\ \alpha=\alpha_2,\ \beta=\beta_2,\ 440\text{r/min}\leqslant\omega_e<580\text{r/min} \\ \alpha=\alpha_3,\ \beta=\beta_3,\ 580\text{r/min}\leqslant\omega_e<640\text{r/min} \\ \alpha=\alpha_4,\ \beta=\beta_4,\ \omega_e\geqslant640\text{r/min} \end{cases} \tag{6.11}$$

结合式(6.11)，并考虑前行星排的转速关系，系统状态方程可进一步改写为

$$\left[\frac{(I_{c1}+I_e)}{1+k_1}+(I_{s1}+I_g)(1+k_1)\right]\dot{\omega}_e=\frac{\alpha\omega_e}{1+k_1}+T_g+\frac{\beta}{1+k_1}+(I_{s1}+I_g)\dot{\omega}_{r1}k_1 \tag{6.12}$$

基于此，得到发动机起动过程的系统状态空间，如式(6.13)所示。

$$\begin{cases} \dot{x}=A_cx+B_{cu}u+B_{cd}d \\ y=C_cx \end{cases} \tag{6.13}$$

式中，$x=\omega_e$，$u=T_g$，$C_c=[1\ \ 0]$，$y=\omega_e$，

$$A_c=\left[\frac{(I_{c1}+I_e)}{1+k_1}+(I_{s1}+I_g)(1+k_1)\right]^{-1}\frac{\alpha}{1+k_1},\ B_{cu}=\left[\frac{(I_{c1}+I_e)}{1+k_1}+(I_{s1}+I_g)(1+k_1)\right]^{-1},$$

$$B_{cd}=\left[\frac{(I_{c1}+I_e)}{1+k_1}+(I_{s1}+I_g)(1+k_1)\right]^{-1},\ d=\frac{\beta}{1+k_1}+(I_{s1}+I_g)\dot{\omega}_{r1}k_1。$$

首先以 T_s 为采样周期，采用精确离散化方法得到系统的离散化模型，如式(6.14)所示。

$$\begin{cases} x(k+1)=Ax(k)+B_uu(k)+B_dd(k) \\ y_c(k)=C_cx(k) \end{cases} \tag{6.14}$$

式中，$A = L^{-1}\left[\left(sI-A_c\right)^{-1}\right] = L^{-1}\left[\dfrac{1}{s-A_c}\right] = e^{A_c T_s}$，

$$B_u = \int_0^{T_s} A\mathrm{d}t B_{cu} = \int_0^{T_s} e^{A_c t}\mathrm{d}t B_{cu} = \frac{B_{cu}}{A_c}\left(e^{A_c T_s}-1\right),$$

$$B_d = \int_0^{T_s} A\mathrm{d}t B_{cd} = \int_0^{T_s} e^{A_c t}\mathrm{d}t B_{cd} = \frac{B_{cd}}{A_c}\left(e^{A_c T_s}-1\right)。$$

为减小稳态误差，本文采用增量式控制，基于式（6.14）可以得到系统的增量模型：

$$\begin{cases} \Delta x(k+1) = A\Delta x(k) + B_u\Delta u(k) + B_d\Delta d(k) \\ y_c(k) = C_c\Delta x(k) + y_c(k-1) \end{cases} \tag{6.15}$$

式中，$\Delta x(k) = x(k)-x(k-1)$，$\Delta u(k) = u(k)-u(k-1)$，$\Delta d(k) = d(k)-d(k-1)$。

根据 MPC 的控制原理，分别定义预测时域 N_p 和控制时域 N_u，且满足 $N_u \leqslant N_p$。由于未来时刻系统状态的预测需要完整控制变量的输入，当控制时域小于预测时域时，假设控制时域之外的控制变量不变，即保证可以得到预测时域内的完整状态预测。另外，从式（6.13）可知，系统干扰项 $B_{cd}d$ 主要与齿圈角加速度及发动机转矩拟合结果相关，角加速度的变化量与车辆加速度的变化量呈正比，而车辆加速度的变化量即为冲击度，起动阶段的动态协调目标即为减小车辆冲击度，基于此可假设齿圈角加速度变化量为 0，而根据式（6.11），β 是否发生变化主要取决于预测时域内的发动机工作转速，本文采用较短的预测时域，从而假设预测时域内 β 也不发生变化。基于此，可假设预测时域内系统干扰不变，即

$$\Delta d(k+i) = 0,\quad i = 1,\ 2,\ \cdots,\ N_p-1 \tag{6.16}$$

在上述假设下，定义预测时域内的系统输出为

$$Y_c(k+1\mid k) = \begin{bmatrix} y_c(k+1\mid k) \\ y_c(k+2\mid k) \\ \vdots \\ y_c(k+N_p\mid k) \end{bmatrix} = \begin{bmatrix} \omega_e(k+1\mid k) \\ \omega_e(k+2\mid k) \\ \vdots \\ \omega_e(k+N_p\mid k) \end{bmatrix} \tag{6.17}$$

式中，$y_c(k+N_p\mid k)$ 表示 k 时刻对 $k+N_p$ 时刻系统输出的预测。

控制时域内的系统输入序列为

$$\Delta U(k) = \begin{bmatrix} \Delta u(k\mid k) \\ \Delta u(k+1\mid k) \\ \vdots \\ \Delta u(k+N_u-1\mid k) \end{bmatrix} \tag{6.18}$$

式中，$\Delta u(k+i\mid k) = \Delta T_g(k+i\mid k)$，$i = 0,\ \cdots,\ N_u-1$。

根据式（6.15）可递推得到预测时域内系统输出与系统输入序列之间的关系，

即为系统状态的预测方程，如式(6.19)所示。

$$Y_c(k+1 \mid k) = S_{c,x}\Delta x(k) + I_c y(k) + S_{c,u}\Delta U(k) + S_{c,d}\Delta d(k) \tag{6.19}$$

式中，$S_{c,x}$、I_c、$S_{c,u}$ 和 $S_{c,d}$ 如下：

$$S_{c,x} = \begin{bmatrix} C_c A \\ \sum_{i=1}^{2} C_c A^i \\ \vdots \\ \sum_{i=1}^{N_p} C_c A^i \end{bmatrix}, \quad I_c = \begin{bmatrix} 1 \\ 1 \\ \vdots \\ 1 \end{bmatrix}, \quad S_{c,d} = \begin{bmatrix} C_c B_d \\ C_c A B_d + C_c B_d \\ \vdots \\ \sum_{i=1}^{N_p} C_c A^{i-1} B_d \end{bmatrix}$$

$$S_{c,u} = \begin{bmatrix} C_c B_u & 0 & \cdots & 0 \\ C_c A B_u + C_c B_u & C_c B_u & \cdots & 0 \\ \vdots & \vdots & \cdots & \vdots \\ \sum_{i=1}^{N_u} C_c A^{i-1} B_u & \sum_{i=1}^{N_u-1} C_c A^{i-1} B_u & \cdots & C_c B_u \\ \vdots & \vdots & \cdots & \vdots \\ \sum_{i=1}^{N_p} C_c A^{i-1} B_u & \sum_{i=1}^{N_p-1} C_c A^{i-1} B_u & \cdots & \sum_{i=1}^{N_p-N_u+1} C_c A^{i-1} B_u \end{bmatrix}$$

考虑起动阶段的系统控制要求，可将起动过程 MPC 的优化目标表示为

$$\min_{\Delta U(k)} J[Y(k), \Delta U(k), N_u, N_p] \tag{6.20}$$

$$J = \| Q[Y_c(k+1 \mid k) - R_e(k+1)] \|^2 + \| R\Delta U(k) \|^2 \tag{6.21}$$

式中，$R_e(k+1) = [r(k+1) \quad r(k+2) \quad \cdots \quad r(k+N_p)]^T$，为急速起动时的目标转速要求。通常发动机转速达到 820r/min 附近已经起动成功，考虑一定的裕量，本文令 $r(k+i) = 900\text{r/min}$，$i = 1, 2, \cdots, N_p$。那么，$\| Q(Y_c(k+1 \mid k) - R_e(k+1)) \|^2$，即优化目标的第一项代表发动机快速起动要求。式中第二项 $\| R\Delta U(k) \|^2$ 的物理意义是期望控制变量尽可能平稳变化，从而实现发动机的平稳起动，保证系统平顺性。

考虑各部件的性能约束，发动机起动过程中，T_g 不可能任意变化。

第一，T_g 将受到电机 MG1 外特性的约束，其最大、最小转矩可利用电机 MG1 转速根据外特性查表得到，而电机 MG1 在预测时域内的转速可由预测得到的发动机转速和齿圈转速（根据前述假设，预测时域内齿圈转速保持不变）计算得到。

第二，在发动机起动过程中，由于发动机尚不能稳定输出转矩，此时系统需求转矩仍然由电机 MG2 提供，电池功率仍然是当前系统需求的主要来源，而起动发动机过程，电机 MG1 也需要输出正向转矩，也需要消耗电池功率，为保证电池性能，应根据电机 MG2 的电功率消耗和电池峰值功率约束，限制电机 MG1

的输出功率，进而限制 T_g 的最小值。结合以上两点，可以得到电机 MG1 转矩的幅值限制如下：

$$T_{gmin}(k+i) \leq T_g(k+i) \leq T_{gmax}(k+i) , \quad i=0, 1, \cdots, N_u-1 \qquad (6.22)$$

第三，电机 MG1 的转矩变化率受到其自身响应特性的约束，根据文献[70]对电机动态模型的辨识结果，利用阶跃输入可计算得到电机 MG1 的转矩变化量 ΔT_g 的最大、最小值限值：

$$\Delta T_{gmin}(k+i) \leq \Delta T_g(k+i) \leq \Delta T_{gmax}(k+i) , \quad i=0, 1, \cdots, N_u-1 \qquad (6.23)$$

第四，为保证发动机转速在期望转速范围内变化，防止发动机转速严重超调，还应设置发动机转速的上、下限值：

$$\omega_{emin}(k+i) \leq \omega_e(k+i) \leq \omega_{emax}(k+i) , \quad i=1, 2, \cdots, N_p \qquad (6.24)$$

考虑上述约束，可将式(6.20)和式(6.21)描述的优化问题表达为二次规划的形式：

$$\min_{\Delta U(k)} \frac{1}{2} \Delta U(k)^{\mathrm{T}} H \Delta U(k) + G(k+1 \mid k)^{\mathrm{T}} \Delta U(k) \qquad (6.25)$$

$$s.t. , \quad C_u \Delta U(k) \leq b(k+1 \mid k)$$

式中，

$$H = 2(S_{c,u}^{\mathrm{T}} Q^{\mathrm{T}} Q S_{c,u} + R^{\mathrm{T}} R)$$
$$G(k+1 \mid k) = -2 S_{c,u}^{\mathrm{T}} Q^{\mathrm{T}} Q E_p(k+1 \mid k) \qquad (6.26)$$
$$E_p(k+1 \mid k) = R_e(k+1) - S_{c,x} \Delta x(k) - I_c y(k) - S_{c,d} \Delta d(k)$$

$$C_u = \begin{bmatrix} I & -I & L^{\mathrm{T}} & -L^{\mathrm{T}} & S_{b,u}^{\mathrm{T}} & -S_{b,u}^{\mathrm{T}} \end{bmatrix}^{\mathrm{T}} \qquad (6.27)$$

$$b(k+1 \mid k) = \begin{bmatrix} \Delta T_{gmax}(k) \\ \vdots \\ \Delta T_{gmax}(k+N_u-1) \\ -\Delta T_{gmin}(k) \\ \vdots \\ -\Delta T_{gmin}(k+N_u-1) \\ T_{gmax}(k)-u(k-1) \\ \vdots \\ T_{gmax}(k+N_u-1)-u(k-1) \\ u(k-1)-T_{gmin}(k) \\ \vdots \\ u(k-1)-T_{gmin}(k+N_u-1) \\ Y_{max}(k+1)-IY(k)-S_{c,x}\Delta x(k)-S_{c,d}\Delta d(k) \\ -Y_{min}(k+1)-IY(k)+S_{c,x}\Delta x(k)+S_{c,d}\Delta d(k) \end{bmatrix} \qquad (6.28)$$

式(6.27)中, I 为单位矩阵, L 是各元素都为单位矩阵的下三角矩阵。式(6.28)中, $Y_{max}(k+1)$ 和 $Y_{min}(k+1)$ 如下所示:

$$Y_{min}(k+1) = \begin{bmatrix} \omega_{emin}(k+1) \\ \omega_{emin}(k+2) \\ \vdots \\ \omega_{emin}(k+N_p) \end{bmatrix}, \quad Y_{max}(k+1) = \begin{bmatrix} \omega_{emax}(k+1) \\ \omega_{emax}(k+2) \\ \vdots \\ \omega_{emax}(k+N_p) \end{bmatrix} \tag{6.29}$$

针对式(6.25)描述的带约束的优化问题, 用二次规划即可实现最优控制序列求解, 最优控制序列中的第一个值即为当前时刻的电机 MG1 转矩控制命令。

6.3.2 电机 MG2 主动补偿控制

从式(6.9)描述的系统冲击度可知, 当 MG1 输出正向转矩时, 系统必将产生负方向的冲击, 为进一步降低发动机起动时刻的系统冲击, 还应利用电动机 MG2 进行主动转矩补偿。

结合式(6.5)~式(6.8)可以得到电机 MG2 与系统输出转矩之间的关系, 如式(6.30)所示。

$$\frac{k_1(I_{c1}+I_e)i_o}{1+k_1}\dot{\omega}_e = \left(\frac{k_1 T_e}{1+k_1} + (1+k_2)T_m\right)i_o - T_o \tag{6.30}$$

式中, $T_o = \left[(I_m+I_{s2})(1+k_2)^2 i_o^2 + I_{c2}i_o^2 + n_t I_t + mR_t\right]\dfrac{\dot{\omega}_{r1}}{i_o} + T_f$, 不难看出, $(I_m+I_{s2})(1+k_2)^2 i_o^2 + I_{c2}i_o^2 + n_t I_t$ 表示传动系统中各旋转部件等效到车轮处的转动惯量, 那么 $\left[(I_m+I_{s2})(1+k_2)^2 i_o^2 + I_{c2}i_o^2 + n_t I_t + mR_t\right]\dfrac{\dot{\omega}_{r1}}{i_o} \approx \delta ma$, δ 为旋转质量换算系数。因此, T_o 可表示为车辆的加速阻力矩和行驶阻力矩之和。

可见, 式(6.30)表征发动机输出转矩和电机 MG2 输出转矩共同克服车辆的行驶阻力矩和加速阻力矩。式中, 发动机转矩同样可以表达为基于转速的分段函数, 那么, 以发动机转速为状态变量, 电机 MG2 转矩为控制变量, 可以得到式(6.30)对应的状态方程:

$$\dot{x} = A_{c2}x + B_{cu2}u_2 + B_{cd2}d_2 \tag{6.31}$$

式中, $u_2 = T_m$, $A_{c2} = \left(\dfrac{k_1(I_{c1}+I_e)i_o}{1+k_1}\right)^{-1}\dfrac{k_1 i_o \alpha}{1+k_1}$, $B_{cu2} = \left(\dfrac{k_1(I_{c1}+I_e)i_o}{1+k_1}\right)^{-1}(1+k_2)i_o$, $B_{cd2} = \left(\dfrac{k_1(I_{c1}+I_e)i_o}{1+k_1}\right)^{-1}$, $d_2 = \dfrac{k_1 i_o \beta}{1+k_1} - T_o$。

同样以 T_s 为采样周期, 对式(6.31)进行离散化并推导其增量方程, 如下:

$$\Delta x(k+1) = A_2\Delta x(k) + B_{u2}\Delta u_2(k) + B_{d2}\Delta d_2(k) \tag{6.32}$$

式中，$A_2 = \mathrm{e}^{A_{c2}T_s}$，$B_{u2} = \dfrac{B_{cu2}}{A_{c2}}(\mathrm{e}^{T_{c2}T_s}-1)$，$B_d = \dfrac{B_{cd2}}{A_{c2}}(\mathrm{e}^{A_{c2}T_s}-1)$。

式(6.32)中，Δd_2 与 β、T_o 相关，如前所述，在较短的时域内 β 可视为定值，而 T_o 近似为车辆行驶阻力矩和加速阻力矩之和，考虑整车的驱动力矩与阻力矩平衡，那么，T_o 即为系统输出转矩。可见，式(6.32)可表示电机 MG2 转矩增量、系统状态变化量对系统输出转矩的影响。

从控制的角度分析式(6.32)，系统输出转矩也可以视作车轮处的驾驶人需求转矩，$\Delta d_2(k)$ 即为驾驶人需求转矩的增量，即 $\Delta d_2(k) = \Delta T_{req}(k)$。基于式(6.25)的优化结果已经确定了当前电机 MG1 的目标转矩，将其代回式(6.15)，可以得到优化电机目标转矩对应的系统状态一步预测结果，令其为 $\Delta x(k+1)_{opt}$，将其代入式(6.32)可反算得到优化电机 MG1 目标转矩对应的电机 MG2 转矩增量，令其为 $\Delta u_2(k)_{opt}$，如式(6.33)所示。

$$\Delta u_2(k)_{opt} = B_{u2}^{-1}\left[\Delta x(k+1)_{opt} - A_2\Delta x(k) - B_{d2}\Delta d_2(k)\right] \tag{6.33}$$

结合上述分析可知，$\Delta u_2(k)_{opt}$ 在满足驾驶人需求转矩的同时，也消除了起动过程中系统状态变化对系统输出转矩的影响，能够实现主动转矩补偿，进一步抑制系统冲击。

6.3.3　仿真验证

为验证发动机起动阶段的动态协调控制策略，利用文献[70]基于实车历史数据建立的发动机动态模型、电机模型和一阶 RC 电池模型等部件模型，实现整车动态建模。进一步根据前文的论述建立起动过程的动态协调控制策略，与稳态能量管理策略集成，得到初步的集成控制策略。所建立的离线仿真模型如图 6-5 所示，包括行驶工况、驾驶人模型、车辆模型和整车控制策略四个部分。驾驶人模型根据工况的目标车速和车辆模型反馈的真实车速，利用 PID 方法输出加速踏板和制动踏板开度。

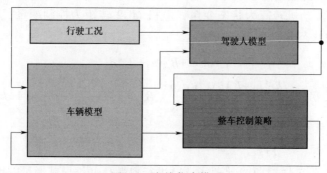

图 6-5　离线仿真模型

针对发动机起动过程的动态协调控制，当检测到模式切换请求时，首先进入起动过程的瞬态控制模式，直到发动机正常输出转矩，且发动机转速大于目标急速时，系统进入混合动力模式。下面对原 PID 控制方法和基于 MPC 的控制方法进行对比分析。

在一次模式切换过程中，两控制方法下，电机 MG1 和 MG2 的转矩变化，以及发动机转矩、转速的变化，分别如图 6-6 和图 6-7 所示。

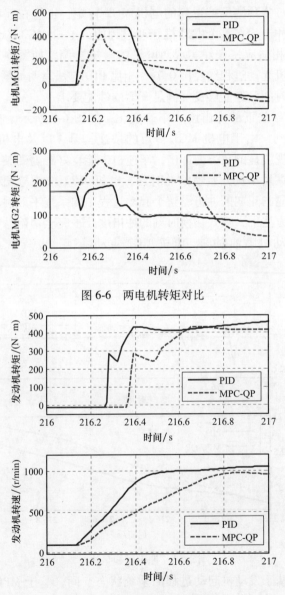

图 6-6　两电机转矩对比

图 6-7　发动机转速、转矩对比

从图 6-6 中可见，在传统的 PID 控制方法下，接收到起动命令后，电机 MG1 转矩近似于阶跃变化，快速提升到峰值转矩附近，同时，由于在起动过程中未能准确估计发动机输出转矩，电机 MG2 的转矩也出现波动，这些因素都将导致系统输出转矩的波动，从而引起系统冲击。从图 6-7 可见，在 PID 控制方法下，发动机起动较快，经历约 0.3s 即达到怠速。相比之下，如图 6-6 所示，基于二次规划（QP）的 MPC 控制方法，能有效抑制电机 MG1 的转矩变化率，使 MG1 转矩平稳上升，而通过一步预测反推得到的电机 MG2 转矩，也能在起动时刻有效补偿起动造成的负向冲击，在整个发动机起动过程中，电机 MG2 的转矩变化也能与 MG1 的转矩变化相适应，良好实现两电机的转矩协调。如图 6-7 所示，MPC 控制方法下的发动机起动过程约经历 0.7s，相比 PID 方法有明显增加，但对于商用车而言，该起动时间已经能够良好满足车辆的性能要求。

对比两控制方法下的冲击度和车速变化，如图 6-8 所示。在 PID 控制方法下，模式切换时刻，由于电机 MG1 转矩的快速提升，以及电机 MG2 转矩的波动，导致整车出现明显的负方向冲击，车速也未能良好跟随驾驶人需求，变化速率显著降低。而在发动机开始喷油的时刻，电机 MG2 未能与发动机转矩有效协调，系统出现明显的正向的冲击，整个起动过程中的系统平顺性较差。而在基于 QP 的 MPC 控制方法下，模式切换时刻的冲击度几乎完全消除，车速保持一致的变化速率，在发动机喷油时刻，电机 MG2 主动降矩，也减小了系统的正向冲击度。

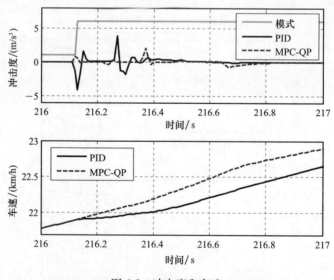

图 6-8　冲击度和车速

综上，本节基于发动机起动过程的系统状态空间，基于 MPC 实现多目标的发动机起动控制，并利用当前时刻的电机 MG1 优化目标转矩进行预测，再基于该预测结果实现电机 MG2 转矩的主动补偿控制，有效实现了模式切换过程的动态协调控制，整个发动机起动过程的整车平顺性显著提升。

6.4　基于 EKF 和 MPC 的稳态阶段控制

发动机成功起动后，系统应基于稳态能量管理策略的转矩分配结果，实现优化工作点的良好跟随，从而保证优化能量管理策略的实施效果。如前所述，传统控制策略中采用 PID 控制器实现发动机转速调节，然而，车辆行驶工况的复杂性和发动机受多因素影响的时变响应特性，都将导致固定 PID 参数难以在各种条件下实现良好的发动机转速调节，难免引起控制偏差，影响整车燃油经济性和电量维持能力。基于此，本节首先将利用 EKF 实现在线发动机响应特性辨识，并在此基础上设计发动机稳定运行阶段的执行层控制器。

6.4.1　基于 EKF 的发动机响应特性辨识

根据文献[70]基于历史数据的参数辨识结果可知，本文研究对象所采用的发动机，在起动之后的响应特性可表示为一阶传递函数，采用双线性变换方法离散后可表示为

$$T_{e,act,k} = \beta_1 [T_{e,cmd,k-1} + T_{e,cmd,k-2}] - \beta_2 T_{e,act,k-1} \tag{6.34}$$

式中，$T_{e,cmd}$ 为发动机目标转矩，$T_{e,act}$ 为发动机真实转矩，下标 k 代表当前采样周期。基于式(6.34)，发动机响应特性的变化即为 β_1、β_2 的变化。利用 EKF 实现 β_1、β_2 的在线估计，需要基于被控对象的状态方程对系统状态进行估计，进而根据估计结果与测量值之间的偏差开展响应特性的修正。在发动机响应特性的估计中，可将发动机转矩作为状态变量，根据式(6.34)实现下一时刻的发动机转矩估计。然而，发动机控制器反馈的转矩信号本身存在一定误差，不适宜作为测量值，而发动机转速能获取较为准确的测量结果，因此，本文采用发动机转速作为测量值。

同样基于前行星排动力学模型，即式(6.10)，可得发动机转速与转矩之间的关系，如式(6.35)所示。

$$\dot{\omega}_{e,k-1} = \cfrac{(I_{s1}+I_g) k_1 \dot{\omega}_{r1,k-1} + T_{g,k-1} + \cfrac{T_{e,k-1}}{1+k_1}}{\cfrac{I_{c1}+I_e}{(1+k_1)+(I_{s1}+I_g)(1+k_1)}} \tag{6.35}$$

利用前向欧拉进行离散化可得：

$$\omega_{e,k} = \omega_{e,k-1} + T_s \dot{\omega}_{e,k-1} \tag{6.36}$$

同时，考虑发动机响应特性在较短的时间内不会发生明显变化，令 $\dot{\beta}_1 = 0$，$\dot{\beta}_2 = 0$，即

$$\begin{cases} \beta_{1,k} = \beta_{1,k-1} \\ \beta_{2,k} - \beta_{2,k-1} \end{cases} \tag{6.37}$$

结合式(6.34)、式(6.36)和式(6.37)可得离散系统的状态方程，如下：

$$\begin{cases} \omega_{e,k} = \omega_{e,k-1} + T_s \dot{\omega}_{e,k-1} \\ T_{e,k} = \beta T_{e,k-1} + \beta_2 (T_{e,cmd,k-1} + T_{e,cmd,k-2}) \\ \beta_{1,k} = \beta_{1,k-1} \\ \beta_{2,k} = \beta_{2,k-1} \end{cases} \tag{6.38}$$

如前所述，发动机转速能获得较为准确的测量结果，因此，系统的测量方程为

$$z_k = \begin{bmatrix} 1 & 0 & 0 & 0 \end{bmatrix} \begin{bmatrix} \omega_{e,k} \\ T_{e,k} \\ \beta_{1,k} \\ \beta_{2,k} \end{bmatrix} + V_k \tag{6.39}$$

式(6.38)和式(6.39)组成了离散系统的状态空间，如式(6.40)所示。

$$\begin{cases} x_k = f(x_{k-1}) + W_{k-1} \\ z_k = H x_k + V_k \end{cases} \tag{6.40}$$

式中，W_{k-1} 和 V_k 是系统的过程噪声和测量噪声，都是均值为 0 的白噪声，相互独立，并具有如下统计学特征：

$$\begin{cases} E[W_k] = 0, \; E[V_k] = 0, \; Cov[W_k, \; V_k^T] = 0 \\ Cov[W_k, \; W_j] = E[W_k W_j^T] = Q_k \\ Cov[V_k, \; V_j] = E[V_k V_j^T] = R_k \end{cases} \tag{6.41}$$

利用 EKF 进行状态估计包括时间更新和测量更新两个步骤。其中，时间更新通过向前推算系统状态获得先验估计及先验误差协方差；而测量更新通过结合先验估计和测量结果来实现最小均方差估计，获得最优的估计结果并更新后验误差协方差，实现状态估计的递推，下面介绍基于 EKF 的发动机动态响应特性辨识流程。

首先，进行时间更新，得到先验估计和先验误差协方差，如式(6.42)和式(6.43)所示。

$$\hat{x}_{k|k-1} = f(\hat{x}_{k-1}) \tag{6.42}$$

$$P_{k|k-1} = J_f(\hat{x}_{k-1}) P_{k-1} J_f^T(\hat{x}_{k-1}) + Q_{k-1} \tag{6.43}$$

式中，$\hat{x}_{k-1}$ 为 $k-1$ 时刻的最优估计值，$\hat{x}_{k|k-1}$ 是状态变量的先验估计结果，P_{k-1} 是

$k-1$时刻的误差协方差，$P_{k|k-1}$即为先验误差协方差，$J_{\mathrm{f}}(\hat{x}_{k-1})$是状态方程函数$f(\hat{x}_{k-1})$对状态变量的偏导，如下：

$$J_{\mathrm{f}}=\frac{\partial f}{\partial x}=\begin{bmatrix} \dfrac{\partial f_1}{\partial w_{\mathrm{e}}} & \dfrac{\partial f_1}{\partial T_{\mathrm{e}}} & \dfrac{\partial f_1}{\partial \beta_1} & \dfrac{\partial f_1}{\partial \beta_2} \\[6pt] \dfrac{\partial f_2}{\partial w_{\mathrm{e}}} & \dfrac{\partial f_2}{\partial T_{\mathrm{e}}} & \dfrac{\partial f_2}{\partial \beta_1} & \dfrac{\partial f_2}{\partial \beta_2} \\[6pt] \dfrac{\partial f_3}{\partial w_{\mathrm{e}}} & \dfrac{\partial f_3}{\partial T_{\mathrm{e}}} & \dfrac{\partial f_3}{\partial \beta_1} & \dfrac{\partial f_3}{\partial \beta_2} \\[6pt] \dfrac{\partial f_4}{\partial w_{\mathrm{e}}} & \dfrac{\partial f_4}{\partial T_{\mathrm{e}}} & \dfrac{\partial f_4}{\partial \beta_1} & \dfrac{\partial f_4}{\partial \beta_2} \end{bmatrix}=\begin{bmatrix} 1 & \dfrac{T_{\mathrm{s}}}{(1+k_1)\,I'_{\mathrm{eqv}}} & 0 & 0 \\[6pt] 0 & \beta_1 & T_{\mathrm{e},k-1} & T_{\mathrm{e,cmd},k-1}+T_{\mathrm{e,cmd},k-2} \\[6pt] 0 & 0 & 1 & 0 \\[6pt] 0 & 0 & 0 & 1 \end{bmatrix}$$

式中，$I'_{\mathrm{eqv}}=\dfrac{I_{\mathrm{c1}}+I_{\mathrm{e}}}{(1+k_1)+(I_{\mathrm{s1}}+I_{\mathrm{g}})(1+k_1)}$。

接下来，根据卡尔曼滤波原理进行测量更新：

$$K_k=P_{k|k-1}H^{\mathrm{T}}(HP_{k|k-1}H^{\mathrm{T}}+R_k)^{-1} \tag{6.44}$$

$$\hat{x}_k=\hat{x}_{k|k-1}+K_k(z_k-H\hat{x}_{k|k-1}) \tag{6.45}$$

$$P_k=(I-K_kH)P_{k|k-1} \tag{6.46}$$

式中，K_k为k时刻的卡尔曼增益；$\hat{x}_k$为状态变量的后验估计值；P_k为后验误差协方差，I为单位矩阵。

可见，利用上述 EKF 递推流程，将实现基于发动机转速的转矩估计及动态响应特性估计，进而根据估计得到的β_1、β_2即可预测下一时刻的发动机转矩，这将为发动机稳定运行阶段的发动机工作点控制提供重要输入。

6.4.2　基于 MPC 的稳态阶段控制

如前所述，MPC 具有基于模型控制的本质，和前馈加反馈的控制形式，能更好实现控制目标的准确跟随。本节将针对 PID 控制器的控制偏差问题，设计系统在混合动力模式稳态阶段的 MPC 控制器。

同样基于系统前行星排的动力学模型，可以得到该阶段的状态方程，如式（6.47）所示。不同于发动机起动阶段，在该阶段内，利用上一节的 EKF 方法实现发动机响应特性估计，进而结合当前的发动机控制命令和发动机转矩估计结果，基于式（6.34）即可得到发动机转矩预测值，同时假设较短的预测时域内发动机转矩不变，因此，式（6.47）中的发动机转矩被视作已知量。

$$\left[\frac{(I_{\mathrm{c1}}+I_{\mathrm{e}})}{1+k_1}+(I_{\mathrm{s1}}+I_{\mathrm{g}})(1+k_1)\right]\dot{\omega}_{\mathrm{e}}=T_{\mathrm{g}}+\frac{T_{\mathrm{e}}}{1+k_1}+(I_{\mathrm{s1}}+I_{\mathrm{g}})\,\dot{\omega}_{\mathrm{r1}}k_1 \tag{6.47}$$

同样以发动机转速为状态变量，可以得到该阶段的状态空间，如式（6.48）。

$$\begin{cases} \dot{x} = A_c x + B_{cu} u + B_{cd} d \\ y = C_c x \end{cases} \tag{6.48}$$

式中，$x = \omega_e$，$u = T_g$，$d = \dfrac{T_e}{1+k_1} + (I_{s1}+I_g)\dot{\omega}_{r1}k_1$，$A_c = 0$，$C_c = 1$，$y = \omega_e$，$B_{cu} = \left(\dfrac{(I_{c1}+I_e)}{1+k_1} + (I_{s1}+I_g)(1+k_1) \right)^{-1}$；$B_{cd} = \left(\dfrac{(I_{c1}+I_e)}{1+k_1} + (I_{s1}+I_g)(1+k_1) \right)^{-1}$。

对上式进行离散化，并以增量形式表达，可得：

$$\begin{cases} \Delta x(k+1) = A\Delta x(k) + B_u \Delta u(k) + B_d \Delta d(k) \\ y_c(k) = C_c \Delta x(k) + y_c(k-1) \end{cases} \tag{6.49}$$

式中，$A = e^{A_c T_s}$，$B_u = B_{cu} T_s$，$B_d = B_{cd} T_s$。

基于式（6.49）进行递推即可得到预测时域内系统输入、输出之间的关系，表达形式与6.2.1节相同。根据稳态阶段的控制要求，将系统控制目标表示为

$$\min_{\Delta U(k)} J\left[Y_c(k+1),\ \Delta U(k),\ N_p,\ N_u \right] \tag{6.50}$$

$$J = \| Q(Y_c(k+1 \mid k) - R_e(k+1)) \|^2 + \| R\Delta U(k) \|^2 \tag{6.51}$$

假设在较短的控制时域内，发动机目标转速不变，因此，式（6.51）中，$R_e(k+1) = I_c \omega_{tar}(k)$，$\omega_{tar}(k)$ 即当前时刻的发动机目标转速。

同样基于前文所述的快速求解方法，可以得到最优控制变量为

$$\begin{aligned} \Delta u_{opt} &= (J_1^T J_1)^{-1}(J_1^T J_2) \\ &= (I_u^T S_{c,u}^T Q^T Q S_{c,u} I_u + I_u^T R^T R I_u)^{-1}(I_u^T S_{c,u}^T Q^T) Q E_p(k+1 \mid k) \end{aligned} \tag{6.52}$$

式中，$E_p(k+1) = I_c \omega_{tar}(k) - S_{c,x}\Delta x(k) - S_{c,d}\Delta d(k) - I_c y(k)$。

类似于起动阶段对电机 MG1 转矩增量的约束，稳定运行阶段也需要基于电机 MG1 的外特性、电池峰值功率、MG1 响应速度以及系统状态的上下边界，对 $\Delta u(k)$ 进行约束。当 Δu_{opt} 小于约束的下限时，最优控制变量为下限值；当 Δu_{opt} 大于约束的上限时，最优控制变量为约束的上限值。

在混合动力模式稳定运行阶段，各动力源转矩不会发生明显变化，电机 MG2 的转矩主要用于补足系统输出转矩，满足驾驶人期望。因此，根据 EKF 辨识结果得到发动机转矩一步预测结果 $T_e(k+1 \mid k)$，并基于系统输出转矩的稳态关系即可得到电机 MG2 的目标转矩，如式（6.53）所示。

$$T_{m,cmd}(k) = \frac{T_{req}(k)}{i_o} - \frac{k_1 T_e(k+1 \mid k)}{1+k_1} \tag{6.53}$$

综上，本节在发动机响应特性辨识的基础上，以预测的发动机转矩为输入，基于 MPC 实现发动机的调速控制，基于系统稳态转矩关系完成发动机的调矩控制。

6.4.3 仿真验证

在 6.2 节中所建立的初步集成控制策略基础上，加入基于 EKF 的发动机动态响应特性估计模块和稳态阶段的 MPC 控制器，替代原有稳态阶段的 PID 控制器。

为验证基于 EKF 的发动机响应特性估计方法，本节将设置不同初始条件对该方法进行仿真测试，观察估计结果与真实发动机转矩之间的关系。

首先，考虑发动机控制器反馈的发动机转矩信号与真实发动机转矩之间可能存在偏差，分别在真实发动机转矩上增加噪声、偏移和延时环节，在各条件下利用 EKF 进行发动机响应特性估计，仿真结果如图 6-9 所示。虽然 EKF 递推时需要以发动机转矩信号作为初始输入，但是无论发动机转矩信号存在噪声、偏移还是延时，EKF 都能有效实现发动机转矩估计，估计值与真实值吻合良好。

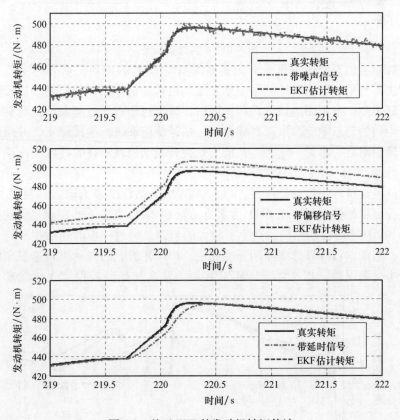

图 6-9 基于 EKF 的发动机转矩估计

第二，根据前文所述，发动机动态响应特性受多因素影响，基于历史数据辨识得到的发动机响应特性可能与当前真实情况存在偏差。基于此，分别在 β_1、β_2

的初始值偏小和偏大的情况下进行仿真分析，如图 6-10 所示。当发动机动态响应相关参数偏小时，初始发动机转矩估计结果偏小，而经历 3~4s 后，EKF 的估计值便能逐渐收敛到真实发动机转矩附近。当发动机动态响应相关参数偏大时，初始发动机转矩估计结果偏大，类似的，EKF 估计结果也能在 3~4s 后收敛于真实转矩附近。

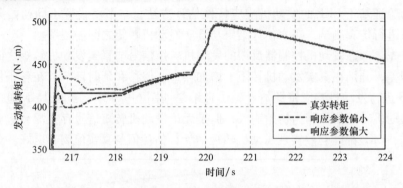

图 6-10　响应参数偏差

　　通过以上仿真分析可见，本文提出的基于 EKF 的发动机动态响应特性在线估计方法，利用发动机转速测量值修正发动机转矩估计值，即便发动机转矩信号出现明显偏差，也不影响该估计值。同时，该方法能有效适应发动机时变的响应特性，当初始动态响应参数存在偏差时，估计值能够进行递推修正，并最终收敛于真实转矩附近。可见，这种方法能有效提升发动机转矩在线估计的准确性和鲁棒性。

　　验证发动机转矩估计结果后，以 EKF 方法的估计结果为输入，利用 MPC 实现优化控制目标的跟随。图 6-11 为 PID 方法和 MPC 方法下的发动机转速控制效果对比，PID 方法在初始阶段产生了较大的超调，经过一段时间后逐渐与目标转速吻合，然而，目标转速发生明显变化后，PID 方法下的发动机转速控制结果将再次产生显著误差。相比之下，MPC 控制方法在初始阶段仅产生少量超调，且

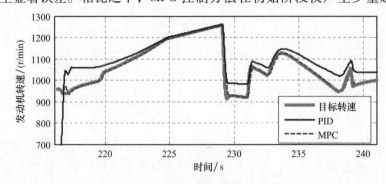

图 6-11　发动机转速控制效果

迅速跟随目标转速，跟随误差较小，在目标转速发生明显变化时，MPC 也能快速响应并实现良好跟随。

两种控制方法下的车速和冲击度变化情况对比，如图 6-12 所示。可见，在混合动力模式的稳态运行阶段，两种控制方法都能保证良好的平顺性和车速控制效果。

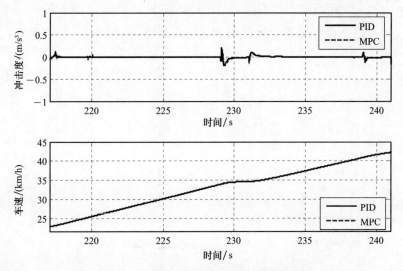

图 6-12　两种控制方法下车速、冲击度结果

综上，在混合动力模式的稳态运行阶段，三动力源运行较为稳定，不会发生过大的转矩变化，系统平顺性易于保证，PID 和 MPC 控制方法都能实现良好车速跟随和较好的系统平顺性。相比之下，MPC 方法能实现更好的发动机目标转速跟随效果，在目标转速变化时也能保持控制效果。可见，基于 EKF 估计结果利用 MPC 实现系统工作点控制的方法，具有较小的控制误差和良好的工况适应性，性能明显优于当前工程中常用的 PID 方法。

6.5　本章小结

良好的动态协调控制算法是提高行星式混联混合动力系统动态品质的关键。本章将行星式混合动力系统的动态协调问题分解为纯电动向混合动力模式切换的瞬态运行阶段和发动机成功起动之后的稳态运行阶段。针对模式切换的瞬态运行阶段，本章采用动态协调当前时刻的控制命令与未来时刻的系统状态响应，解决发动机快速起动要求与系统平顺性要求之间的矛盾。针对发动机起动成功之后的稳态运行阶段，采用 EKF 估计时变的发动机动态响应特性，并以估计结果作为输入，利用模型预测控制方法实现优化控制目标的良好跟随，同时保证控制效果的工况适应性和鲁棒性。

本章所提出的动态协调控制策略能有效降低系统冲击，对整车平顺性和安全性的提升都有帮助。该方法将完善行星混联式混合动力系统的控制理论，对其应用推广具有重要意义。

行星式混合动力物流车

　　我国自大力推广新能源汽车以来，新能源乘用车和新能源客车产业及应用规模不断扩大，而新能源专用车的规模相对较少，然而，根据最新发布的2018年第二批《新能源汽车推广应用推荐车型目录》，此次共有51款新能源汽车产品进入该目录中。其中，新能源乘用车10款，新能源客车27款，新能源专用车14款。14款新能源专用车全部为物流车，证明新能源物流车已成为新能源汽车行业的重点推广对象。

　　目前，新能源物流车主要分为纯电动物流车和混合动力物流车，在国家政策的鼓励下，纯电动物流车的产销量远高于混合动力物流车，然而，纯电动物流车普遍存在续驶里程低、车辆使用效率低以及充电时间长的缺点，而混合动力化可以避免以上的缺点。通过本书的前几章分析，行星混联混合动力系统具有最突出的节能优势，因此，将行星混联混合动力系统应用到物流车，是汽车行业新的拓展方向。本章将以一款在研的行星混联混合动力物流车为对象，对其动力系统的开发过程进行详细介绍，在实车测试之前，搭建了行星混动试验台架，对动力总成及其控制策略进行验证和调试。

7.1 物流车行星混动系统方案设计

　　物流车主要用于城市内的物流配送以及城市间的短途货物运输。城市物流配送因商超地库坡度较大，对物流车的爬坡度有较高要求；城市间的货物运输则要求物流车的最高车速相对较高，满足货物快速流通的需求。以上两方面决定了混合动力物流车参数匹配过程需同时考虑较大爬坡度以及较高车速需求，使得混合动力物流车的参数匹配过程与第3章介绍的城市客车、公路客车、重型卡车的参数匹配存在差异。本章选用超级电容作为行星式混合动力物流车的储能装置，并对超级电容的具体规格进行匹配。出于附件电动化成本方面的考虑，该物流车未进行附件电动化，仍然采用发动机带动相关附件，这就要求行车过程中发动机应始终保持在怠速转速以上，为此开发了针对性的能量管理策略以解决上述问题。同时，基于第6章提出的行星混动动态协调控制策略，本章以行星式混合动力物流车为对象，对动态协调控制策略控制效果进行验证，并进一步提出一种实施性更强的工程化动态协调控制策略。

为降低开发成本，在原有燃油物流车的基础上，更换动力总成，开发行星式混合动力物流车，如图7-1所示。

图7-1　行星式混合动力物流车

7.1.1　整车参数与动力性指标

由企业提供的行星式混合动力物流车基本参数见表7-1，动力性指标要求见表7-2。

表7-1　行星式混合动力物流车基本参数

整车参数	整车总质量	4495kg
	整备质量	2560kg
	风阻系数	0.5375
	迎风面积	$6m^2$
	滚动阻力系数	0.0076+0.000056×车速
驱动桥速比	4.785	
轮胎	滚动半径	0.376m

表7-2　行星式混合动力物流车动力性指标

动力性指标	最高车速	100km/h
	最大爬坡度	20%@15km/h
	加速时间	0-90km/h 小于66s
	超车加速	60-70km/h 小于10s 60-90km/h 小于39s

在满足上述动力性指标的同时，根据 2.1 节商用车行驶工况法规分析结果，行星式混合动力物流车还需采用 C-WTVC 工况测试其动力性以及经济性。行驶工况的动力性测试是指验证所开发的行星式混合动力物流车能否在全工况范围内良好跟随工况目标车速；行驶工况的经济性测试是指分别测试 C-WTVC 市区、公路、高速工况下行星式混合动力物流车的具体油耗值，并按照 4：4：2 的比例计算行星式混合动力物流车在 C-WTVC 工况下的总油耗。

7.1.2　行星排特征参数选取

后行星排对电机 MG2 起到减速增矩作用，因此，后行星排特征参数的选取主要受制于电机 MG2 的最大转速和最大转矩。

根据最高车速 100km/h 的要求，可以计算得到电机 MG2 的最大转速为 $100 \times 30 R_{\text{tire}} i_{\text{fd}} (1+k_2)/3.6\pi$。考虑行星排的装配关系，$k_2 \geqslant 1.5$，得到 k_2 与电机 MG2 最大转速之间的关系，如图 7-2 所示。

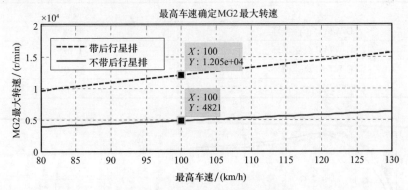

图 7-2　电机 MG2 最大转速

可见，即便当 k_2 取最小值 1.5 时，电机 MG2 的最大转速也将超过 12000r/min，这样将不利于电机的选型。因此，物流车构型考虑去掉后行星齿轮机构，采用单行星排构型。这样，电机 MG2 的最大转速应大于 4821r/min。对原有物流车构型进行更新，更新后的系统构型如图 7-3 所示。

前行星排特征参数决定系统的功率分流比例，进而影响系统的传动效率。按照 3.1.2.3 节基于行星混动系统效率特性的行星排特征参数确定方法，假定物流车两电机效率恒定为 0.9，以法规要求的 C-WTVC 工况为输入，采用发动机最优工作曲线策略，分别对 C-WTVC 工况的不同工况段及综合工况（根据 GB/T 27840—2011，4495kg 货车的市区、公路、高速部分的特征里程分配比例为 4：4：2）下的前行星排特征参数 k_1 进行寻优计算，结果见表 7-3。

根据行星混联系统的传动效率特性，将优化得到的市区、公路、高速工况下系统传动效率作图，如图 7-4 所示。可以看出，特征参数越小，行星混联系统在

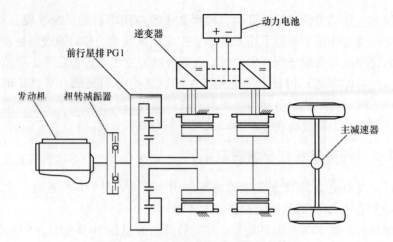

图7-3　行星式物流车混动系统现有构型

表7-3　物流车前行星排特征参数计算结果

工　　况	最优 k_1 值
C-WTVC 市区循环	1.98
C-WTVC 公路循环	1.07
C-WTVC 高速循环	<1.01
C-WTVC 综合 (4：4：2)	<1.01

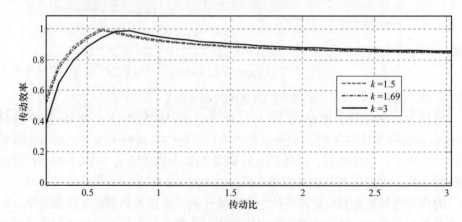

图7-4　不同特征参数对应的传动效率

小传动比的区间传动效率越优，而大传动比区间相反。由于车辆在高速行驶时传动比通常较小，而低速区间往往对应较大传动比。也就是说，特征参数取值越小，行星混联系统在高速区间的传动效率越优。那么，对应市区工况取值为1.98，而高速工况取值1.07，公路工况处于两者之间，优化结果合理。以上结果仅基于计算，实际行星齿轮的特征参数在1.5~3之间，超过此范围在机械结构上将难以实现。结合结构设计中的强度要求可知，当特征参数接近1.5时，行星齿轮机构的强度将难以保证，基于此，暂定行星排特征参数处于 1.6~1.7 之间，在此初选 1.69。

7.1.3　主减速比选取

根据上节计算出的行星排特征参数 1.69，以及企业提供的主减速比 4.785 对电机 MG1 和电机 MG2 进行初步参数匹配，参数匹配的过程中发现采用 4.785 的主减速比将会给电机选型造成困难。在更换主减速比后，根据调研得到的当前市面上电机产品情况对物流车的两电机重新进行匹配，得到最终的参数匹配结果。

7.1.3.1　电机 MG1、MG2 初匹配

在进行具体的电机参数匹配之前，应先进行发动机的选择与参数匹配。根据第 3 章介绍的参数匹配方法，要求发动机能够提供稳态工况下的全部功率需求，以维持行星混动系统的电量。参考第 3 章发动机匹配方法，基于动力性指标，计算得稳态工况下发动机需求功率最大为 83kW，同时考虑一定的裕量功率以满足发动机附件要求，选择一款最大功率为 90kW 的柴油机——4DB1-E00 作为目标发动机。该发动机的 MAP 如图 7-5 所示。

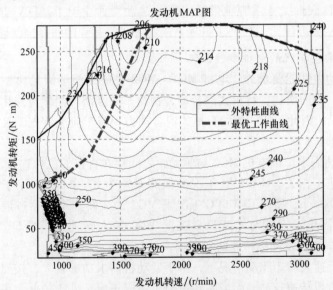

图 7-5　4DB1-E00 发动机 MAP

在确定发动机和行星排特征参数之后，基于合理的整车控制策略（如发动机最优策略、外特性策略等），根据物流车的动力性要求和工况特征，可以确定电机的参数。这里的动力性能主要是加速性能和最大爬坡性能。

1. 加速工况

按照第 3 章介绍的参数匹配方法，首先拟合得到行星式混合动力物流车的加

速曲线。考虑到加速工况下要充分发挥发动机的转矩输出能力以获得更充沛的动力，选用发动机外特性策略，得到发动机工作点。随后根据行星齿轮机构的转速转矩关系计算得到加速过程中电机 MG1、MG2 的需求转速、转矩和功率，并提取二者的最大转速、最大转矩、最大功率等各峰值点，见表7-4。

表7-4　0~90km/h 极限加速电机峰值工作点

部件	最大转矩/(N·m)	最大转速/(r/min)	最大功率/kW
电机 MG1	−140	2983	−34.4
电机 MG2	255.8	3038	36.1

2. 最大爬坡工况

同样按照第3章的参数匹配方法，计算行星式混合动力物流车在最大爬坡工况下电机 MG1、MG2 的工作点，并提取二者的最大转速、最大转矩、最大功率等各峰值点，见表7-5。

表7-5　最大爬坡工况电机峰值工作点

部件	最大转矩/(N·m)	最大转速/(r/min)	最大功率/kW
电机 MG1	−113.9	2683	−32
电机 MG2	606.9	506	32

3. 基于典型工况的电机参数匹配

除上述动力性能要求外，电机 MG1、MG2 也应该能够满足典型行驶工况下的动力需求。如前所述，行星式混合动力物流车的经济性测试应采用4:4:2的 C-WTVC 工况。因此，所匹配的行星式混合动力物流车应能首先满足 C-WTVC 工况的动力需求。

（1）转速需求　因电机 MG2 与驱动轮之间存在直接的机械连接，故 MG2 最大转速与车速正相关。C-WTVC 工况的最高车速为 87.8km/h，小于物流车最高设计车速 100km/h，所以 C-WTVC 工况下 MG2 最大转速不会超过最高设计车速下 MG2 转速需求，无需对 C-WTVC 工况 MG2 最大转速进行验证。另一方面，MG1 转速受车速和发动机转速两者影响，且有正负之分。

首先，低速大转矩驱动情况下，由于发动机需求功率较大，按照发动机最优工作曲线查表得转速较高，而齿圈转速与车速成正比，处于较低水平，由行星齿轮机构转速关系可知 MG1 会出现较大的正向转速。经计算，C-WTVC 工况下 MG1 最大正向转速不超过 2500r/min。

其次，假设制动时发动机关闭，且由于发动机阻力矩相对较大，同时假设发动机关闭后转速降为 0，那么高速时制动会导致 MG1 出现较大的反向转速，尽管此时 MG1 不输出转矩，但最大负向转速仍会超过 4600r/min。

（2）转矩需求　经计算，C-WTVC 工况下，MG2 的最大驱动转矩出现在纯电动模式下，为 427N·m，未超过爬坡性能对 MG2 的峰值转矩需求；MG2 的最大制动转矩为-398N·m。MG1 的需求转矩最大为-134N·m，同样小于爬坡工况下对电机 MG1 性能的要求。

（3）功率需求　在 C-WTVC 下 MG1 最大功率不超过 25kW，MG2 最大功率不超过 20kW。可见，前述动力性设计指标对电机 MG1 及 MG2 的需求能良好覆盖 C-WTVC 工况对电机的需求。

4. 电机 MG1、MG2 参数总结

由于极限加速工况和最大爬坡工况都是瞬态工况，不会长时间持续，因此，电机的峰值转矩/功率能满足对应需求即可。

综合上述计算结果，总结电机 MG1、MG2 设计要求如下：

MG1：

1）0-90km/h 极限加速工况要求 MG1 的峰值转矩超过 140N·m，基速大于 800r/min，峰值功率大于 35kW，最大转速超过 3000r/min。

2）C-WTVC 工况要求 MG1 的最大反向转速超过 4600r/min。

MG2：

1）100km/h 最高车速要求 MG2 最大转速不能低于 3375r/min。

2）最大爬坡工况要求其峰值转矩大于 607N·m，极限加速工况要求其峰值功率大于 36kW。

综上，电机 MG1 与电机 MG2 参数匹配结果，见表 7-6。

表 7-6　电机 MG1、MG2 匹配结果

项　目		行星混联式物流车
电机 MG2	峰值功率	>37kW
	峰值转矩	>610N·m
	基速	>506r/min
	最大转速	>3800r/min
电机 MG1	峰值功率	>35kW
	基速	>780r/min
	最大转速	>4600r/min

基于要求的爬坡性能（20%）和当前的主减速比（4.785），计算得到的电机 MG2 峰值转矩过大，要求大于 550N·m，为电机选型带来较大困难。同时，爬坡性能要求无法进一步降低，因物流车即使在市区使用，也存在超市配送，进入地库后有大爬坡度的要求，现在车型通常按照 25%、30% 计算，另外也可能存在过载的情况。针对该问题，可能的解决途径仅有一条——增加主减速比，以降低 MG2 的峰值转矩。可选用的主减速比包括两个常用值 4.785、5.571，和一个可

能的值 6.833。下面针对新的主减速比分析 MG2 的需求。

7.1.3.2 主减速比对 MG2 选型的影响

由以上匹配可知，MG2 峰值转矩主要是为了满足 20% 的爬坡性需求，在此，首先基于 20% 的爬坡度，计算不同主减速比对应的电机 MG2 需求，再根据最高车速需求计算 MG2 的最大转速需求。

1. 最大爬坡度

基于不同主减速比计算得到 MG2 的峰值转矩需求、基速需求和峰值功率需求分别如图 7-6~图 7-8 所示。

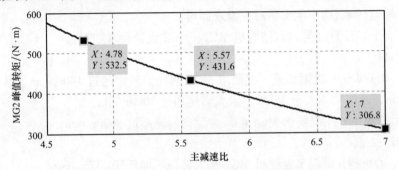

图 7-6 主减速比与 MG2 峰值转矩需求

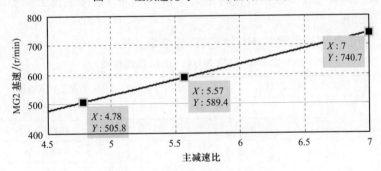

图 7-7 主减速比与 MG2 基速需求

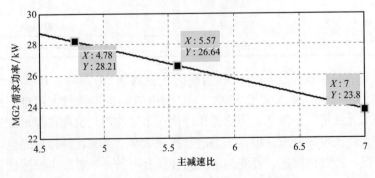

图 7-8 主减速比与 MG2 峰值功率需求

从图中可见，随着主减速比的增大，MG2 峰值转矩需求逐渐减小，当主减速比达到 7 时，MG2 峰值转矩需求约 310N·m，相比于 550N·m 显著减小。

2. 最高车速

主减速比还将影响 MG2 的最高转速，计算得到不同主减速比对 MG2 最高转速的影响，如图 7-9 所示。可见，当主减速比达到 7 时，MG2 最高转速小于 5500r/min，参考同类 MG2 电机产品参数，其最高转速可达到 6000r/min，该转速需求满足产品要求。

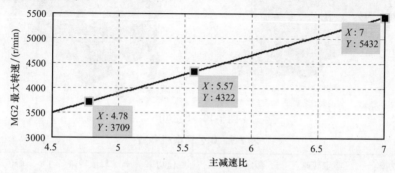

图 7-9 主减速比与 MG2 最高转速

根据上面的计算可知，选用较大的主减速比，能有效降低 MG2 峰值转矩，MG2 最大转速的增大也尚在合理范围内。

7.1.3.3 产品调研与电机参数的重新匹配

基于以上对主减速比的分析，调研了国内主要电机公司的满足匹配要求的产品，为最终的系统参数确认提供参考。

1. A 公司

A 公司一款 94kW 的电机 EM1269 参数见表 7-7，该电机最高转速 12000r/min，峰值转矩 225N·m，若配置一个减速比 2，则峰值转矩 450N·m，最大转速 6000r/min，满足当前需求，但是该电机峰值功率达到 94kW。

表 7-7 A 公司电机（EM1269）参数

型号	额定功率	额定转速	额定转矩	峰值功率	峰值转速	峰值转矩
EM1269	45kW	4300r/min	100N·m	94kW	12000r/min	225N·m

A 公司另一款 90kW 的电机 EM2011 参数见表 7-8，该电机配置一个减速比 1.8，则峰值转矩达到 504N·m，最高转速 5500r/min，满足需求。

表 7-8 A 公司电机（EM2011）参数

型号	额定功率	额定转速	额定转矩	峰值功率	峰值转速	峰值转矩
EM2011	45kW	3500r/min	123N·m	90kW	10000r/min	280N·m

2. B 公司

B 公司一款电机及相应电机控制器如图 7-10 所示，该电机相关参数见表 7-9。对该电机设置 1.45 的减速比，最大转速大于 5500r/min，但峰值转矩仅 200×1.45＝290N·m，不满足要求。

图 7-10　B 公司

表 7-9　B 公司电机参数

额定功率	额定转速	额定转矩	峰值功率	峰值转速	峰值转矩
30kW	3000r/min	95N·m	60kW	8000r/min	200N·m

3. C 公司

C 公司一款 90kW 的电机参数见表 7-10，对该电机设置 2.5 的速比，峰值转矩达到 437N·m，最高转速 5600r/min。

表 7-10　C 公司电机参数

额定功率	额定转速	额定转矩	峰值功率	峰值转速	峰值转矩
38kW	4600r/min	60N·m	90kW	14000r/min	175N·m

4. D 公司

D 公司一款 105kW 的电机参数见表 7-11，设置 2 的减速比，峰值转矩达到 500N·m，最高转速 5700r/min，满足使用要求。

表 7-11　D 公司电机(O80WA)参数

型号	额定功率	额定转速	额定转矩	峰值功率	峰值转速	峰值转矩
O80WA	50kW	4000r/min	127N·m	105kW	11500r/min	250N·m

通过产品调研可知，在增加单级减速比的情况下，部分电机产品可满足要求。

如前所述，基于要求的爬坡性能(20%)和原始主减速比(4.785)，匹配得到的电动机 MG2 峰值转矩过大，大于 550N·m，为电机选型带来较大困难。针对企业新提供的主减速比 6.833，重新进行行星混联式混合动力物流车的参数匹配。

由于主减速比的变更并不影响发动机功率等级选型，仅重新匹配两电机。由于篇幅所限，且具体匹配流程与 7.1.3.1 节相同，本节不再展示电机重新匹配过程，仅给出最终参数匹配结果，见表 7-12。

表 7-12　电机匹配结果

项　　目		行星混联式物流车
电机 MG2	额定功率	33kW
	额定转矩	195N·m
	额定转速（基速）	1616r/min
	峰值功率	66kW
	峰值转矩	390N·m
	最大转速	4900r/min
电机 MG1	额定功率	29kW
	额定转矩	104N·m
	额定转速（基速）	2670r/min
	峰值功率	58kW
	峰值转矩	208N·m
	最大转速	7000r/min

7.1.4　超级电容匹配

所开发的行星式混合动力物流车为非插电混动系统，对动力电池能量存储能力要求不大。而超级电容具有功率密度大，使用寿命长的优点，在急加速工况下可更好地满足车辆驱动功率需求，因此选用超级电容作为行星式混合动力物流车的能量存储装置。

对超级电容进行参数匹配时应考虑其功率和能量能够满足极限加速工况、最大爬坡工况、典型行驶工况下的要求。

首先，根据极限加速工况下的计算结果，超级电容的最大需求功率为 26.64kW，而在加速终止时刻超级电容放出电能 0.1126kW·h。

其次，在最大爬坡工况中，超级电容的需求功率为 7kW。

第三，超级电容应该能够满足工况使用要求，包括在运行过程中要求尽可能多地回收制动能量等。根据基本控制策略，计算得到 C-WTVC 工况下超级电容能量变化如图 7-11 所示。可见，超级电容的最大电能变化为 0.21kW·h。初始阶段，假设超级电容充/放电效率为 0.9，那么超级电容的有效电能应该大于 0.23kW·h。同时，按照第 3 章的超级电容参数匹配方法，对 C-WTVC 工况下每个工况片段超级电容的充放电电能变化进行统计，最大为 0.18kW·h，小于前述 0.23kW·h，因此超级电容的有效电能应该大于 0.23kW·h。

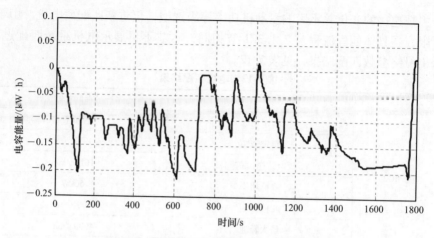

图 7-11　C-WTVC 全工况超级电容能量变化

　　分析 C-WTVC 工况下超级电容的功率变化，如图 7-12 所示，可见，超级电容放电功率处于 20kW 以内；最大充电功率出现在再生制动情况下，在计算中根据 MG2 的最大功率限制超级电容的最大回收功率为 37kW。

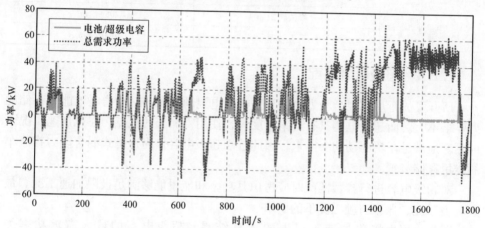

图 7-12　C-WTVC 工况下超级电容需求功率

　　综合以上对超级电容能量和功率的分析可知，期望超级电容的有效能量大于 0.23kW·h，最大功率大于 37kW。

　　根据 GB/T 31466—2015，推荐的动力电池组电压等级见表 7-13。超级电容的单体参数见表 7-14。

　　根据超级电容单体的工作电压和容量，可以计算得到，超级电容单体的有效能量为 2.9333W·h，而当前需求的能量为 233W·h，80 块单体即可满足能量需求，串联电压等级为 176～304V。由于混合动力系统采用的电机电压等级通常高于 300V，在此初选 346V 作为该系统的电压等级，取超级电容的平均电压 3V 为额定电压，则需要 115 块单体串联。则成组后的工作电压范围为 253～437V。标准充放电电流下，超级电容的功率范围为 16.5～28.4kW，最大充放电电流下，超级电容的功率范围为 25.3～43.7kW。可见，在标称电流下，超级电容可以良好满足驱动时的功率需求，而在最大充放电电流下，超级电容可以满足再生制动和极限加速工况的功率需求。

表 7-13　法规推荐电压等级

高压系统直流电压等级					
144V	288V	317V	346V	400V	576V

注：由于电动车技术进步、整车布置空间方面的因素，在具体应用时，可采用偏离该电压等级的其他电压。

表 7-14　超级电容单体参数

指　标	参数	指　标	参数
工作电压/V	2.2～3.8	最大能量密度/(W·h/kg)	18.6
峰值电压/V	4.0	最大功率密度/(W/kg)	8000
最低电压/V	2.1	标准充放电流/A	65
容量/F	2200	最大充放电流/A	100
内阻/mΩ	1.9		

综上，选用 115 块超级电容串联成组，见表 7-15。

表 7-15　成组参数

数量	工作电压	最大功率	有效能量	容量	等效内阻
115	253～437V	43.7kW	337Wh	19.13F	0.218Ω

7.1.5　参数匹配总结

根据以上匹配过程，最终确定该行星式混合动力物流车动力系统参数见表 7-16。

表 7-16　行星式混合动力物流车动力系统参数匹配结果

项　目		参数
发动机		CA4DB1-E00
主减速比		6.833
前行星排	特征参数	1.69
后行星排	特征参数	无

（续）

项　目		参数
电机 MG2	额定功率	33kW
	额定转矩	195N·m
	额定转速（基速）	1616r/min
	峰值功率	66kW
	峰值转矩	390N·m
	最大转速	4900r/min
电机 MG1	额定功率	29kW
	额定转矩	104N·m
	额定转速（基速）	2670r/min
	峰值功率	58kW
	峰值转矩	208N·m
	最大转速	7000r/min
超级电容	最大功率	43.7kW
	有效能量	0.337kW·h

7.2　物流车整车控制策略

出于成本和工程应用的考虑，行星式混合动力物流车的发动机附件未进行电气化升级，即不具备纯电动行驶能力，各附件依然由发动机带动旋转。为此，开发了针对物流车的能量管理策略以及动态协调控制策略。能量管理策略方面，在行驶过程中需控制发动机始终保持在怠速转速以上，以确保附件正常工作；动态协调控制策略方面，设计了适用于真实控制器的动态协调控制策略，以减小物流车模式切换过程中产生的冲击。

7.2.1　附件控制策略

为准确分析行星式混合动力物流车的节油效果，本节对传统车和行星式混合动力物流车设置了相同的发动机反拖阻力矩和附件功率，分别对传统车、具有纯电动行驶能力的行星式混合动力物流车（以下简称 E-EVT）和不具备纯电动行驶能力的行星式混合动力物流车（以下简称 N-EVT）三种车型进行经济性仿真分析。

7.2.1.1　模型及策略修改

在原模型基础上分别修改了传统车、E-EVT 和 N-EVT 三种车型的发动机反拖力矩曲线，并增加了相同功率等级的附件。发动机反拖力矩如图 7-13 所示。

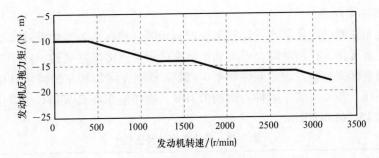

图 7-13　发动机反拖力矩

各车型的附件设置情况见表 7-17。其中，E-EVT 车型采用了电动附件，将其简化为直接与超级电容相连接的耗电设备，传统车和 N-EVT 都由发动机驱动机械附件。

表 7-17　模型附件设置情况

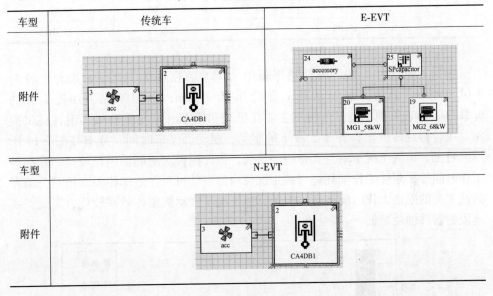

传统车和 E-EVT 的控制策略相比原模型不发生变化，其中 E-EVT 在低速、小功率需求情况下采用纯电动模式行驶。N-EVT 不具备纯电动行驶模式，同时需要在行驶过程中维持发动机转速处于息速以上，以驱动附件工作。结合行星混动系统工作特性，针对 N-EVT 提出两种息速控制方式：一是由发动机自身喷油维持息速，二是利用行星混动系统的结构特点，由电机 MG1 维持发动机息速。

7.2.1.2　经济性仿真结果

本节分别在不同的附件功率下完成传统车、E-EVT 和两种策略下的 N-EVT 燃油经济性仿真。

1. 传统车经济性

传统车在制动阶段具有发动机断油控制功能，然而，为避免发动机熄火以保证附件正常工作，在制动时，若发动机转速低于怠速将恢复喷油，停车时也需要发动机喷油维持怠速。设置附件功率 1~5kW 分别完成传统车的经济性仿真，结果见表7-18。若考虑实车附件功率约为1kW，则传统车在 C-WTVC 综合工况下的油耗约为 13.06L/100km。

表 7-18   传统车燃油经济性

附件功率/kW	市区工况/(L/100km)	公路工况/(L/100km)	高速工况/(L/100km)	442 综合工况/(L/100km)
1	13.61	11.96	14.17	13.06
2	14.22	12.38	14.46	13.53
3	14.93	12.82	14.74	14.05
4	15.48	13.25	15.03	14.50
5	16.08	13.96	15.32	15.08

根据上表统计可知，附件功率每增大 1kW，在市区工况下，油耗上升约 0.6L/100km；公路工况下油耗上升约 0.4L/100km；高速工况下油耗上升约 0.3L/100km。如前所述，传统车主要在驱动和停车时需要发动机为附件提供能量，统计得到传统车在各工况段下的驱动、制动、停车时间，分布如图 7-14 所示。可见，市区工况下附件工作时间最长，因此附件对应燃油消耗较高。除附件工作时间外，附件工作油耗还与各工况段内的发动机工作效率相关。虽然公路和高速工况的附件工作时间接近，但是高速工况下发动机工作效率较优，因此，高速段的附件油耗最低。

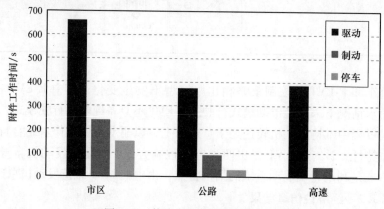

图 7-14   传统车附件工作时间分布

2. E-EVT 经济性

E-EVT 采用电动附件，具有纯电动行驶能力，同样设置附件功率 1~5kW 分别完成经济性仿真，结果见表 7-19。从表中可见，随着附件功率的增加，节油率逐渐下降。根据 E-EVT 系统的特点，由于系统具有怠速起停功能，在停车状态下，当驾驶人拉起驻车制动器手柄，即可停止为电附件供电，能够节省该部分能耗。然而，在制动情况下，发动机无法为附件提供能量，为保证制动安全，电池将继续为电附件供电。因此，E-EVT 的附件工作时间包含驱动和制动情况两部分。相比之下，传统车在制动情况下进行断油控制，此时附件能耗实际来自储存于车辆的势能，EVT 系统则会利用该部分势能进行再生制动。由此可知，传统车的附件在制动时利用车辆势能，会抵消 EVT 系统回收再生制动能量带来的节油效果，并且，传统车附件消耗越大 (利用的势能越多)，EVT 再生制动的节油效果会随之减弱。综上，E-EVT 的燃油经济性仿真结果基本合理。针对本项目，若考虑附件功率为 1kW，则 C-WTVC 综合工况下节油率仍超过 30%。

表 7-19　E-EVT 燃油经济性

附件功率/ kW	市区工况/ (L/100km)	公路工况/ (L/100km)	高速工况/ (L/100km)	442 综合工况/ (L/100km)	节油率 (%)
1	7.77	9.27	10.71	8.96	31.42
2	8.69	9.84	11.03	9.62	28.92
3	9.67	10.38	11.35	10.29	26.75
4	10.6	10.9	11.67	10.93	24.58
5	11.56	11.42	11.99	11.59	23.14

3. N-EVT 经济性

如前所述，N-EVT 的发动机怠速维持策略分为两种，即发动机喷油维持怠速以及 MG1 维持怠速策略，同样设置附件功率 1~5kW，分别对两种策略进行经济性仿真，结果见表 7-20 和表 7-21。若考虑附件功率为 1kW，利用发动机喷油维持怠速仍能获得超过 30%的节油率。

表 7-20　N-EVT (发动机喷油维持怠速) 经济性

附件功率/ kW	市区工况/ (L/100km)	公路工况/ (L/100km)	高速工况/ (L/100km)	442 综合工况/ (L/100km)	节油率 (%)
1	8.14	9.10	10.72	9.04	30.79
2	9.42	9.76	11.07	9.89	26.94
3	10.71	10.42	11.41	10.73	23.59
4	11.93	11.05	11.77	11.55	20.36
5	13.1	11.65	12.11	12.32	18.29

表 7-21　N-EVT(MG1 维持怠速)经济性

附件功率/ kW	市区工况/ (L/100km)	公路工况/ (L/100km)	高速工况/ (L/100km)	442 综合工况/ (L/100km)	节油率 (%)
1	8.89	9.38	10.77	9.46	27.56
2	9.98	9.95	11.09	10.19	24.70
3	10.96	10.48	11.41	10.86	22.71
4	11.97	11.05	11.76	11.56	20.26
5	13.06	11.63	12.12	12.30	18.44

从以上两个表格可见，随着附件功率的增大，节油率同样逐渐减小。虽然 N-EVT 由发动机为附件提供能量，但由于行星混动系统的发动机与车轮解耦，制动时一旦发动机断油，其转速将在自身阻力矩的作用下快速下降，无法利用车辆势能为附件提供能量，需要发动机持续喷油或者由 MG1 维持怠速。因此，同理于前，附件功率越大，EVT 系统的节油率越小。

另外，对比以上两种策略的节油率可知，在附件功率较小的情况下，发动机喷油维持怠速能获得更好的燃油经济性。这是因为当附件功率较小时(1~3kW)，MG1 维持发动机怠速，MG1 需求转矩较小，工作效率较差，而混合动力系统需要维持电量平衡，MG1 消耗的电能最终仍来自发动机，还涉及能量的二次转换，最终导致油耗偏高。而随着附件功率增大(不小于 4kW)，MG1 维持发动机怠速所需转矩增大，工作效率随之提升，从而导致大附件功率下 MG1 维持发动机怠速的经济性更优。

7.2.1.3　附件控制策略小结

通过以上仿真计算可知，在相同的附件功率下，采用电动附件能获得最优的燃油经济性。相比于发动机喷油维持怠速的策略，采用电附件消耗的电能可由发动机在相对高效的区间发电补充，即发动机工作效率更优；而相比于 MG1 维持发动机怠速的策略，采用电附件又省去了一次能量转换过程，有效提升了电能的利用效率。另外，针对相同车型，电附件的能耗通常小于传统附件。因此，采用电附件能进一步降低整车油耗。

针对行星式混合动力物流车，出于成本等因素的考虑，未选用电动附件。同时，由于对应车型附件功率较小，采用发动机喷油维持怠速的策略更加优化。然而，在制动情况下，考虑发动机怠速控制的不稳定性，发动机输出转矩的波动容易造成制动感受的变化，甚至影响制动安全，因此，制动时仍应采用 MG1 维持怠速策略。综上，后续将进一步改进整车控制策略，结合发动机喷油怠速和 MG1 维持怠速两种策略，实现怠速控制。

7.2.2 动态协调控制策略

为了验证第 6 章提出的动态协调控制策略的控制效果，分别在 AMESim 和 Simulink 中建立了行星式混合动力物流车的整车模型和整车控制策略，整车模型如图 7-15 所示。

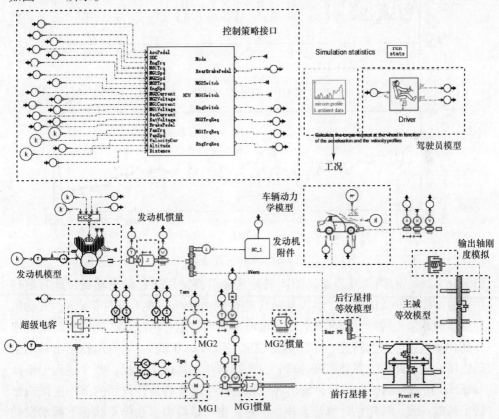

图 7-15　AMESim 整车模型

7.2.2.1 动态协调控制仿真

1. 工况跟随

基于法规要求的 C-WTVC 工况，对行星式混合动力物流车的整车动力学模型、前行星排输出转矩估计模型和动态协调控制效果进行仿真验证。首先，该工况下的车速跟随情况如图 7-16 所示，超级电容的 SOC 变化情况如图 7-17 所示。可见，集成动态协调控制策略后，整车控制策略能良好地满足工况需求，SOC 可基本维持平衡。

2. 前行星排输出转矩估计

本节以一次发动机起动过程为例，验证前行星排转矩估计策略的合理性。如

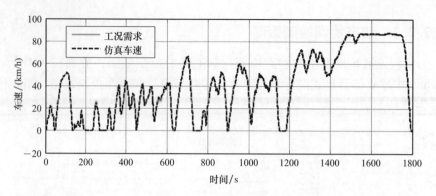

图 7-16　仿真车速结果

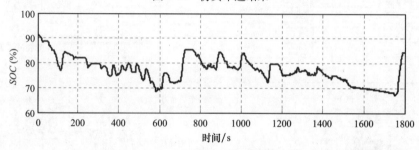

图 7-17　*SOC* 仿真结果

图 7-18 所示，时间从 0 开始，MG1 转矩快速升高，用于起动发动机，此时前行星排输出较大的负向转矩。当发动机转速达到 400r/min 时（图中 A 点），发动机开始喷油并输出转矩，此时前行星排输出的负向转矩有所减少。随着发动机转速升高并接近目标怠速转速，MG1 转矩快速下降为 0（B 点），前行星排输出转矩也随之接近零。此后，发动机转速靠自身转矩维持。从图中可见，整个过程中根据 AMESim 仿真得到的前行星排输出转矩和根据控制策略估计得到的前行星排输出转矩基本一致，转矩估计算法合理。同时，也可以看出，在停车状态下起动发动机，前行星排将输出反向的转矩，对驾驶感受产生不利影响。

3. 系统冲击度分析

通过以上验证，证明了所提前行星排输出转矩估计策略的合理性，同时也证明了动力学建模的合理性。本节首先在稳态控制策略下对发动机起动过程进行分析，结合仿真数据进一步说明稳态控制下发生冲击的原因。

仍以上述起动发动机过程为例进行说明，系统内部转矩如图 7-19 所示，根据加速度计算得到的冲击度如图 7-20 所示。在起动发动机时刻（A 点），MG1 转矩快速上升，导致前行星排输出较大的负向转矩，而整个过程中 MG2 不输出转矩，该转矩将直接传递到输出轴，产生显著的负向冲击度（约 −30m/s³），严重影响驾驶感受，甚至可能引起车辆向后窜动。另外，由于 MG1 需求转矩通过 PID

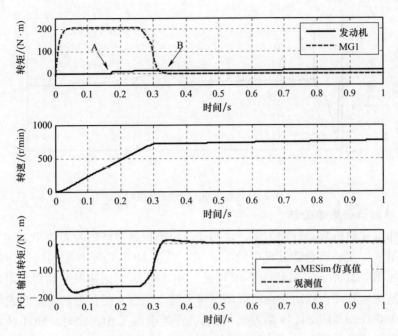

图 7-18　前行星排输出转矩估计

方法得到，由于 PID 方法本身的不稳定性，当 MG1 快速升高到峰值附近后，MG1 转矩又出现一次明显波动（B 点），导致车辆出现显著的正向冲击度（约 +30m/s³）。综上可见，稳态控制策略下，系统在停车时起动发动机会出现正、负方向的显著冲击，驾驶感受和行车安全都受到严重影响。

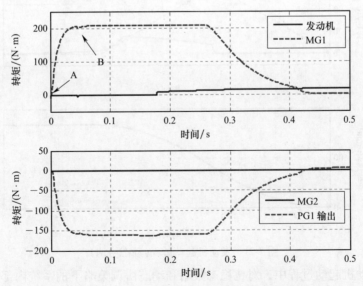

图 7-19　发动机起动过程转矩变化（稳态策略）

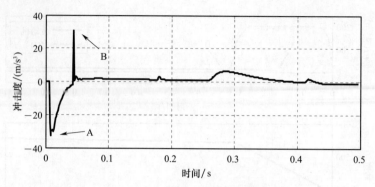

图 7-20　系统冲击度(稳态策略)

4. 动态协调策略验证

同样以发动机起动过程为例,说明动态协调控制策略的控制效果。加入动态协调控制后,发动机起动过程中的发动机、电机 MG1 转矩和发动机转速的变化情况,如图 7-21 所示。对比图 7-19 可见,MG1 转矩变化速率受到明显限制,不再允许其快速升高,以防止在前行星排输出端产生过大的负向转矩。当发动机转速达到 400r/min 附近时(1s 附近),发动机开始喷油工作,此时,MG1 转矩开始平缓下降。当发动机起动成功后(2s 附近),电机 MG1 转矩也随之降为零,完成了发动机起动过程。在动态协调过程中,由于 MG1 变化速率受到限制,发动机起动时间有所增加,达到 2s。

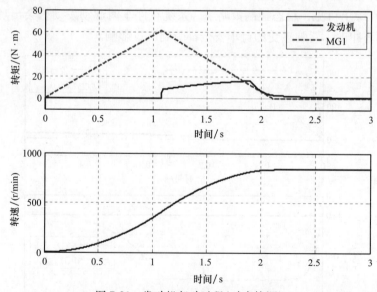

图 7-21　发动机起动过程(动态协调)

在发动机起动过程中,对比稳态策略和动态协调策略下的系统内部转矩,如图 7-22 所示。首先,由于 MG1 变化速率受到限制,动态协调控制策略下的前行星排输出转矩变化平稳，峰值也显著小于稳态策略。其次，在动态协调策略中，根据前行星排输出转矩的预测结果，MG2 会进行主动补偿/抵消。最终，通过系统输出轴上的转矩对比可知，在动态协调控制策略下，系统输出转矩几乎被完全消除，保证了发动机起动过程的驾驶感受和安全性。

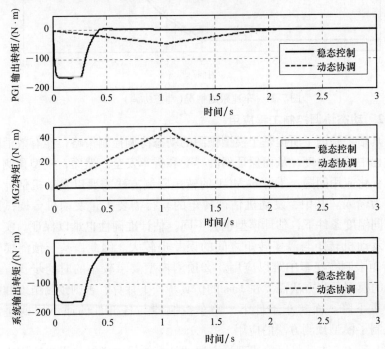

图 7-22　系统内部转矩变化

由图 7-23 可知，在 $0\sim2s$ 的停车起动发动机过程中，车辆冲击度被完全消除，可见，本项目所提出的基于预测模型的动态协调控制策略控制效果良好。而 $5s$ 以后出现冲击度，主要是受行车过程中的工况需求和驾驶人操作的影响（图 7-24），且冲击度都不超过 $5m/s^3$，对驾驶感受的影响可以接受。

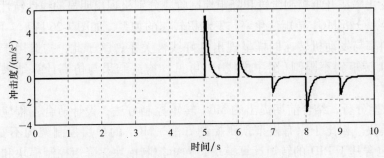

图 7-23　整车冲击度（动态协调）

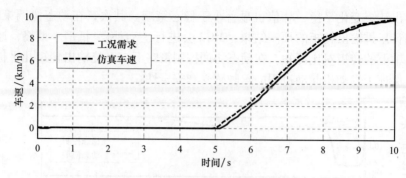

图 7-24　车速跟随情况(动态协调)

7.2.2.2　动态协调控制工程应用

以上仿真结果验证了所提基于模型预测的动态协调控制策略，能有效消除发动机起动过程中的冲击度，从而保证驾驶感受和行车安全。然而，模型预测方法存在两个工程化应用问题：①针对 MG1 的转矩限制方法需要以发动机估计转矩和真实转矩为输入。其中，发动机估计转矩的获得需要大量发动机台架试验数据，而在不同温度条件下，估计模型也会不同，估计准确性也难以保证。实车控制信号中的发动机转矩与真实转矩之间的误差也较大。因此，基于预测模型对 MG1 进行转矩限制在实车中难以应用。②预测模型要求较小的时间步长，经测试，所提出的模型预测方法需要在 1ms 的仿真步长下计算，否则预测精度和控制效果都将严重下降。而实车条件下，整车控制器与各部件的通讯周期通常为 10ms，也限制了模型预测方法的应用。

针对以上问题，本节将以前述理论方法的计算结果为指导，提出适用于实车条件的动态协调控制策略。

1. MG1 转矩限制方法

为保证发动机起动过程，行星齿轮不输出过大的负向转矩而造成严重冲击，需要对 MG1 转矩的变化速率进行限制。对模型预测控制结果进行分析，如图 7-25所示。可见，在整个发动机起动控制过程中，发动机转速变化十分平缓，MG1 转矩变化率在升矩控制阶段和降矩控制阶段分别呈现出明显的线性特性。

进一步，分析 MG1 转矩变化率与发动机转速的关系，如图 7-26 所示。可见，MG1 转矩斜率与发动机转速同样呈现出良好线性关系，基于此，构造用于控制策略的 MG1 转矩斜率限制(图中虚线)。可见，构造结果与仿真计算结果吻合良好。

根据以上分析，结合前期提出的 MG1 转矩控制方法，设计适合工程应用的 MG1 控制模块。相比于原有模型预测控制方法，MG1 的顶层控制架构不变(图 7-27)，仍包含基于 PID 的转矩计算模块，升矩控制模块、降矩控制模块和最终的零转矩控制。不同之处在于，新的方法不再根据动态参数估计结果进行限制，

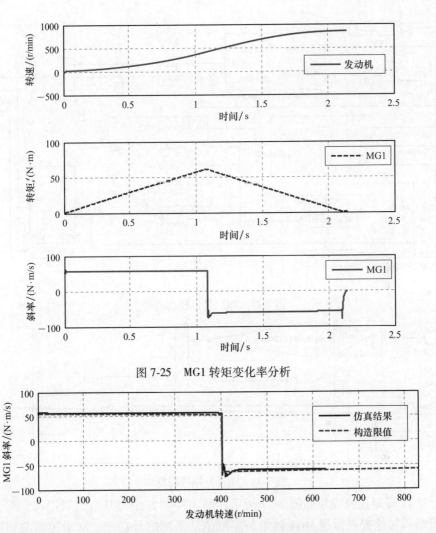

图 7-25　MG1 转矩变化率分析

图 7-26　MG1 转矩变化率与发动机转速关系

而直接根据发动机转速查表得到发动机起动时刻的 MG1 转矩斜率限制。

　　其中，MG1 升矩控制模块如图 7-28 所示。MG1 的斜率限值利用发动机转速查表得到。为便于实车调试，在斜率限值后端增加比例因子 facMg1IncLim_C，可以直接成比例增大缩小该限值（限值增大，发动机起动时间缩短，但产生冲击的可能增大；限值减小，发动机起动时间增长，但产生冲击的可能减小）。此后，利用 MG1 转矩斜率限制乘以控制器计算周期（tiSample_MG1），得到允许的 MG1 转矩增量。同时，用 PID 方法计算得到的 MG1 目标转矩 MG1TrqReq_PID 减去 MG1 当前真实转矩，得到 PID 方法期望 MG1 转矩增量。对两个 MG1 转矩增量求最小值（min），即限制了 MG1 转矩的最大变化率。

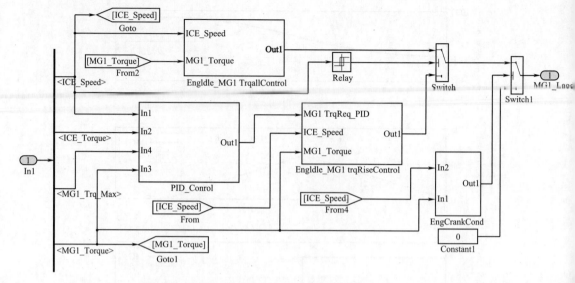

图 7-27 MG1 转矩控制模块

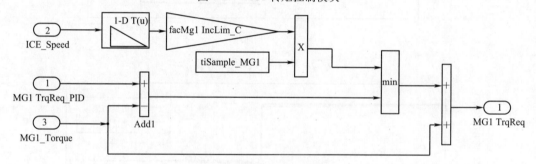

图 7-28 MG1 升矩控制模块

MG1 降矩控制模块如图 7-29 所示，基本控制方法与升矩控制相同，都是根据发动机转速查表得到 MG1 转矩斜率限值。不同之处在于，降矩控制的初始目标转矩为零，同时，由于降矩阶段的 MG1 转矩斜率为负值，此时利用最大值（max）模块限制 MG1 转矩变化率。

2. MG2 转矩补偿方法

根据前期理论分析可知，MG2 目标转矩为驾驶人需求转矩 T_{drv}（主减速器前端）与前行星排输出转矩 T_{r1} 的差值，再除以后行星排速比（无后行星排时 k_2 为 0，速比为 1）。因此，MG2 转矩控制的关键在于对前行星排输出转矩的估计。

$$T_{\mathrm{m}} = \frac{T_{\mathrm{drv}} - T_{\mathrm{r1}}}{1 + k_2} \tag{7.1}$$

根据模型预测方法得到前行星排输出转矩的预测公式为

$$T_{\mathrm{r1}}(n+1) = T_{\mathrm{g}}(n+1) + I_{\mathrm{g}}'[\omega_{\mathrm{g}}(n+1) - \omega(n)] \tag{7.2}$$

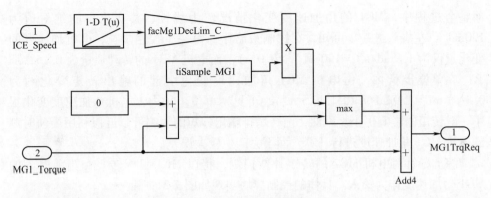

图 7-29　MG1 降矩控制

根据式(7.1)和式(7.2)可知，在发动机起动阶段，MG2 补偿控制的本质是，利用 MG2 输出转矩，抵消 MG1 导致行星排输出的负向转矩。考虑 EVT 混联系统中两电机 MG1 和 MG2 功率等级较为接近，且电机本身响应速度较快。因此，可假设电机 MG1 和 MG2 具有相同的响应特性。那么，在 MG2 的控制中，$T_g(n+1)$ 可以近似利用 MG1 目标转矩代替。

从式(7.2)可知，MG2 的补偿控制，还需要获得未来的电机 MG1 角加速度。MG1 的角加速度虽然可以通过系统动力学模型预测得到，但是实车条件下，发动机在不同温度下的阻力特性具有明显差别，这也限制了 MG1 角加速度预测的准确性。基于此，对模型预测方法中的 MG1 角加速度进行分析。在发动机起动过程中的 MG1 角加速度和角加速度变化率，如图 7-30 所示。可见，MG1 角加速度的绝对值最大情况下超过了 200rad/s^2，对行星排输出转矩将产生明显影响。

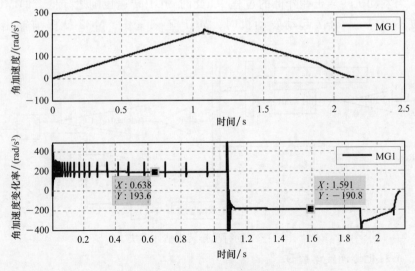

图 7-30　MG1 角加速度分析

而整个过程中，MG1 的角加速度变化情况较为线性，其变化率的绝对值为 190rad/s³ 左右。进一步可知，在控制策略中，每一个控制步长，电机加速度的变化量仅为 1.9rad/s²（= 190rad/s³×0.01s），而电机 MG1 的转动惯量为 0.15，那么，在单位步长内，由电机 MG1 角加速度变化引起的输出转矩变化约为 0.3N·m（−1.9rad/s²×0.15kg·m²），可见，单位步长内，电机角加速度变化很小，对转矩的影响更小。因此，前行星排输出转矩的预测可以近似利用当前时刻的电机 MG1 角加速度进行计算，而不会产生较大误差。

综上，针对电机 MG2 的转矩补偿控制，将以 MG1 目标转矩和当前时刻的 MG1 角加速度作为输入。具体的控制模块实现如图 7-31 所示。

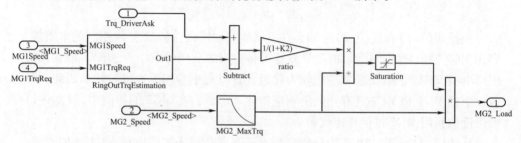

图 7-31　MG2 控制模块

其中，RingOutTrqEstimation 模块对前行星排输出转矩进行估计，具体如图 7-32 所示。其中，facRingTrqEst_C 为估计模块的标定因子，便于在实车调试中根据真实情况标定估计结果。同时，仅当 MG1TrqReq>MG1TrqEps(0)，即确认开始起动发动机时才进行转矩估计。加入该判定条件的目的是保证 MG1 和 MG2 同步工作，当发动机转速正在降低的过程中（此时 MG1 转速也随之降低，即 MG1 角加速度不为零），再次起动发动机时，MG1 还未工作，MG2 就提前输出补偿转矩。

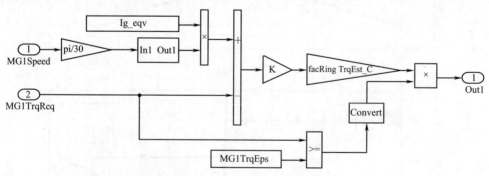

图 7-32　前行星排转矩估计模块

3. 工程化协调策略验证

以发动机起动过程为例，对上述工程化的动态协调控制方法进行验证。该过程中，MG1 转矩和发动机转速、转矩如图 7-33 所示。MG1 转矩受到良好限制，发动机转速平稳上升，同样在 2s 以内完成起动过程。

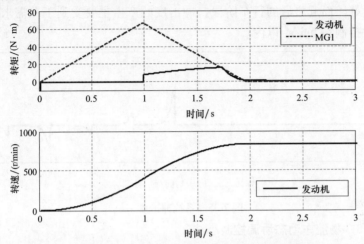

图 7-33　电机 MG1 和发动机转速、转矩曲线

起动发动机过程中，工程化动态协调策略与原稳态控制策略的对比，如图 7-34 所示。可见，在工程化的动态协调策略下，前行星排输出转矩被有效抑制，MG2 提供了合理的转矩补偿，最终系统输出转矩稳定在零转矩附近，控制效果较为理想。

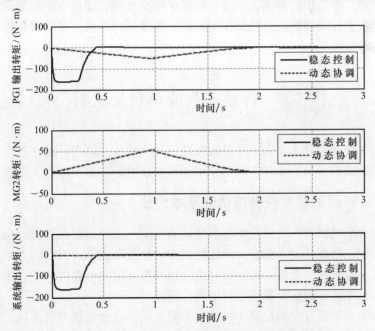

图 7-34　工程化动态协调策略对比原稳态策略

在起动发动机过程中的系统冲击度，如图 7-35 所示。可见，类似于模型预测控制方法，工程化动态协调策略下，在 0~2s 的起动发动机期间，冲击度为零，驾驶感受良好。而起之后的行车阶段，冲击度的产生主要受到工况需求的影响，并且冲击度控制在 5m/s³ 以内。

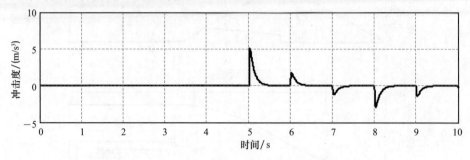

图 7-35　系统冲击度

7.2.2.3　物流车动态协调控制小结

本节利用 AMESim 和 Simulink 联合仿真平台，分别对行星式混合动力物流车的系统动力学模型、前行星排转矩估计模型以及基于模型预测的动态协调控制策略算法模型进行验证。仿真结果显示，在发动机起动过程中，所提出的预测模型和反馈控制相结合动态协调控制策略都能保证系统输出转矩的平稳变化，显著降低了系统的冲击度。

同时考虑工程应用的需求，本节根据基于模型预测的动态协调控制效果，设计了适用于真实控制器的动态协调控制策略，并通过仿真验证了工程化动态协调控制策略的控制效果。

7.3　行星式物流车台架试验

在完成混合动力汽车动力系统参数匹配设计和控制策略设计的基础上，搭建行星混动系统试验台架，本节将主要介绍该台架试验的方案及部分试验结果。

7.3.1　行星混联系统台架试验基本介绍

混合动力系统试验台架的功能分析是试验台架开发的前提和关键，功能分析是否充分合理，将直接关系到台架系统的功能、性能和成本。混合动力系统试验台架是为实车的开发服务的，因而针对混合动力系统试验台架的功能分析必须放到混合动力汽车开发的整个系统工程中进行研究。

在混合动力系统开发的过程中，首先要研究混合动力系统中发动机，电机和动力电池等关键部件的性能特性以及由这些部件构成的子系统的整体性能，在此之后，再通过台架试验进行相关验证，以此为基础提高各关键系统和整车的性能。由此可见，台架试验是混合动力汽车研发过程中关键而且具有决定性意义的技术手段，它不仅能为理论研究以及仿真提供必要的基础性数据，还可以验证控制策略的合理性和实用性，进而进行相应的改进和优化。

图 7-36 所示是目前普遍遵循的混合动力汽车开发中与台架试验相关的部分流程。可见，关键零部件总成性能试验和动力系统相关性能试验是台架试验的两大主要部分。

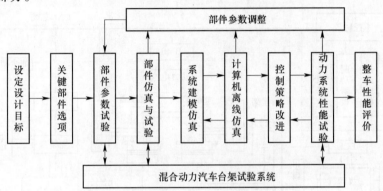

图 7-36　混合动力系统开发流程

针对行星式混合动力物流车动力系统，零部件总成的试验包括发动机、电机、超级电容、行星排的试验及标定。另外，对于混动台架来说，动力系统的动力性、经济性和排放性试验，整车控制器性能试验，整车控制策略验证和优化试验是台架试验主要内容。

1. 整车控制器性能试验

整车控制器试验的目的一方面是检验新开发控制器硬件的精度和可靠性，找出控制器的设计缺陷；另一方面是检验软件和硬件的集成效果。除了进行某一特定控制器的试验，混合动力系统试验台架还可以进行控制器的对比试验，试验中采用不同的控制器，在控制策略和控制参数以及其他试验条件相同的条件下，对比试验结果，从而评价新开发控制器各项性能的优劣。

2. 动力系统总成性能试验

与传统汽车一样，混合动力汽车的动力系统总成性能试验包括动力性、经济性和排放性测试等内容。混合动力系统试验台架平台需要完善整车惯量模拟模块，负载模拟模块和软件系统的工况循环闭环控制模块，从而获取可靠的性能数据。

3. 整车控制策略的验证优化试验

整车控制策略的验证优化试验是在上述试验的基础上进行的。采用不同的控制策略进行整车性能试验，根据试验结果评价控制策略的可行性和优劣，并进行相应的优化改进。利用台架测试整车控制策略，工作量和工作强度，节约了成本，缩短了新车型开发的周期。

7.3.2 行星混联系统台架试验方案

该试验台架由发动机、电机 MG1、MG2、行星排、超级电容、排气装置、测功机、台架制动装置以及相关测控仪等组成。试验台架系统的结构示意如图 7-37 所示。

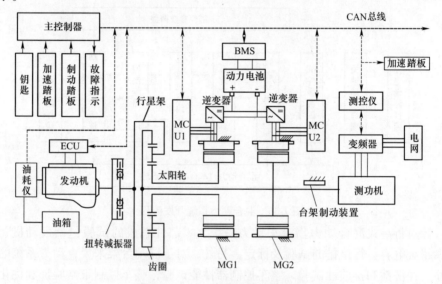

图 7-37 试验台架系统结构示意图

其中，使用交流电力测功机，可以精确测量系统输出轴的转速、转矩；油耗仪用于测量发动机油耗；发动机控制器 ECU 输出发动机温度、缸内压力、燃油流量等发动机信号；电机控制器 MCU1、MCU2 从 CAN 总线上接收主控制器的控制信号来控制电机，并监控反馈电机状态；电池管理系统 BMS 负责动力电池(超级电容)的状态监视和管理，向主控制器发出 SOC、电流、电压、温度等信号；主控制器负责上下电管理、故障诊断与容错、发动机工作状态管理、电机工作状态管理、电机和发动机输出转矩分配等，同时接收点火钥匙、加速踏板、制动踏板等驾驶人输入信号；台架制动装置用于锁止动力系统输出轴，以便完成起动及停车充电等模式的试验。所有部件通过 CAN 网络组成一个分布式控制系统。

测试台架实物如图 7-38 所示。

7.3.3 台架试验及结果分析

本台架控制器已经给定，无须额外测试。因此，台架测试内容包括基本功能

图 7-38　测试台架实物图

测试、动力系统总成性能试验以及整车控制策略的优化。

7.3.3.1　基本功能测试

试验台架搭建完成后，首先需要测试验证其基本功能，主要包括：①输入输出接口 CAN 通信测试，包括电驱 CAN 信号及整车 CAN 信号；②上、下电功能测试，主要包括低压上、下电测试及高压上、下电测试，测试目的是验证高压上、下电策略及逻辑的正确性、继电器开闭功能是否正常；③起动和停车发电功能测试，确认这两个工作状态下发动机和电机 MG1 的输出状态正常，测试过程中，在动力系统总成输出轴施加制动，保证行星排齿圈处于被锁止状态。

1. 上、下电测试

低压上电时，先由低压铅酸蓄电池给 VCU、ECU、MCU、DC/DC 控制器、BMS 等低压控制器供 24V 电，控制器完成自检并无故障后确认低压上电完成。高压上电过程如图 7-39 所示，先给 DC/DC 供高压电，供电完成并确认无故障后，闭合 MG1 和 MG2 预充继电器。待电机控制器直流端电压与 DC/DC 输出端电压基本一致后闭合主继电器，高压上电完成。

下电时，钥匙拧到 Acc 位，如果车速、MG1、MG2 转速足够，认为满足安全下电条件，先断开电机主继电器，然后断开 DC/DC 继电器。待冷却液温度满足低压下电条件后，所有低压继电器断开，低压下电。下电过程各高压继电器状态如图 7-40 所示。

2. 发动机起停功能测试

分别测试驾驶人钥匙起停和怠速起停功能。当 SOC 足够高时采用 MG1 起动发动机，反之采用起动机起机。由于用 MG1 起机时会输出驱动转矩到车轮，起

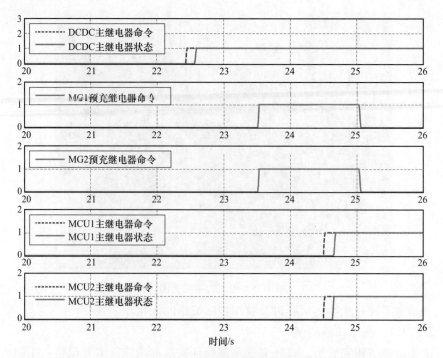

图 7-39　上电过程各高压继电器状态

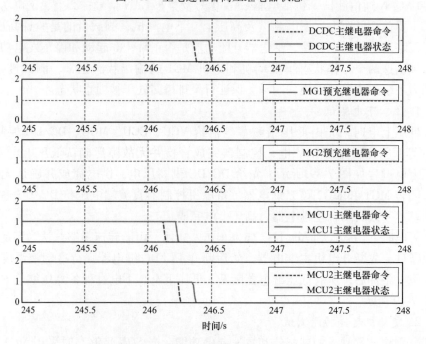

图 7-40　下电过程各高压继电器状态

动时必须拉起驻车制动器手柄。

3. 停车发电功能测试

考虑到 MG1 发电时，发动机输出的转矩有可能驱动车辆，故控制 MG1 需求转矩较小。同时引入了驾驶人的主动控制，如果驾驶人认为需要快速充电，可以踩加速踏板调整需求充电功率，为了保证行车安全，踩加速踏板时需要同时踩下制动踏板，防止溜车。发电时，发动机工作于等功率最低燃油消耗率曲线。图 7-41 为起动发动机后空档充电测试，刚起步后如果 SOC 比较低，为了避免 MG1 调速过程中瞬间大电流放电的情况，此时不响应充电过程驾驶人踏板需求，只有当 SOC 足够高时，充电功率会随着踏板开度增大而增加。

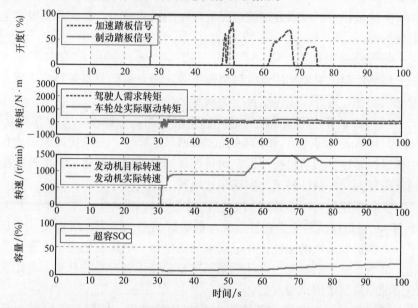

图 7-41　停车发电过程中状态变化

7.3.3.2　动力系统性能测试

动力系统性能测试具体包括加速性能测试、最高车速测试、爬坡性能测试、C-WTVC 工况测试。

1. 最高车速测试

通过控制混动系统运行得到测功机最高实际转速，经过换算得到整车最高车速。

在开始测试前，检查相关的测试设备是否正常，并控制发动机在台架上运行一段时间，进行充分预热。设置测功机负载，控制系统运行达到最高稳定转速，稳定后记录数据。最高车速测试过程中，行驶速度变化不应超过 2%。连续重复 5 次试验。

2. 加速性能测试

加速性能测试包括极限加速测试和超车加速测试。与最高车速测试类似，测试前需要充分预热。测试时，迅速踩下加速踏板到 100% 开度，记录加速时间。重复试验 3 次。

3. 爬坡性能测试

进入 EVT 模式后，踩加速踏板到某一较低车速。设置测功机加载，模拟坡度阻力，令坡度从 0 逐渐加载至 20%，当达到预设的 20% 并稳定后，将测功机卸载。记录完成该项目的时间及动力源响应情况与电机温度等，重复进行上述试验至少 3 次。

测试过程中，可以分别模拟爬坡行驶不同的时间，测试系统短时上坡与长时上坡性能。

4. 经济性测试

经济性测试主要利用试验台架模拟等速稳态工况及 C-WTVC 工况，分别观察发动机油耗。另外，还包括再生制动测试。

（1）稳态等速工况油耗测试　利用台架测试车辆以 10/20/30/40/50/60/70/80/90/100km/h 等速运行时的油耗。根据目标车速，考虑主减速器速比，得到测功机目标转速。测功机按照设定的目标转速通过闭环反馈控制加速踏板，使实际转速跟随测功机目标转速，实现车速跟随。

实际车速与目标车速之间的允许偏差为 ±3.0km/h。每个车速测试时间不少于 30min，每项试验至少重复三次。单次试验测试结束，应根据油耗仪、称重天平分别测试发动机的油耗，并记录电池的电流、电压变化用于计算动力电池的能耗。每个车速下的油耗、电耗根据三次试验结果进行平均计算，若出现差别较大的情况则需要增加试验次数。

（2）再生制动测试　系统上电并充分预热后，控制系统稳定运行于某一转速（对应车速 20km/h、40km/h、60km/h、80km/h）。设置制动踏板于某一开度（10%、30%、50%、70%），主控制器根据接收到的当前踏板开度、电池 SOC 值和测功机实际转速信号，查表得到 MG2 充电转矩，测功机控制器根据当前踏板开度值设置测功机主动反拖力矩。考察并记录 MG2 转速转矩响应情况及电池 SOC、电流、电压等变化情况。改变不同测功机转速及制动踏板开度值，记录不同测功机转速及不同制动踏板开度值下，系统制动能量回收情况。

（3）C-WTVC 循环工况油耗测试　建立测功机驾驶人模型，导入 C-WTVC 工况，驾驶人模型输出加速和制动踏板开度信号以控制测功机。测试过程中，车辆实际车速与理论车速之间允许偏差为 ±3.0km/h，在工况改变的过程中，允许车速的偏差大于规定值，但持续时间不应超过 1.0s。另外，车辆正常运行时并不会用到的附件，在试验时应当被断开或屏蔽。如果在试验过程中驱动力无法满足速度要求，或者由于储能装置能量过低，不能继续行驶，则该试验过程应当认为无效。储能装置应当被重新充电，试验程序应当重新启动开始。试验要求 3 次以上。

确定该物流车在 C-WTVC 市区、公路、高速部分的特征里程分配比例为 40%：40%：20%，按式（7.3）加权计算该车型的综合燃料消耗量。

$$FC_{综合} = FC_{市区}D_{市区} + FC_{公路}D_{公路} + FC_{高速}D_{高速} \qquad (7.3)$$

式中，$FC_{综合}$ 表示一个完整的 C-WTVC 循环的综合燃料消耗量，单位为 L/100km；$FC_{市区}$ 表示市区部分平均燃料消耗量，单位为 L/100km；$FC_{公路}$ 表示公路部分平均燃料消耗量，单位为 L/100km；$FC_{高速}$ 表示高速部分平均燃料消耗量，单位为 L/100km；$D_{市区}$ 表示市区里程分配比例系数，单位为%；$D_{公路}$ 表示公路里程分配比例系数，单位为%；$D_{高速}$ 表示高速里程分配比例系数，单位为%。

其中油耗一般用油耗仪或称重仪测量，要求油耗仪以及称重天平测量精度不低于±0.5%测量值。

7.3.3.3 整车控制策略验证及优化

整车控制策略优化主要包括发动机工作曲线的优化、模式切换过程中的动态协调控制，是在实现上述其他功能的基础上实现的。采用不同的控制策略，进行整车性能试验，根据试验结果评价控制策略和控制算法的可行性和优劣，并进行相应的优化改进。

其中需要优化的主要参数如下：

（1）发动机工作曲线 发动机工作曲线直接影响燃油经济性和行驶平顺性。标定时需要结合台架试验中的实际响应情况。

（2）MG1 调速控制参数 行星式混合动力物流车是通过 MG1 维持发动机工作转速在目标转速附近，MG1 调速效果会影响发动机瞬态油耗。

（3）MG1 起动转矩 MG1 要满足在不同发动机温度下顺利起机的要求，同时，还要保证起动过程中发动机转速平稳变化以及保证不同温度下起动过程的一致性。对于行星混动构型还要考虑起动过程中的驱动转矩，避免起动发动机时可能出现的溜车现象。

（4）驱动/制动需求转矩解析 不同车速、不同踏板开度下需求转矩直接影响驾驶人的驾驶体验以及行车安全，标定时需要反复模拟道路试验修正需求转矩。

7.4 本章小结

混合动力系统控制算法及关键技术的不断进步是为了更好地实现产业化应

用，本章以一款在研的行星式混合动力物流车为例，介绍了前六章所述技术方法在商用车开发中的实际应用。开发前期，对动力系统进行参数匹配，根据该物流车特点，对比了几种附件控制策略的优缺点并确立最终方案；开发中期，加入动态协调控制策略并验证了其显著的效果；开发后期，搭建行星混联式动力系统试验台架，对系统基本性能、功能进行了详细测试，并利用台架完成了能量管理策略中关键参数的标定。

本章将行星混联混合动力系统关键技术应用到物流车上，验证了所提技术的合理性和实用性。台架试验为实车调试解决了大多数问题，大大缩短了整车的开发周期，目前实车道路试验正在进行中。

参 考 文 献

［1］ 杨德亮. 混合动力节能汽车研究现状及发展趋势［J］. 交通节能与环保，2007（02）：22-25.

［2］ 秦朝举，袁丽娟. 混合动力汽车的研究现状与发展前景［J］. 山东交通科技，2008（04）：97-100.

［3］ 孙哲浩，张彤. 混合动力汽车动力系统和策略研究发展现状［J］. 时代汽车，2018（08）：36-37.

［4］ 苏岭，曾育平，秦大同. 插电式混合动力汽车能量管理策略研究现状和发展趋势［J］. 重庆大学学报，2017，40（02）：10-15.

［5］ 王加云. 插电式混合动力电动汽车应用现状分析［J］. 交通节能与环保，2016，12（05）：17-19.

［6］ 陈杰. 基于杠杆法的混联式混合动力汽车 EVT 构型的设计与参数优化［D］. 重庆：重庆大学，2016.

［7］ 王梦瑶，尤明福，侯国强. 基于杠杆法的普锐斯混合动力驱动系统工作状态分析［J］. 机械研究与应用，2015，28（03）：38-40.

［8］ 利剑一. 混联式混合动力汽车 EVT 构型分析［D］. 长春：吉林大学，2014.

［9］ 王加雪. 双电机混合动力系统参数匹配与协调控制研究［D］. 长春：吉林大学，2011.

［10］ Gh MONTAZERI M, POURSAMAD A. Application of Genetic Algorithm for Simultaneous Optimisation of HEV Component Sizing and Control Strategy［J］. International Journal of Alternative Propulsion, 2006, 1(1)：63-78.

［11］ Al AAWAR N, HIJAZI T M, ARKADAN A A. Particle Swarm Optimization of Coupled Electromechanical Systems［J］. Magnetics IEEE Transactions on, 2011, 47(5)：1314-1317.

［12］ BOSSIO G R, MOITRE D. Optimization of Power Management in Hybrid Electric Vehicle Using Dynamic Programming［J］. Mathematics & Computers in Simulation, 2006, 73(1)：244-254.

［13］ LI Y, KAR N C. Advanced Design Approach of Power Split Device of Plug-in Hybrid Electric Vehicles Using Dynamic Programming［C］// Vehicle Power and Propulsion Conference. IEEE, 2011：1-6.

［14］ GOOS J, CRIENS C, WITTERS M. Automatic Evaluation and Optimization of Generic Hybrid Vehicle Topologies using Dynamic Programming［C］// IFAC World Congress. 2017.

［15］ 王永俊. 单电机强混合动力汽车驱动模式切换的动态协调控制策略［D］. 重庆：重庆大学，2014.

［16］ 杨军伟. 单轴并联混合动力系统动态协调控制策略研究［D］. 北京：北京理工大学，2015.

［17］ 方学问. 混联式液压混合动力系统建模与动态协调控制研究［D］. 长春：吉林大学，2014.

［18］ 王俊. 混合动力 AMT 客车控制策略优化与动态协调控制［D］. 长春：吉林大学，2015.

［19］ 李孟海. 混合动力车辆驱动转矩的协调控制方法及其硬件在环仿真［D］. 北京：清华大学，2006.

［20］ WELDON P, MORRISSEY P, BRADY J, et al. An Investigation into Usage Patterns of Electric Vehicles in Ireland［J］. Transportation Research Part D：Transport and Environment, 2016, 43：207-225.

［21］ LEE T K, BAREKET Z, GORDON T, et al. Stochastic Modeling for Studies of Realworld PHEV Usage：Driving Schedule and Daily Temporal Distributions［J］. IEEE Transactions on Vehicular Technology, 2012, 61(4)：1493-1502.

［22］ LEE T K, FILIPI Z S. Synthesis of Real-world Driving Cycles Using Stochastic Process and Statistical Methodology［J］. International Journal of Vehicle Design, 2011, 57(1)：17-36.

［23］ MOURA S J, FATHY H K, CALLAWAY D S, et al. A Stochastic Optimal Control Approach for Power Management in Plug-In Hybrid Electric Vehicles［J］. IEEE Transactions on Control Systems Technology, 2011, 19(3)：545-555.

［24］ NYBERG P, FRISK E, NIELSEN L. Using Real-World Driving Databases to Generate Driving Cycles With Equivalence Properties［J］. IEEE Transactions on Vehicular Technology, 2016, 65(6)：4095-4105.

［25］ 林丽芬，肖化，吴先球. 肖维勒准则和格拉布斯准则的比较［J］. 大学物理实验, 2012, 25(6)：86-88.

［26］ 薛士平. 肖维勒准则系数的近似计算方法［J］. 物理实验, 1987(6)：31-36.

［27］ 苗强，孙强，白书战，等. 基于聚类和马尔可夫链的公交车典型行驶工况构建［J］. 中国公路学报, 2016, 29(11)：161-169.

［28］ 罗玉涛，胡红斐，沈继军. 混合动力电动汽车行驶工况分析与识别［J］. 华南理工大学学报（自然科学版），2007, 35(6)：8-13.

［29］ BRADY J, O'MAHONY M. Development of a Driving Cycle to Evaluate the Energy Economy of Electric Vehicles in Urban Areas［J］. Applied Energy, 2016, 177：165-178.

［30］ LEE T K, FILIPI Z S. Synthesis and Validation of Representative Real-world Driving Cycles for Plug-In Hybrid Vehicles［C］// Vehicle Power and Propulsion Conference. IEEE, 2011：1-6.

［31］ 项昌乐，韩立金，刘辉，等. 混联混合动力车辆功率分流耦合机构特性分析［J］. 汽车工程, 2010, 32(3)：183-187.

［32］ MEISEL J. An Analytic Foundation for the Toyota Prius THS-II Powertrain with a Comparison to a Strong Parallel Hybrid-Electric Powertrain［R］. SAE Technical Paper, 2006.

［33］ DUOBA M, NG H, LARSEN R. In-situ Mapping and Analysis of the Toyota Prius HEV Engine［R］. SAE Technical Paper, 2000.

［34］ DUOBA M, LOHSE-BUSCH H, CARLSON R, et al. Analysis of Power-split HEV Control Strategies Using Data From Several Vehicles［R］. SAE Technical Paper, 2007.

［35］ HOFMAN T, PURNOT T. A Comparative Study and Analysis of an Optimized Control Strategy for the Toyota Hybrid System［C］//24th International Battery, Hybrid and Fuel Cell Electric Vehicle Symposium. 2009.

[36]　KANG J, CHOI W, KIM H. Development of a Control Strategy based on the Transmission Efficiency with Mechanical Loss for a Dual Mode Power Split-type Hybrid Electric vehicle[J]. International Journal of Automotive Technology, 2012, 13(5): 825-833.

[37]　YU Y, GAO Y, PENG H, et al. Parametric Design of Power-split HEV Drive Train[C]//Vehicle Power and Propulsion Conference, 2009. VPPC'09. IEEE. IEEE, 2009: 1058-1063.

[38]　LIU J. Modeling, Configuration and Control Optimization of Power-split Hybrid Vehicles[D]. The University of Michigan, 2007.

[39]　于永涛. 混联式混合动力车辆优化设计与控制 [D]. 长春: 吉林大学, 2010.

[40]　MANSOUR C, CLODIC D. Dynamic Modeling of the Electro mechanical Configuration of the Toyota Hybrid System Series/Parallel Power train[J]. International Journal of Automotive Technology, 2012, 13(1): 143-166.

[41]　李腾腾, 秦孔建, 高俊华, 等. 并联混合动力客车等效燃油经济性分析[J]. 汽车工程, 2012(34): 297-300.

[42]　曾育平, 秦大同, 苏岭, 等. 计及驾驶室供暖功率需求的插电式混合动力汽车实时控制策略[J]. 汽车工程, 2016(38): 109-115.

[43]　陈雪平, 张海亮, 钟再敏, 等. 插电式混合动力汽车能耗及其影响因素分析[J]. 同济大学学报: 自然科学版, 2016, 44(11): 1749-1754.

[44]　杨南南. 双行星混联式客车的优化设计与动态控制[D]. 长春: 吉林大学, 2015.

[45]　BENFORD H L, LEISING M B. The lever analogy: A New Tool in Transmission Analysis[R]. SAE Technical Paper, 1981.

[46]　杨亚联, 蒲斌, 胡晓松, 等. ISG 型速度耦合混合动力系统全局最优控制方法[J]. 重庆大学学报: 自然科学版, 2013, 36(9): 71-77.

[47]　邹渊, 陈锐, 侯仕杰, 等. 基于随机动态规划的混合动力履带车辆能量管理策略[J]. 机械工程学报, 2012, 48(14): 91-96.

[48]　林歆悠, 孙冬野, 秦大同. 混联式混合动力客车全局优化控制策略研究[J]. 中国机械工程, 2011, 22(18): 2259-2263.

[49]　孙超. 混合动力汽车预测能量管理研究[D]. 北京: 北京理工大学, 2016.

[50]　于浩, 王斌, 肖刚, 等. 基于距离的不确定离群点检测[J]. 计算机研究与发展, 2010, 47(3): 474-484.

[51]　胡彩平, 秦小麟. 一种基于密度的局部离群点检测算法 DLOF[J]. 计算机研究与发展, 2010, 47(12): 2110-2116.

[52]　夏超英, 张聪. 混合动力系统能量管理策略的实时优化控制算法[J]. 自动化学报, 2015, 41(3): 508-517.

[53]　冯建周, 于佐军. 有限时间二次型数值算法研究及其应用[J]. 控制工程, 2008(s2): 96-98.

[54]　QIAN L J, QIU L H, SI Y, et al. Global Energy Management Optimization for a Group of 4WD Hybrid Electric Vehicles in Connected Vehicle Environment[J]. SCIENTIA SINICA Technologica, 2017, 47(4): 383-393.

[55]　OZATAY E, ONORI S, WOLLAEGER J, et al. Cloud-based Velocity Profile Optimization for

商用车
混合动力系统关键技术

Everyday Driving: A Dynamic-programming-based Solution [J]. IEEE Transactions on Intelligent Transportation Systems, 2014, 15(6): 2491-2505.

[56] BOUWMAN K R, PHAM T H, WILKINS S, et al. Predictive Energy Management Strategy Including Traffic Flow Data for Hybrid Electric vehicles[J]. IFAC-PapersOnLine, 2017, 50 (1): 10046-10051.

[57] 曾小华, 王越, 朱丽燕, 等. 基于智能网联系统下前车运行信息的未来工况预测方法 [P]. 吉林: CN107346460A, 2017-11-14.

[58] CHEN Z, LI L, YAN B, et al. Multimode Energy Management for Plug-in Hybrid Electric Buses based on Driving Cycles Prediction[J]. IEEE Transactions on Intelligent Transportation Systems, 2016, 17(10): 2811-2821.

[59] SUN C, MOURA S J, HU X, et al. Dynamic Traffic Feedback Data Enabled Energy Management in Plug-in Hybrid Electric Vehicles[J]. IEEE Transactions on Control Systems Technology, 2015, 23(3): 1075-1086.

[60] 童毅, 欧阳明高, 张俊智. 并联式混合动力汽车控制算法的实时仿真研究[J]. 机械工程学报, 2003(10): 156-161.

[61] 彭宇君, 陈慧勇, 韩利伟, 等. 双行星排式液驱混合动力汽车模式切换的协调控制[J]. 汽车工程, 2014, 36(5): 515-521.

[62] 童毅. 并联式混合动力系统动态协调控制问题的研究[D]. 北京: 清华大学, 2004.

[63] 杨南南. 基于历史数据的行星混联式客车在浅优化控制策略[D]. 长春: 吉林大学, 2018.